Tom Buschardt

FEED BACK

Kommunikation optimieren

Bibliografische Information der Deutschen Nationalbibliothek
Die Deutsche Nationalbibliothek verzeichnet diese Publikation in der
Deutschen Nationalbibliografie; detaillierte bibliografische Daten
sind im Internet über http://dnb.d-nb.de abrufbar.

Alle Rechte vorbehalten.
2. unveränderte Auflage
© 2016 by VISTAS Verlag Judith Zimmermann und Thomas Köhler GbR, Leipzig
www.vistas.de

ISBN 978-3-89158-617-4

Lektorat: Judith Zimmermann, Leipzig
Satz: Thomas Köhler, Leipzig
Umschlaggestaltung: Martin Hochrein, Leipzig
Foto Umschlag: © kallejipp/photocase.com
Foto Tom Buschardt: © Kape Schmidt, Köln
Druck: Bosch-Druck, Landshut

Tom Buschardt

FEEDBACK

Für

Lars und Marc

Inhalt

Vorwort	9
FIFA – Blatters Rückzug auf Raten	15
Germanwings – Krisenkommunikation im Schockzustand	37
Edathy – Irgendwie legal ja, aber …	65
Volkswagen – Verbales Abwracken	79
Deutsche Bank – Doppelspitze nicht doppelt Spitze!	89
Bundesnachrichtendienst – Konkrete Spekulation	107
Griechenland – Arm aber sonnig!	113
Bahnstreik – Kommunikation Zug um Zug	119
Generalbundesanwalt – Allein auf weitem Flur	137
Junge Klassiker	145
Mertesacker und Büchler	145
Gabriel und Slomka	148
Gabriel und Greenpeace	152
Merkel und Guttenberg	162
Thierse und die Bundeskanzler	172
Dinge, die niemals funktionieren werden!	177
Medientrainer unter Druck – Femen und RTL	185
Anmerkungen	193
Über den Autor	205

Vorwort

Medientraining. Kaffeepause. Den Blick kenne ich schon. Es ist dieser Gesichtsausdruck in der Art von „Ich muss Sie da mal ganz was anderes fragen. Sie haben doch sicher in den Medien auch gehört, dass ..." verbunden mit der Frage, wie ich dieses oder jenes Zitat einschätzen würde und wie in diesem Zusammenhang die Kommunikationsstrategie von X oder Y zu bewerten sei.

Für einen Medientrainer ist es enorm wichtig, stets auf der Höhe zu sein, möglichst keine relevante Aussage zu verpassen und keine wichtige Talkshow zu übersehen. Aber was sind schon wichtige Talkshows? Und wie definiert man „wichtig"? Über die Inhalte? Die Gäste? Oder anhand der Moderatorinnen und Moderatoren, deren wirkliche Qualität oft von persönlichen Vorlieben der Zuschauer überlagert wird? Nach Möglichkeit versuche ich die abendlichen Polit-Talks zu Gunsten eines guten Buches zu vermeiden. Die großen Politmagazine von ARD und ZDF sichte ich lieber morgens mit doppelter Geschwindigkeit auf der Jagd nach aktuellen Seminarbeispielen, genauso wie die einschlägigen Medienmagazine und Medienseiten. Was spannend zu sein scheint, oder wo in der Sekundärberichterstattung interessante Aspekte auftauchen, schaue ich mir dann noch einmal in Ruhe an, um selbst ein unvoreingenommenes Bild davon zu erhalten. Sie sehen – auch als Medientrainer bin ich den Zwängen des Medienmarktes und der Themenüberflutung der Medien ausgeliefert und kann mir nicht alles in Ruhe anschauen. Muss ich auch nicht. Anders ist es natürlich, wenn ich jemanden auf den Auftritt in einer Talkrunde vorbereite: Dann schauen wir uns Unmengen von Talkshows an und gehen die verschiedenen Formate von den Frage- und Interviewtechniken bis in die einzelnen Kameraeinstellungen hinein durch. Doch zurück zur Teilnehmerfrage in der Kaffeepause.

Egal ob ich gerade bei einem Automobil-Zulieferer oder einen Bio-Lebensmittelhersteller bin: Die „kurzen Fragen" in der Kaffeepause zu Zitaten und Strategien der anderen kommen aus allen Ressorts: Sport, Politik, Showgeschäft, Wirtschaft, Buntes, Justiz – je nachdem, was gerade in den Medien vorne ist. Im Zweifel hilft da nur der „Mut zur Lücke" und zuzugeben, was ohnehin jeder halbwegs aufmerksame Seminarteilnehmer bemerken würde: „Leider nicht gesehen, verpasst." Denn: Die Flucht nach vorn kann auch eine gute Kommunikationsstrategie sein, man darf es nur nicht damit übertreiben. Ich finde, die Teilnehmer eines Medientraining dürfen ruhig erwarten, dass ihnen der Trainer auch im Nachhinein noch mit dem einen oder anderen Tipp zur Verfügung steht und garantiere das meinen Teilnehmern deswegen sogar schriftlich. Und dazu gehört es für mich auch, Antworten auf Fragen, die während des Trainings doch einmal offen bleiben mussten, später ausführlich nachzureichen. Davon profitieren am Ende nicht nur die Teilnehmer, sondern auch ich, weil häufig ein sehr interessanter Austausch entsteht. Als Trainer sehe ich Kommunikation oft zu sehr aus dem professionellen Blickwinkel des Analysten – nicht unbedingt durch den des reinen Konsumenten, wie ihn die Mehrzahl der Leser und Zuschauer hat. Die Sichtweise meiner Coachies auf bestimmte Themen ist deshalb auch für mich immer wieder überraschend und gibt mir etwas von dem zurück, was nach fast 30 Berufsjahren in den Medien und davon knapp 20 im Seminar- und Coachinggeschäft fast automatisch auf der Strecke bleibt: Eine unvoreingenommene Mediennutzung.

Aus dem Informationsbedürfnis meiner Medientrainings-Teilnehmer nach Hintergrundinformationen über Medienereignisse, die bei ihnen einen gewissen Nachhall erzeugt haben, entstand zunächst mein Blog buschardtblog.de. Dort, vor allem aber als MeinungsMacher auf manager-magazin.de, kommentiere ich aktuelle Medienereignisse aus meiner Perspektive als Medientrainer. Oft tue ich das bewusst zu einem recht frühen Zeitpunkt, bevor andere Medienexperten – stets darauf bedacht, mit ihrer Meinung nicht isoliert dazustehen – sich Schritt für Schritt auf eine Richtung festlegen, die konsensfähig sein könnte, damit sie nirgendwo anecken oder polarisieren.

Während eines Trainings an der Diplomatenschule des Auswärtigen Amtes wurde ich einmal von einem Teilnehmer auf ein Interview der taz mit dem damaligen Vizekanzler Philipp Rösler angesprochen, das – weil dieser es nicht freigegeben hatte – nur mit den Fragen und Weißstellen anstelle seiner Antworten abgedruckt wurde. Ich verwies also auf einen Eintrag in meinem Blog dazu unter der Rubrik „Zitate & Kritik". Via Beamer tauchte dessen Überschrift

„Rösler & taz – Wie doof muss man eigentlich sein?" metergroß an der Wand auf. „Meine Güte, es ist die taz! Die haben wir früher nur wegen der originellen Bildunterschriften gekauft" hatte ich dort recht umgangssprachlich zur Bewertung der Angelegenheit geschrieben. Die These hinter dem Beitrag, dass es vor allem ein Fehler der FDP-Pressestelle war, ein total verhunztes Interview nicht wenigstens durch kluge Antworten wieder zu retten (anstatt die Antworten komplett zurückzuziehen und damit den GAU erst medial zu perfektionieren), trage ich heute auch noch. Nur die Wortwahl hätte vielleicht etwas diplomatischer sein sollen, damit Medienkritik als solche ernstgenommen und akzeptiert werden kann und neben ihrem kurzweiligen und unterhaltsamen Aspekt auch über den Augenblick hinaus relevant bleibt.

Im Medientraining kommt es auch auf den Inhalt an. Medientrainings werden von einigen Medientrainern oft eher als mediale Typberatung angeboten – anstelle sich auch inhaltlich mit den Positionen des Coachies auseinander zu setzen. Dabei wird leider auch sehr viel heiße Luft verkauft, zum Beispiel so bahnbrechende Tipps wie „im TV bitte kein reines Schwarz oder reines Weiß anziehen", „beim Tragen einer Krawatte den oberen Knopf am Hemd schließen" oder „die Kleidung muss nicht nur zu Position/Status des Interviewten passen, sondern auch dem Anlass angemessen sein." Sicher gehören auch solche Tipps in ein Medientraining aber sie dürfen nicht prägend für den kompletten Trainingstag sein! Wenn Coachies deswegen am Ende meiner Trainings Sätze wie „Das war aber viel intensiver als ich das kannte" oder „ich hätte nicht gedacht, dass wir da auch inhaltlich so viel herausholen können" zu mir sagen, dann bin ich ehrlich gesagt eher enttäuscht als dass ich mich daran erfreuen könnte. Denn sie machen deutlich, wieviel Potenzial in Medientrainings oft ungenutzt liegen bleibt.

Ich reagiere mit Feedback während meiner Trainingseinheiten in Echtzeit – schließlich empfinden Medienkonsumenten auch in Echtzeit, was sie von Interviewten und O-Ton-Gebern vorgesetzt bekommen. Dabei finde ich es ungemein wichtig, über die – selbstverständlichen – formalen Aspekte hinauszugehen. Medientrainer konzentrieren sich oft ausschließlich auf Blickrichtung, Artikulation, Gestik und Mimik, vermeiden die harte Auseinandersetzung mit den Inhalten und fokussieren sich auf scheinbar leicht zu erlernende Regeln und Tipps. Doch nur wenn man sich intensiv mit dem Inhalt auseinandersetzt, kann man seine Teilnehmer auch für die Grenz- und Ausnahmefälle sensibilisieren, die es in Hülle und Fülle im Kontakt mit Medien gibt und in denen oftmals ganz andere Vorgehensweisen gefragt sind. Deshalb ist mir intensives inhaltliches Feedback genauso wichtig, wie formales Feedback. Mit meiner Bewertung medialer Ereignisse und auch meinen Trainings möchte ich Menschen einen kompetenteren Umgang mit den Medien und ihren Vertretern vermitteln. Denn mit kompetentem Medienumgang stärkt eine Führungskraft ihre kommunikative Sicherheit – in Schönwetter-Zeiten ebenso wie in der Krise, auf der Jahreshauptversammlung genauso wie auf einer Betriebsversammlung, gegenüber Kunden wie gegenüber Geschäftspartnern, bei der Standortschließung ebenso wie am Tag der Offenen Tür. Starre Regeln und Checklisten sind dabei in vielen Situationen erfahrungsgemäß ein schlechter Ratgeber. Sie hemmen die intuitive Fähigkeit, auf Veränderungen in der Kommunikation rechtzeitig Einfluss zu nehmen. Wer Dinge wie die „zehn goldenen Regeln für den Umgang mit Medien" wie ein Vokabelheft paukt und anwendet, wird langfristig scheitern.

Unternehmenskommunikation ist kein lyrischer Kaminabend im erlauchten Kreis. Effektive Unternehmenskommunikation ist ein konkretes Führungstool. Ein Werkzeug, ein Handwerk. Wir denken zwar gern verzückt an die Fresken in der Sixtinischen Kapelle – aber brauchbarer sind im Alltag oft Rigipswände, mit Raufaser überzogen und weiß getüncht. Und wenn es zu dunkel ist, nimmt man eine Stichsäge und macht ein Loch, wo später ein Fenster das Licht durchlassen soll. Das heißt: Unternehmenskommunikation ist Kommunikation für den täglichen Gebrauch – funktionale Kommunikation ohne Schnörkel und Bordüren.

Aus den „Fragen in der Kaffeepause" entstand die Idee zu *Feedback*. Mir war es wichtig, Themen zu analysieren die auch über den Moment hinaus von Interesse sind – entweder aufgrund der Tragweite des Ereignisses, wie zum Beispiel der absichtlich herbeigeführte Absturz einer Germanwings-Maschine, oder aufgrund ihrer Kommunikationsstruktur, wie zum Beispiel der FIFA-Skandal oder der Fall Edathy. Es ging mir dabei nicht um eine tagesaktuelle Bewertung, sondern um eine Bewertung aus der Distanz. Dabei werfe ich einen zeitlosen Blick auf verschiedene Ereignisse und zeige Mechanismen in der Kommunikation und Kommunikationsmuster auf.

Das Buch ist natürlich kein Ersatz für ein praktisches Medientraining. Es ist eine Ergänzung und eine Inspiration für den Umgang mit Medien und eine Sinnesschärfung für den Umgang mit öffentlicher Meinung. Es ermöglicht Ihnen einen anderen Blick auf Medienereignisse, neue Sichtweisen und eine neue, kritischere Betrachtung des einen oder anderen Statements oder Ereignisses. Wir haben diese Dinge eine gewisse Zeit in den Medien verfolgt, uns eine Meinung darüber gebildet und sind zu anderen Themen übergegangen. Aber was hat dazu beigetragen, dass wir bestimmte Ereignisse und die darin handelnden Personen so wahrgenommen haben? Und: Wie ändert sich unsere Sichtweise, wenn wir nun Dinge in den Kommunikationsmustern erkennen, derer wir uns bislang gar nicht so bewusst waren?

In *Feedback* geht es nicht darum, das Verhalten einzelner Akteure, Parteien oder Konzerne moralisch oder juristisch zu bewerten. Hier geht es allein um die öffentliche Wahrnehmung. Nur so war es beispielsweise für mich möglich, auch einen Fall wie den von Sebastian Edathy in ein solches Buch aufzunehmen. Einen Fall, den ich als Vater emotional natürlich anders bewerte und bei dem es mir schwer gefallen ist, nur medial zu argumentieren und nicht sachverhaltsbezogen.

Zugleich steht es mir nicht zu, die Leistungen von Managern zu bewerten. Ob sie ihren Job gut oder schlecht machen, Recht oder Unrecht hatten – dafür gibt es handfeste Faktoren, wie beispielsweise den Aktienwert eines Unternehmens. Wohl aber kann ich einen Blick auf die mediale Wirkung und Kompetenz von Managern werfen und bewerten, wie sie in den Medien aufgetreten sind und über die Medien wahrgenommen wurden. Die gleiche inhaltliche Unvoreingenommenheit gilt für Politiker. Auch wenn ich Politiker unterschiedlicher demokratischer Parteien für Parteitagsauftritte, Vorstandssitzungen, Wahlkämpfe oder den Umgang mit Journalisten vorbereitet habe und vorbereite, so ist die Medienkritik in diesem Buch genauso unabhängig von meiner persönlichen Weltanschauung, wie auch die Kritik an Unternehmen oder Marken keineswegs von meinen persönlichen Verbrauchervorlieben abhängig ist. Darüber hinaus stehe ich zum gegenwärtigen Zeitpunkt zu keinen der hier erwähnten Personen oder Unternehmen, Parteien, Verbände und Organisationen in einer direkten oder indirekten Geschäftsbeziehung.

Auch ich kann Kritik einstecken oder etwas Lob vertragen. Meine Kontaktdaten finden Sie am Ende dieses Buches. Jede Mail wird beantwortet. Ich wünsche Ihnen nun eine interessante und inspirierende Lektüre.

Kamera läuft.

Ton läuft.

Und bitte ...

Tom Buschardt

FIFA – Blatters Rückzug auf Raten

Es war im Grunde genommen ein Routinejob für die Polizei in Zürich, aber ein großer Tag für Zitatesammler: Mit den Festnahmen von sieben FIFA-Funktionären kurz vor der geplanten Wiederwahl Sepp Blatters zum FIFA-Präsidenten in Zürich wurde die bereits seit Jahren andauernde mediale Berichterstattung über Korruptionsvorwürfe gegen die FIFA weltweit noch einmal etwas dynamischer. Es war unstrittig, dass es der FIFA ähnlich gehen würde wie zuvor dem ADAC als dessen Affäre in der Motorwelt ihren Anfang nahm: Jeder würde eine eigene Meinung haben, viele davon sich zu Wort melden und im Laufe der Ermittlungen und länger anhaltender Berichterstattung würden noch viele andere größere, kleinere, echte und aufgeblasene Skandale und Skandälchen ans Tageslicht kommen. Oder aber es würde bereits seit langem Bekanntes – aber in der öffentlichen Berichterstattung Vergessenes – wieder aufgewärmt auf den Tisch kommen.

Dass es genau so kam, beruht auf dem harten Gesetz der inneren Dynamik von großen Unternehmen, Verbänden, Parteien oder Organisationen wie der FIFA. In solchen Institutionen gerät unter den veränderten Vorzeichen der Krise eine verhältnismäßig kleine Zahl von Akteuren – die ein recht großes internationales Rad drehen – plötzlich in den Blickwinkel der Öffentlichkeit. Mit zunehmender Krisendauer melden sich hier und da dann aber immer mehr Menschen zu Wort, die der Presse diskret eine Information stecken oder einfach nur ein paar der ihnen in ihrem Leben zustehenden 15 Minuten Ruhm einlösen möchten. Dabei hinterfragen Journalisten nicht unbedingt, welche Motivation ein Tippgeber verfolgt: Hat er vielleicht eine alte Rechnung zu begleichen? Wie fair und objektiv sind deshalb seine Informationen? Handelt er vielleicht im Auftrag von jemandem, der mit dem Beschuldigten konkurriert? Journalisten sind – mehr denn je – getrieben von Redaktionsschluss, Klickzahlen, Konkurrenzmedien oder dem redaktionsinternen Wettkampf zwischen Online- und klassischer Redaktion. Schnelligkeit schlägt da oft die Sorgfalt der Recherche und die Ausgewogenheit der Darstellung. Haben Sie schon einmal darauf geachtet, ob Journalisten wirklich darüber berichten wie sich Sachverhalte darstellen, oder ob sie nur darüber berichten, dass der Vertreter von X gesagt hat, dass Y etwas gemacht haben soll? Genau!

Natürlich sind Korruptionsvorwürfe gegen die FIFA nichts Neues und nach der Enten-Regel („Es sieht aus wie eine Ente, es quakt wie eine Ente, es schmeckt wie eine Ente – es ist dann wohl auch eine Ente.") müsste auch etwas daran sein. Aber zum Zeitpunkt der Berichterstattung über die Verhaftungen im Züricher Hotel *Baur au Lac* musste man zumindest juristisch von der Unschuldsvermutung ausgehen – auch wenn das angesichts der bisherigen FIFA-Berichterstattung und den mysteriös anmutenden Geschäftsvorgängen bei der FIFA schwer fiel. Journalisten sollten zwar auch von der Unschuldsvermutung ausgehen – neigen aber dazu, über das Vorgehen von Polizei und Staatsanwaltschaft zu berichten ohne dabei die Position des Beschuldigten abzubilden. Indem sie darüber berichten, dass die Behörden diese oder jene Schritte unternehmen glauben sie sachlich und neutral zu sein, erwecken durch die einseitige Darstellung tatsächlich aber oft den Eindruck der Vorverurteilung.

Bis ein Unternehmen – oder hier die FIFA – ihre Pressesprecher in Position gebracht, die Statements und Medien-Optionen verlässlich juristisch geprüft und vorbereitet hat, verfügen die Behörden bereits über einen enormen zeitlichen Vorsprung. Das macht es für Unternehmen schwer, behördlichem Handeln schon früh eine belastbare Kommunikationsstrategie entgegenzusetzen. Wie auch hier hat die Berichterstattung dann oft schon längst begonnen und zunächst einen negativen Eindruck auf die Bewertung der Ereignisse vermittelt. Jede folgende Kommunikation muss gegen dieses erste Meinungsbild ankämpfen. Im Privaten geht uns das genauso: Jemand sagt uns, dass X wieder seine Frau betrügt – und auch wenn X gar nichts gemacht hat, ist unsere Meinung bereits geprägt.

Ein Artikel von mir bei manager-magazin.de zum Fall Blatter sollte ursprünglich die Überschrift „Der FIFA-Berlusconi" tragen. Der verantwortliche Redakteur kippte diese Headline aber zu Gunsten von „Warum die Krisen-Kommunikation der FIFA scheitern wird" und tauschte das von mir gewünschte Aufmacher-Bild von Sepp Blatter gegen ein Foto von FIFA-Pressesprecher Walter De Gregorio. Zu Recht, wie ich zugeben muss, denn hatte ich mit meiner Formulierung nicht auch meinem Journalisten-Reflex („Mittäter oder Mitwisser – egal: in jedem Fall ein Schuldiger") nachgegeben, noch bevor die Anschuldigungen bewiesen waren? Man kann sich in der Rolle eines berichtenden Journalisten folglich nicht gänzlich von Vorurteilen und eigenen Meinungsbildern verabschieden. Nicht umsonst gilt die Arbeit in einer Nachrichtenredaktion als Königsklasse. Sprachlich ist dort zwar nicht viel kreative Prosa zu holen – aber die gewählte Sprache muss frei von jeglicher Wertung und Kommentierung sein. Das erschwert zuweilen die Informationsvermittlung und bedarf eines redaktionellen Korrektivs, das in vielen Redaktionen aber oftmals nicht mehr aktiviert wird.

Strategisch ist es nachvollziehbar, dass die FIFA ihren Präsidenten Sepp Blatter zunächst öffentlich zurückhielt und einen Sprecher vorschickte. Dadurch versuchte die FIFA den Fall medial etwas abzusenken und den Chef aus der Schusslinie zu halten. So sind auch die Aussagen von FIFA-Sprecher Walter De Gregorio zu bewerten, zu denen der SPIEGEL passend und richtig titelte: „Schönreden für Profis"[1] und die auch die Süddeutsche noch einmal aufgriff:

> „Ich möchte ausdrücklich betonen. Ausdrücklich, dass die FIFA in diesem Fall die geschädigte Partei ist. Das bedeutet, dass keine Durchsuchungen in FIFA-Büros durchgeführt wurden."[2]

Vor allem aber ist die FIFA die *be*schädigte Partei. So oder so. Mit der Aussage, die Behörden hätten keine FIFA-Büros durchsucht, versuchte De Gregorio den Anschein der Unschuld zu erwecken, oder zumindest von der FIFA abzulenken. Dabei genügten den Ermittlern schon die beschlagnahmten Smartphones der Festgenommenen, um von einem einzelnen Fehlverhalten möglicherweise auf ein System zu schließen. Abgesehen von den Dokumenten, die den Ermittlern bereits vor den Festnahmen vorgelegen haben dürften. Aber De Gregorio handelte richtig, hier einen Unterschied zwischen dem möglichem Fehlverhalten Einzelner und seiner Organisation FIFA aufzuzeigen. Im Falle der FIFA dürfte die Rechnung zwar langfristig nicht aufgehen, aber grundsätzlich ist das ein richtiger und (aus medialer Sicht) professioneller Ansatz. De Gregorio fuhr fort:

> „Der Präsident und der Generalsekretär sind nicht in diesen Prozess involviert. […] Aber der Kongress wird stattfinden. Die eine Sache hat nichts mit der anderen zu tun."[3]

Eine klare Offenlegung der FIFA-Kommunikationsstrategie: Die Korruptionsvorwürfe mussten weit von Sepp Blatter auf Distanz gehalten werden, um seine Wiederwahl nicht zu gefährden. De Gregorio konnte und musste diese Strategie verfolgen – aber er sollte damit scheitern, denn wie oft in solchen Situationen stellten die Medien diesen Zusammenhang nun immer enger her. Dafür schwelten die Korruptionsvorwürfe rund um die Person des FIFA-Präsidenten schon zu lange. Bei einem Konzern, der kalt und schnell von einer solchen Verhaftungswelle erwischt wird, kann so eine Strategie funktionieren. Bei der FIFA nicht. De Gregorio ahnte das und versuchte daher massiv, die Deutungshoheit über die Vorgänge zu bekommen:

> „Dieser Prozess ist gut für die FIFA. Er ist nicht gut, was Image und Reputation angeht. Aber es ist gut für den Reformprozess. Es ist ein guter Tag für die FIFA."[4]
> Und an anderer Stelle: „Wir gehen diesen Weg der Aufklärung weiter, und niemand wird uns aufhalten"[5]

Angesichts der bevorstehenden Wahl des FIFA-Präsidenten, musste De Gregorio hier öffentlich auch für FIFA-interne Zwecke kommunizieren, schließlich sollte zu diesem Zeitpunkt auch die „Wahlgemeinschaft Blatter" nicht auseinanderbrechen. Das Ziel war klar definiert: Wenn du nicht mehr vertuschen oder beschönigen kannst – mach Dich zum Anführer der Aufklärer und setz Dich an die Spitze der Bewegung. Auf die richtige Kombination von institutioneller Strategie und kommunikativer Strategie kommt es an!

Die Formulierung De Gregorios konnte nur durch ständige Wiederholung und mediale Penetration ihre Wirkung entfalten. Das hätte allerdings Zeit gebraucht und die wurde angesichts der Tatsache, dass Korruptionsvorwürfe gegen die FIFA schon seit Jahren immer wieder in den Medien auftauchten, nun knapp. Auch hier gilt: Grundsätzlich ein richtiges Tool – aber für diese Situation mit den Medien nur eingeschränkt nutzbar. Solche Punkte meine ich, wenn ich im Vorwort darauf hinweise, dass es nicht darum gehen darf, „zehn goldene Regeln" für die Krisenkommunikation zu beherrschen, sondern auch auf veränderte Rahmenbedingungen unterschiedlich und angemessen zu reagieren.

Viele Unternehmenssprecher haben eine journalistische Vergangenheit, die natürlich von den Kollegen gerne wieder hervorgeholt wird, wenn es denn gut zur Berichterstattung passt und sich Widersprüche ergeben. Bei Walter De Gregorio war es amüsant zu beobachten, wie ihn ein altes Zitat aus seiner Zeit als Journalist bei der Züricher Weltwoche wieder einholte, in dem er über die Korruption bei der FIFA schrieb:

> „Wären wir konsequent und ethisch so erhaben, wie wir alle glauben, wir würden die Finger lassen vom Fußball und vom professionellen Wettkampfsport allgemein. Wer beginnt damit?"[6]

Solche Altlasten befeuern natürlich den medialen Gegenwind in derartigen Situationen der Krisenkommunikation. Das gilt es nun auszuhalten. Auch wenn es sich für den Betroffenen immer etwas dramatischer anfühlt – im Prinzip sind das nicht mehr als ein paar Lacher zu Lasten des Pressesprechers.

Richtig war – aus strategischer Kommunikationssicht – dass Blatter sich zunächst nur schriftlich äußerte. Das zog zwar den Unmut der Medien auf sich und führte zu entsprechend kommentierender Berichterstattung, aber wenn der Chef selbst vor Mikrofon und Kamera tritt, muss sein Part in der Kommunikationsstrategie klar definiert sein und er auch seine Kernbotschaften verinnerlicht haben. Das benötigt etwas Zeit und auch wenn die Vorwürfe die FIFA-Kommunikationsverantwortlichen nicht unvorbereitet getroffen haben dürften, so lag im Zeitpunkt der Verhaftungen doch ein Überraschungsmoment der Staatsanwaltschaft, das es zu kompensieren galt. Notgedrungen für die Medien und absolut gewollt für die FIFA musste nun Sprecher De Gregorio in der Berichterstattung mehr Bedeutung eingeräumt werden, weil die Medien unter dem Druck standen, berichten zu müssen – aber kein anderes Material hatten, als das des Pressesprechers. Die FIFA hielt den König so erst einmal noch gedeckt, bereitete aber schon ein Bauernopfer vor, dass sie später für eine bessere strategische Position auf dem Brett bringen könnte. Etwa zwei Wochen später tat sie das übrigens auch indem Walter De Gregorio von allen seinen Funktionen bei der FIFA zurücktrat.

Es war jedenfalls absolut richtig, die Erklärung Blatters zu den Vorwürfen nur als verschriftlichte wörtliche Rede anzubieten. Es ermöglichte den Online-

und Printmedien wörtliche Zitate, während die elektronischen Medien TV und Hörfunk auf die weniger elegante indirekte Rede in der Nachrichtensprache zurückgreifen mussten. Solches Vorgehen vermeidet aber eine emotional negativ verstärkte Wirkung auf die Öffentlichkeit, wenn ein eventuell unorganisierter und rhetorisch noch nicht ganz schussfester Verantwortlicher – in diesem Fall Blatter – vor die Kameras tritt. Erst recht am Tag vor seiner Wiederwahl. Die wörtliche Rede in Print und Online war aus FIFA-Sicht inhaltlich präziser und verhinderte ein negativ-emotionales Unterlaufen der Botschaft durch eine persönliche Darbietung Blatters. So konnten einzelne Passagen nach Bedürfnis der Medien beliebig genutzt werden, blieben aber dennoch im originalen FIFA-Wording.

Blatter begann seine Rede mit der Feststellung „dies ist eine schwierige Zeit für den Fußball, die Fans und die FIFA als Organisation."[7] Eine klassische Verteidigungsstrategie: Man erhebt die Vorwürfe gegen die eigene Institution zu einem Angriff auf die gesamte Branche, hier den Fußball. Dabei war nicht der Fußball in einer schwierigen Zeit, sondern die Organisation FIFA. Maximal wären Teile des Fußballs geschädigt, denn der Großteil des Fußballs weltweit findet in den Amateur- und Freizeitligen statt. Geschickt war es auch, dass man versuchte ‚die Fans hinter Blatter und die FIFA zu bekommen. Eine schwierige Zeit für die Fans? Wohl eher nicht, denn schwierig war die Zeit vor allem für die Verhafteten und diejenigen, die sich bei der FIFA nun mit diesem Thema herumplagen mussten.

Blatters Gegenkandidat bei der anstehenden Wahl zum FIFA-Präsidenten Prinz Ali bin Al Hussein aus Jordanien nutzte übrigens eine fast identische Formulierung für den Angriff auf die FIFA: „Ein trauriger Tag für den Fußball."[8] Damit erhob auch er die Angriffe auf die FIFA zu einem Angriff auf den Fußball weltweit mit dem Ziel, das Problem der FIFA zu einem weltweit relevanten Thema machen. Sie sehen: Beide versuchten aus unterschiedlichen Motiven heraus mit fast identischen Aussagen gegenteilige Ziele zu erreichen. Bei solchen Versuchen muss man genau beobachten, wie die Medien in ihrer Nuancierung der Berichte auf die eine oder andere Position einschwenken. Dann gilt es für denjenigen, der in Rückstand gerät, die eigene Formulierung und Strategie schnell zu hinterfragen und nachzujustieren. Zurück zum Blatter-Statement:

„Wir haben Verständnis für die Enttäuschung, die von vielen Seiten ausgedrückt wurde, und mir ist klar, dass sich die heutigen Ereignisse darauf auswirken, wie wir von vielen Seiten gesehen werden."[9]

Dies ist eine absolut inhaltsleere und nichtssagende Formulierung. Aber sie funktioniert, weil sie in den Köpfen der Leser den Eindruck hinterlässt, dass Blatter zur Einsicht gelangt ist – dabei sagte er nur, dass sich die heutigen Ereignisse auswirken werden. Das ist unstrittig.

Auch Politiker lieben solche Formulierungen, weil sie Einsicht suggerieren, ohne aber ihre Position verändern zu müssen und ihnen alle Optionen offen bleiben. Man sagt nicht, dass man Mist gebaut hat, sondern dass man bedauert, wenn ein eventueller Geruch die Nasen der anderen belasten könnte. Der Grüne Cem Özdemir machte es angesichts der Berichterstattung über die private Nutzung dienstlich erworbener Bonusmeilen der Öffentlichkeit vor:

„So sehe ich mich seit gestern Nachmittag mit dem Vorwurf konfrontiert, dass ich unberechtigterweise dienstlich erworbene Bonusmeilen für private Flüge verwendet habe. Diesen Vorwurf kann ich nicht entkräften. Der Wahlkampf wird das Niveau der Angriffe gegen meine Person beeinflussen. Ich sehe mich unter diesen Umständen nicht in der Lage, einen überzeugenden Wahlkampf für meine Partei und meine eigenen politischen Grundwerte und Überzeugungen zu führen."[10]

Hier gab er gewissermaßen den bevorstehenden Wahlkampf als Grund für seinen Rücktritt an, nicht den privaten Gebrauch der dienstlichen Bonusmeilen selbst. Denn nur weil der Wahlkampf nicht unbelastet möglich sei, stehe der Rücktritt im Raum. Ein rhetorisch äußerst gelungener Schachzug. Auch der ehemalige NRW-Ministerpräsident Wolfgang Clement hatte dies bereits vor Jahren bei einem Disput mit seinen SPD-Genossen in den Medien sehr gut und professionell angewandt:

„Wenn Parteifreunde vor Ort das Gefühl haben, ich hätte sie im Stich gelassen und ihnen deshalb mit meinem Kommentar geschadet, dann bedaure ich das."[11]

Blatters Formulierung „wir haben Verständnis für die Enttäuschung" der anderen war nicht gerade ein klares Statement zum eigenen Verhalten, sondern ließ nur die Vermutung zu, dass sich jemand über meine Verärgerung als WM-Anhänger äußert ohne zuzugeben, dass er vielleicht die Hauptursache meines Zornes ist. Clever gelöst.

Warum das immer wieder funktioniert? Kein Wunder. Denn so lange Medien in ihrer „sagte"-Berichterstattung darüber berichten, dass dieser etwas sagt und jener etwas meint, überlassen sie die Bewertung der Vorgänge den Lesern, Usern, Zuhörern und Zuschauern. Die Medien unterliegen damit dem Trugschluss, neutral und objektiv zu berichteten. Aber genau das Gegenteil ist der Fall, denn so haben Unternehmen und Interessensgemeinschaften ungehinderten Zugang zu Auge und Ohr der Medienkonsumenten. Gerade die Einschätzung und Einordnung ist aber Aufgabe der Medien. Sonst sind sie nur noch ein O-Ton-Kanal und nicht mehr kritisches Korrektiv in einer demokratischen Gesellschaft. Die vierte Macht im Staate? Das sieht derzeit leider gar nicht gut aus ...

Blatter fuhr in seinem Statement mit der Forderung nach umfassender Aufklärung der Vorwürfe und Sanktionierung der Schuldigen fort:

> „Derartiges Fehlverhalten hat im Fußball keinen Platz. Wir werden dafür sorgen, dass alle daran beteiligten Personen aus dem Fußball entfernt werden. [...] Wir werden auch [...] innerhalb der FIFA energisch weiter dafür arbeiten, jegliches Fehlverhalten auszumerzen, Ihr Vertrauen zurückzugewinnen und sicherzustellen, dass der Fußball weltweit frei von Fehlverhalten ist."[12]

Was für ein lobenswerter Anspruch, „den Fußball weltweit frei von Fehlverhalten" zu gestalten. Wenn also gar nichts mehr hilft, dann schaffen wir übergeordnete Ziele und Werte, die wir zwar nie erreichen können, die aber erstrebenswert erscheinen, um so die Massen emotional hinter uns zu bringen und damit von unseren augenblicklichen Problemen abzulenken, weil sie plötzlich so klein und minimal erscheinen. Wenn es doch unsere Chance ist, jetzt nach der Verhaftung von sieben Funktionären den Fußball weltweit frei von Fehlverhalten zu machen – was ist dann schon die Kritik an der Wiederwahl Blatters oder der möglichen Korruption von „nur" sieben Funktionären? Blatter stützte mit seinen schriftlich verbreiteten Aussagen die Marschrichtung seines Sprechers: Wir sind die eigentlichen Aufklärer, nicht die Behörden. Wie war noch die Wolfs-Regel? Wenn Du nicht gegen die Wölfe anheulen kannst, dann heul mit ihnen?

Die Gefahr einer solchen Strategie bestand natürlich darin, dass Blatter sich damit kommunikativ übernimmt. Denn so sehr er mit der FIFA auch von den jeweiligen Landesverbänden hofiert wurde – es gab weltweit viele Menschen, die als Funktionäre noch die eine oder andere Rechnung mit der FIFA offen hatten. Oder Politiker, die vor den Forderungen der FIFA kuschen und buckeln mussten, damit ihnen eventuell die enorme Güte einer weltweit beachteten Sportveranstaltung zuteilwird, die innenpolitisch in der Regel gute Presse verursacht. Der Superbowl mag vielleicht 800 Millionen TV-Zuschauer haben. Aber das ist weniger als das Endspiel einer Fußball-WM – und er kann nicht alle 4 Jahre weltweit auf Tournee gehen. Klarer Vorteil: FIFA. DFB-Präsident Wolfgang Niersbach war einer der Ersten, die sich zu Wort meldeten:

> „Es ist schockierend und schädlich für den gesamten Fußball, was sich in Zürich zwei Tage vor dem FIFA-Kongress abspielt. Es wäre erschütternd, wenn sich die im Raum stehenden, schweren Vorwürfe gegen Mitglieder der FIFA als richtig herausstellen. In der UEFA werden wir angesichts dieser Vorkommnisse beraten, wie wir uns auf dem bevorstehenden FIFA-Kongress verhalten."[13]

Eine klassische 3-Satz-Regel aus der Rhetorik: Der aufmerksamkeitsfördernde Einstieg erfolgt mit einer Information, über die bei den Lesern kein Zweifel besteht: Ja, es ist tatsächlich „schockierend und schädlich" was sich da abspielt. Niersbach nutzte die Beschreibung des offensichtlich Unstrittigen, um bei seinen Zuhörern zunächst einmal Zustimmung zu ernten. Sie haben ihm zugestimmt – warum sollte der Rest seines Statements dann falsch sein? Diese Technik ist nicht neu oder originell – aber sie ist effektiv und wird oft angewendet. Das emotionale Zwischenfazit ist also Zustimmung. Im interessanteren Mittelteil verstieg sich Niersbach in die Spekulation: „Es wäre erschütternd, wenn […] sich die Vorwürfe […] als richtig herausstellen." – Medial ist das die klassische Vorverurteilung und wenn man als Unternehmen an der Börse notiert ist, sollte man solche Aussagen tunlichst vermeiden, denn was ist, wenn die Verhafteten juristisch aus der Angelegenheit herauskommen sollten? Eine solche Vorverurteilung hat aber zwei Vorteile für denjenigen, der sie öffentlich vorbringt: Zum einen bedient sie die Schlagzeilen und sorgt dadurch dafür, dass das Thema in den Medien weiterhin heiß bleibt. Und zum anderen bildet sie die Grundlage für weitere Aussagen, falls man selbst bereits Kenntnisse darüber erlangt hat, dass die Vorwürfe berechtigt sind, man dies öffentlich aber noch nicht so klar äußern möchte. Der Schluss wiederum ist offen, suggeriert aber Konsequenzen. Denn auch die UEFA ist in letzter Konsequenz nicht immer so konsequent wie sie es gerne wäre. Hier sicherte Niersbach sich ab. Man wird also beraten. Man könnte auch sagen: Da liegt nicht wirklich Fleisch auf dem Teller, aber es sieht zumindest schon einmal lecker aus. Viel deutlicher dagegen äußerte sich Theo Zwanziger, Ex-Präsident des DFB:

> „Das ist ein großer Sumpf. Das Problem ist nicht damit erledigt, dass man Sepp Blatter als Präsident verhindert. Der Fehler liegt im System der FIFA. Es können sich zu viele bedienen."[14]

Zwanziger zeigte damit klare Kante. Das konnte er auch, da er als ehemaliger DFB-Präsident frei agieren kann und sich nicht in der Rolle befindet, die Niersbach zwischen DFB und UEFA wahrnehmen muss: Der des Funktionärs. Aber auch er zog den Skandal nicht von Blatter weg, sondern setzte noch einen drauf, indem er die Verhinderung Blatters als irrelevant für die Lösung des Problems bezeichnete: Das Problem sei die Welt der FIFA. So korrupt, dass es auf einen Blatter mehr oder weniger nicht mehr ankäme. Es wäre zwar interessant, wie Zwanziger in seiner Amtszeit dazu gestanden hat – aber diese Frage stellte leider zu diesem Zeitpunkt niemand, denn der Medienzirkus konzentrierte sich ganz auf die FIFA und Blatter. Diese Haltung wurde durch weitere Statements aus dem Umfeld der FIFA gestärkt. So ließ die zahlenmäßig mächtige Asiatische Fußball-Konföderation knapp mitteilen:

> „Die Asiatische Fußball-Konföderation drückt ihre Enttäuschung und Trauer über die Ereignisse vom Mittwoch in Zürich aus, lehnt eine Verschiebung der Präsidentschaftswahlen am Freitag aber ab."[15]

Eine Solidaritätsadresse oder gar ein Treuebekenntnis – wie von den Journalisten suggeriert – ist das nun wirklich nicht. Lediglich das konsequente Festhalten an einer früher beschlossenen Tagesordnung lässt sich aus diesen Worten herauslesen. Will man Böses dabei denken, so bleibt auch offen, ob man nun enttäuscht ist über den Verdacht der Korruption, über die Korruption selbst oder darüber, dass man erwischt worden ist.

Ebenso wie Gentechnik, Energie, Kindererziehung, Flüchtlingspolitik oder auch Religion ist Fußball ein Thema, zu dem jeder meint, etwas Kompetentes beisteuern zu können. Und so nutzten auch mehr oder weniger Unbeteiligte und selbsternannte Experten die Gunst der Stunde, wieder einmal ein paar Statements in den Medien unterbringen zu können. Bundesjustizminister Heiko Maas lieferte in der BILD dabei erwartungsgemäß nur lauwarme Politiker-Kost ab:

> „Die Fans haben ein Recht darauf, dass das jetzt umfassend aufgeklärt wird. Korruption darf im Fußball keinen Platz haben."[16]

Hätte es den Weltfußball zu biblischen Zeiten bereits gegeben, könnte der zweite Satz auch auf einer der Tontafeln Moses stehen, als er vom Berg hinunter kam. Erstaunlicherweise übernahm die Nachrichtenagentur dts trotz dieses flachen Zitats tatsächlich die BILD-Schlagzeile: „Maas fordert umfassende Aufklärung des FIFA-Skandals."[17] Ein weiteres Beispiel dafür, dass leider immer mehr darüber berichtet wird, was dieser oder jener Akteur sagt – und weniger hinterfragt wird, ob solche Formulierungen überhaupt Substanz haben und was tatsächlich getan wird. Der Sport in Deutschland untersteht übrigens dem Innenminister. Aber schön, wenn sich der Justizminister auch eine Fußball-Schlagzeile schießen kann. Norbert Blüm, ehemaliger Arbeitsminister und Fußball-Fan im besten Blatter-Alter forderte bei stern.tv in einer Sendung zur Vergabe der WM nach Katar schließlich schlagzeilentauglich den WM-Boykott:

> „Wenn der Europäische Verband sagt: Macht eure Weltmeisterschaft [...] aber wir gehen nicht hin, ist das Ding zu Ende."[18]

Eher wäre da wohl die Rente sicher, als dass Deutschland seinen WM-Titel in Russland nicht verteidigen würde. Norbert Blüm konnte hier frei aufspielen, denn er muss keine Wiederwahl mehr überstehen. Ferner muss er auch nicht eventuelle Kritik deutscher Sponsoren der Fußball-Nationalmannschaft fürchten. Er agierte also aus einem geschützten Raum: Die Forderung nach einem Boykott mag populär sein um die FIFA unter Druck zu setzen, aber auch nur so lange nicht geliefert werden muss. Wenn die Deutschen als amtierende Weltmeister nicht zur nächsten WM reisen würden, wäre die Aufregung groß. Auch in jenen Medien, die jetzt noch für einen Boykott wären – denn auch die wissen: Eine WM (selbst in Russland oder Katar) bringt hohe Einschaltquoten, Views oder verkaufte Auflagen. Aber auch Fußball-Populist Blüm sicherte sich in seinem Statement ab:

> „Wer die Fußballweltmeisterschaft nach Katar vergeben hat, muss entweder eine Schraube locker haben oder bestochen sein."[19]

Sollten sich die Bestechungsvorwürfe wider Erwarten als haltlos erweisen oder zumindest juristisch nicht beweisbar sein, so kann er sich mit der saloppen Formulierung „eine Schraube locker" immer noch auf sein Recht auf freie Meinungsäußerung zurückziehen. Selbst Blüm war in diesem Punkt also zweigleisig unterwegs.

Wirtschaftlich gesehen ist kaum ein Sponsoren-Engagement für große, weltweit agierende Unternehmen so attraktiv wie bei der Fußball-WM. So mussten die Hauptsponsoren auch recht schnell reagieren, denn mit den Korruptionsvorwürfen gerieten auch sie ins Blickfeld der Berichterstattung. Die mediale Lebenserfahrung zeigt, dass Regierungen insbesondere mit Wirtschaftshilfe oder -sanktionen auf innenpolitische Vorgänge anderer Länder (Menschenrechte, Umweltschutz usw.) Einfluss nehmen wollen. Ebenso wirksam ist auch wirtschaftlicher Druck von Sponsoren auf interne Vorgänge der FIFA.

Insbesondere Finanzdienstleister wie das Kreditkartenunternehmen VISA sind natürlich an einem seriösen Image des Sportpartners sehr interessiert. VISA ließ daher verbreiten, ohne einen Wandel bei der FIFA werde man „sein Engagement überdenken."[20] Einen Wandel würde es so oder so geben bei der FIFA, das stand nicht wirklich zur Debatte, denn bei sieben verhafteten Funktionären muss sich zwangsweise etwas bewegen. Die Frage war zu diesem Zeitpunkt nur, welche Richtung dieser Wandel einschlagen und wie massiv er erfolgen würde. VISA sicherte sich hier ab: Man überdenke sein Engagement. Das ist weniger konkret als eine Aussage wie „man wird sich als Sponsor zurückziehen", falls dieses oder jenes eintrifft. So konkret hätten Journalisten es gerne, denn es befeuert die Berichterstattung. Aber dem kam VISA (völlig richtig) nicht nach und baute nur eine scheinbare Distanz auf. Sie bediente oberflächlich die Erwartungen in der Öffentlichkeit, ohne die Handlungsoptionen aber gegenüber dem Partner FIFA einzuschränken. Überdenken und Nachdenken kann man ja viel. Damit ist noch nicht gesagt, wie man die Angelegenheit anpacken wird. Hier wusste VISA natürlich auch: Wird erst einmal wieder in den Stadien gesungen und der Lebensrhythmus auf den Spielplan der WM umgestellt, interessiert es die Masse der Kreditkartenkunden nicht mehr, ob und wie eine WM vergeben wurde. Das Geschäft muss weiter gehen.

Selbst Adidas, das ein Jahr zuvor von der ZEIT noch als „Erfinder der modernen Sportkorruption" bezeichnet wurde, verlangte inzwischen „Standards für Transparenz."[21] Damit lenkte Adidas auch von der eigenen Geschichte ab, die das Unternehmen seit dem Verteilen von Umschlägen mit Bargeld an Olympioniken 1956 für das Tragen von Adidas-Schuhen immer wieder in die unmittelbare Nähe der Sportkorruption rückt. Der Ruf nach „Standards für Transparenz" lag daher nahe und drehte den Scheinwerfer des öffentlichen Medienverhörs bequem in Richtung FIFA.

Auch McDonald's nahm die Vorwürfe „sehr ernst".[22] Mit der Formulierung „sehr ernst" kann McDonald's Hygienemängel, Arbeitsbedingungen, die Rodung des Regenwaldes für Weideflächen – aber auch die FIFA-Verhaftungen kommentieren. Etwas „sehr ernst nehmen" funktioniert auch bei Elternabenden nach Zeugniskonferenzen oder nach einer Reaktor-Katastrophe. Die Bandbreite ist unerschöpflich – aber sie erzielt ihre Wirkung bei Journalisten. Man nimmt etwas ernst – also nimmt man es nicht auf die leichte Schulter. Das ist doch schon mal etwas. Aber wichtiger war in der FIFA-Affäre, dass man damit dem Partner Informationen auf der Meta-Ebene sendet, ohne sie bei dieser Gelegenheit schon klar zu artikulieren. Jeder FIFA-Funktionär wird bei solchen Aussagen daran gedacht haben, dass es auch ans Geld gehen kann. Und da hören bekanntermaßen der Spaß und die Freundschaft auf. So wurde – Nadelstich für Nadelstich – an der Voodoo-Puppe von Sepp Blatter experimentiert, bis dieser den Druck und den Schmerz nicht mehr aushalten konnte.

Die Aussage von Coca-Cola: Diese „lange Kontroverse befleckt die Mission und die Ideale der FIFA"[23] kam bequem aus der Distanz eines scheinbar neutralen Beobachters. Sie beschrieb, was ohnehin schon jeder wusste und in den Medien lesen konnte, frei nach dem Motto: Es regnet in Strömen? Dann kommentieren wir: „Es ist ein nasser Tag heute und ein schlechter Tag für Sonnenfreunde."

Inhaltsleer – aber man hat sich wenigstens öffentlich mal geäußert und bekommt auch noch Zustimmung dafür. So kann man sich auch erst einmal als Sponsor für eine Weile aus den Schlagzeilen heraushalten. Beispielsweise wenn Fragen aufkommen, inwiefern die Sponsoren mit Blick auf ihre Absatzmärkte bei der Vergabe von Weltspielen ein Wort mitreden. Aber auch Coca-Cola setzte hier – genau wie McDonald's – auf die Meta-Botschaft an die FIFA: Die Ideale sind wichtig. Denn mir hehren Idealen verkaufen sich zuckerhaltige Brausegetränke besser als mit Nährwertangaben. Den Rücktritt Blatters kommentierte Coca-Cola folgerichtig als „positiven Schritt für das Wohl des Sports, des Fußballs und dessen Fans."[24] Stimmt: Coca-Cola ist nicht nur beim Fußball als Sponsor aktiv und braucht daher ein sauberes Image auch in allen anderen Sportarten, in denen man sich aktiv als Sponsor einbringt. Man hob hier die Verantwortung der FIFA auf den gesamten Sport weltweit – und erhöhte somit als Sponsor zugleich auch den Anti-Korruptionsdruck auf alle Verbände in jeder Sportart: Seht her, wie wir das mit der FIFA handhaben – und denkt mal darüber nach, wie es in euren Verbänden gehandhabt wird! Eine angenehme und klug herbeigeführte Nebenwirkung.

Interessant ist, wie breit der FIFA-Skandal aufgestellt war. Für einige war Sepp Blatter das Ziel der Attacken – wenn er weg sei, dann werde alles besser. Für andere wiederum war es völlig egal, ob Blatter an der Spitze der Korruption oder der Aufklärung stand – es sei ein Sumpf, so oder so. Für die Sponsoren wiederum waren die Ideale und die Mission wichtig – aber wurden diese Ideale nicht gerade mit Füßen getreten? War es da wirklich nur ein „Fleck" der die wahren Ideale der FIFA beschmutze, oder war es nicht schon ein Vollbad im Sumpf?

Man muss beim FIFA-Skandal genau wie bei Unternehmen unterscheiden zwischen der Kommunikationsstrategie und der Unternehmensstrategie. Die Unternehmensstrategie von Sepp Blatter war zunächst das Aussitzen der Affäre, wovon er mit seinem Rücktritt einige Tage später schnell wieder Abstand nahm. Entscheidet sich der Präsident der FIFA (oder eines Unternehmens) für die Strategie des Aussitzens, so muss die Kommunikationsstrategie so aufgebaut sein, wie Walter De Gregorio sie aufgesetzt hat: Die Affäre weg vom Präsidenten ziehen und auf die Bedrohung des gesamten Fußballs hinweisen, damit man auch eventuelle

Kritiker und Skeptiker zugunsten eines gemeinsamen Ziels wieder hinter sich bzw. dem Präsidenten vereinen kann. Das macht die Kommunikationsstrategie zu einer richtigen Strategie, auch wenn die Unternehmensstrategie des Aussitzens im Fall der FIFA-Affäre eine falsche war, wie sich schnell herausgestellte.

Entscheidet sich eine Institution oder ein Unternehmen für die falsche Unternehmensstrategie, so kann die operative Umsetzung der Kommunikation diese Fehler nicht beheben. Kommunikation kann lediglich die richtigen und angemessenen Aussagen und Werkzeuge zur Verfügung stellen. Das bedeutet: Die Kommunikationsstrategie kann durchaus richtig umgesetzt werden, aber dennoch von Beginn an zum Scheitern verurteilt sein. Machen wir es am Beispiel der FIFA fest: Die Strategie des Aussitzens verlangte von Sprecher De Gregorio bestimmte Aussagen und Maßnahmen – diese setzte er richtig um. Dennoch konnte die FIFA damit nicht erfolgreich sein, weil die Strategie des Aussitzens selbst zu diesem Zeitpunkt definitiv die falsche war. Die weitere Skandalisierung durch die fortlaufende Medienberichterstattung entwickelte eine sehr starke Dynamik, die durch das weitere Aussitzen und Zögern noch dramatischer wurde.

Das ist das Problem der Kommunikationschefs: Sie können einen absolut richtigen Job machen und dennoch von Anfang an zum Scheitern verurteilt sein. Ihr Problem wird es immer sein, dass man sie dafür verantwortlich machen wird, weil sie im Fokus der Öffentlichkeit stehen. Oder etwas stark vereinfacht: Entscheidet sich ein Automobilhersteller, das Lenkrad auf dem Dach zu befestigen, kann der Monteur noch so sorgfältig arbeiten – das Auto wird nicht funktionieren.

Die Kommunikation De Gregorios war so gut wie es unter diesen Umständen ging, nur die Unternehmensstrategie der FIFA war von vornherein aussichtslos. Es war falsch, dass Blatter dachte, die Affäre aussitzen, zeitgleich aber die Anführerschaft bei der Aufklärung übernehmen zu können. Der Kommunikationsdirektor eines großen deutschen Unternehmens formulierte es mir gegenüber im Vieraugengespräch ungefähr so: „Wir müssen in dieser Sache einfach aus Mist Minze machen." – Wobei der Begriff „Mist" hier sprachlich von mir etwas geschönt wurde und „Minze" eigentlich „Schokolade" heißen müsste. Inhaltlich ist es absolut korrekt: Den Mist kann die Kommunikation zwar mit Aromen anreichern – aber sie kann keine Minze daraus machen. Mist bleibt immer Mist.

Das scheint Blatter bei der FIFA-Affäre übersehen zu haben. Blatter wollte nach seiner Rücktrittserklärung bis zu außerordentlichen Wahlen noch vorübergehend im Amt bleiben, also noch fast ein dreiviertel Jahr. Vermutlich wird er das nicht schaffen, dafür ist der mediale Druck zu groß. Blatter mag das wie eine Treibjagd empfinden, aber das ist es nicht. Es ist nur die mediale Aufbereitung eines Missstandes in dessen Zentrum er steht. Mit seinem Rücktritt machte Blatter aber auch einen Weg für versöhnliche Worte frei, den Franz Beckenbauer gern beschritt:

> „Es war eine vernünftige Entscheidung von Sepp Blatter. Der Druck wurde zu groß. Er wäre nie mehr zur Ruhe gekommen, ob er Schuld an den Skandalen trägt oder nicht. Das Problem der FIFA liegt in seinem System."[25]

Er bescheinigte Blatter damit Vernunft und Einsicht, ließ die Schuldfrage aber offen und äußerte auch menschlich Verständnis für Blatter, der „nie mehr zur Ruhe gekommen" wäre – der arme Sepp Blatter. Beckenbauer machte so mehr als deutlich, dass er ihm keinen Stein ins Kreuz werfen würde und blickte zugleich auf die gesamte FIFA: „Das Problem der FIFA liegt in seinem System." Wenn das Zitat korrekt ist, dann fragt man sich, wieso da nicht „in *ihrem* System" steht. Hat Beckenbauer sich hier einen Freud'schen Versprecher geleistet? Meinte er letztlich doch das „System Blatter"? Beckenbauers sonstige O-Töne sind nicht so gehaltvoll, dass man dort intellektuelle Raffinesse und damit Absicht in der Wahl von „seinem System" vermuten könnte. Genau mit solchen Zitaten bringt man sich aber als Nachfolger ins Gespräch, stünde Beckenbauer dabei nicht der Verzicht auf einige lukrative Sponsorenverträge im Weg. In diesen Augenblicken fragt sich die Öffentlichkeit natürlich auch: Wer war noch mal Franz Beckenbauer? Wir Medientrainer sagen: Der geniale Kopf, der sich dreimal in einem Zitat selbst komplett widersprechen kann, ohne dass es jemand merkt. Die anderen sagen: Als Spieler Weltmeister, als Trainer Weltmeister, als WM-Beauftragter derjenige, der uns die WM nach Deutschland geholt hat – da schafft ein Kanzler mit einer Wiedervereinigung nur annähernd Vergleichbares. Auch der dreifache Europas Fußballer des Jahres, Michel Platini, schlug nach Blatters Rücktritt versöhnliche Töne an:

„Es war eine schwierige Entscheidung, eine mutige Entscheidung, und die richtige Entscheidung."[26]

Sachlich, emotional anerkennend und dann inhaltlich wertend: Michel Platini, der Präsident des europäischen Fußballverbandes UEFA machte es absolut richtig. Das Volk hat bereits den Kopf, den es so vehement gefordert hat – jetzt können wir zu Sachfragen übergehen. Meint man. Weniger gelassen allerdings reagierte DFB-Präsident Wolfgang Niersbach als er sagte, die Entscheidung sei „absolut richtig" und „überfällig" bevor er etwas persönlicher fortfuhr:

„Es ist eigentlich eine Tragik, warum er es sich selber und uns allen das nicht erspart hat, dass er das früher gemacht hätte."[27]

Dieser Nachsatz unterstreicht noch einmal, dass die Entscheidung Blatters nach der von ihm zu vertretenden DFB-Meinung zu spät kam.

Sepp Blatters Pressekonferenz, auf der er seinen Rücktritt zu einem von ihm definierten späteren Zeitpunkt ankündigte, war emotional sicher nicht einfach für ihn. Geschenkt. Nachdem ihm die größte Tageszeitung Europas kurz zuvor mit der Schlagzeile „Hau ab!"[28] einen Tritt unter die Gürtellinie verpasst hatte und andere „FIFA Nostra"[29] oder direkt über seinem Foto „FIFA beschließt Arschloch-Test"[30] titelten, versuchte er – völlig richtig – nicht nur Fakten zu kommunizieren, sondern auch die Deutungshoheit über seinen Rücktritt zurückzuerlangen:

„Ich liebe die FIFA mehr als alles andere und will nur das tun, was am besten für die FIFA und den Fußball ist. Ich möchte denen danken, die mich immer unterstützt haben in konstruktiver und loyaler Weise als Präsident der FIFA."[31]

Mit solchen Zitaten drückte Blatter seine Liebe zum großen Ganzen aus und inszenierte sich zugleich als Opfer. Vermutlich musste er das auch, um vor sich selbst noch gerade stehen und täglich in den Spiegel gucken zu können. Er tritt also zurück, weil er seiner FIFA nur das Beste wünscht. Wie könnte man ihm da noch böse sein, oder ihn in schlechte Schlagzeilen pressen? Als er denjenigen dankte, die ihn immer unterstützt haben als Präsident der FIFA – schloss er korrupte und nicht-korrupte Funktionäre gleichermaßen mit ein. Sehr schön neutral formuliert. Für die Öffentlichkeit spielte das keine Rolle, aber all diejenigen, die zu ihm gehalten haben – aus welchen Motiven heraus auch immer – konnten sich angesprochen fühlen. Nach außen hin machen solche Formulierungen wenig Sinn, aber sie wirken nach innen. Da brauchte Blatter nun die Unterstützung seiner „Belegschaft", denn die Gefahr war groß, dass jeder, dem er in der Vergangenheit einmal auf den Fuß getreten war, nun den Schuh auszieht und nach ihm wirft. Ferner brachte der Rücktritt die Gefahr mit sich, dass sich einige aus der Deckung wagen, die sich angesichts der scheinbaren Unangreifbarkeit und Unverwundbarkeit Blatters bisher nicht getraut haben. Solche Akteure sind dankbare Quellen für alle Medien. Ein Hauptschuldiger war mit Sepp Blatter schnell ausgemacht, auch wenn für ihn zunächst einmal die Unschuldsvermutung gelten musste. Freilich fiel es schwer an die Unschuld eines FIFA-Präsidenten zu glauben, der nicht zum WM-Finale der Damen reisen mochte, weil er die Festnahme durch US-Behörden befürchtete.

Doch zunächst verschaffte sich Blatter mit dem Trick, sich eine weitere Amtszeit zu sichern und dann einen geordneten Rücktritt anzutreten, Zeit zum Handeln. Der nächste reguläre FIFA-Kongress wäre zwölf Monate später – also bedurfte es eines gesonderten Termins zur Wahl des Präsidenten:

> „Da ich kein Kandidat sein werde und daher nun frei von den Einschränkungen bin, die Wahlen unweigerlich mit sich bringen, wird es mir möglich sein, mich darauf zu konzentrieren, weitreichende, grundlegende Reformen voranzutreiben, die unsere bisherigen Bemühungen übersteigen. Seit Jahren haben wir hart daran gearbeitet, administrative Reformen zu schaffen, und obwohl diese fortgesetzt werden müssen, ist mir klar, dass dies nicht genug ist. Im Exekutivkomitee sind Vertreter von Verbänden, über die wir keine Kontrolle ausüben, aber für deren Handlungen die FIFA verantwortlich gemacht wird."[32]

Der amtierende Präsident spielte also nun auf der Position des klassischen Liberos. In anderen Organisationen oder der Politik würde man einen solchen Amtsinhaber als „lame duck" bezeichnen – hier vermittelte Blatter den Eindruck, als sei seine Präsidentschaft auf Abruf eine Bereicherung für den Reformprozess der Erneuerung. Ein cleverer Schachzug. Unmittelbar nach seiner Wiederwahl aber noch vor seinem angekündigten Rücktritt schrieb ich in einem Kommentar:

> „Grundsätzlich ist es eine richtige Strategie von Sepp Blatter, wenn gar nichts anderes mehr geht, sich dann eben an die Spitze der Aufklärer zu setzen. Aber wenn die Ratten bereits ein sinkendes Schiff verlassen, ist die Spitze auch nicht gerade eine gute Position."[33]

Das kann man als Irrtum meinerseits bezeichnen – oder aber der veränderten Situation nach dem angekündigten Rücktritt Blatters Rechnung tragen und die Situation neu bewerten. Hier nahm Blatter den Druck von sich und der FIFA – er ist zwar noch im Amt, aber nur als Interimslösung. Das machte ihn wirklich etwas freier in seinen Handlungen und auch in der Kommunikation zum FIFA-Skandal. Es scheint, als würde er bereits offene Rechnungen begleichen wollen. Kein dummer Gedanke also, in der Pressekonferenz seines Rücktritts zugleich einen Schritt nach vorn zu wagen, denn damit gewann er Handlungsoptionen zurück. Wir erinnern uns daran, dass Medien immer mehr zu einer „dieser-sagte-jenes"-Berichterstattung neigen und eigene Einordnung oft auf der Strecke bleibt zugunsten einer konsensfähigen und scheinbar ausgewogen-neutralen Berichterstattung. So hatte Blatter gute Karten, spielte Trumpf und sagte:

> „Wir brauchen [eine] tief verwurzelte strukturelle Veränderung. Die Größe des Exekutivkomitees muss verkleinert werden und seine Mitglieder sollten durch den FIFA-Kongress gewählt werden. Die Überprüfung der Integrität aller Mitglieder des Exekutivkomitees muss zentral durch die FIFA organisiert werden und nicht durch die Verbände. Wir brauchen eine Beschränkung der Amtszeit nicht nur beim Präsidenten, sondern für alle Mitglieder des Exekutivkomitees."[34]

Sprach zum Beispiel US-Justizministerin Loretta E. Lynch noch von einem „FIFA-Sumpf der trockengelegt werden"[35] müsse, so verlagerte Blatter das Fehlverhalten nun zurück in die Landesverbände. Er erweckte den Anschein, als würde die FIFA durch die Verbände mit Korruption unterwandert.

> „Ich habe schon früher für diese Veränderungen gekämpft, und, wie jedermann weiß, wurden meine Bemühungen blockiert. Dieses Mal jedoch werde ich Erfolg haben. Ich kann dies nicht alleine tun. Ich habe Domenico Scala gebeten, die Einführung und Umsetzung von diesen und anderen Maßnahmen zu überwachen."[36]

Dass Sepp Blatter für diese nun anstehenden Veränderungen gekämpft habe, war der Öffentlichkeit nur schwer zu vermitteln. Es mag in den FIFA-Protokollen den einen oder anderen Hinweis darauf geben, dass Blatter Recht gehabt haben könnte, doch die Wahrnehmung in der Öffentlichkeit war eine deutlich andere: Blatter hat die FIFA stark auf seine Position zugeschnitten. Er hat Allianzen geschmiedet um seine Wiederwahl zu sichern, er hat Zusagen und Zugeständnisse für Stimm- und Machtgewinne gemacht. Und er war über viele Jahre alleine zeichnungsberechtigt für Schecks und große FIFA-Geschäfte, über die der Präsident seine Gremien erst im Nachhinein informieren musste. Aber: Zusagen für Stimm- und Machtgewinne? Das tun Politiker und Industrieunternehmen auch. Doch zu diesem Zeitpunkt ging es in der Krisenkommunikation nicht um absolute Wahrheit oder die Relativierung und Einordnung von Sachverhalten, sondern um die gefühlte Wahrnehmung. Blatter setzte den Vorwürfen deshalb einen offenbar schon immer währenden Kampf gegen die Korruption entgehen, in dem man ihn – obwohl er immer schon ein absolut machtbewusster Präsident der FIFA war – ständig blockiert habe. Wurde die FIFA wirklich von einem derart durchsetzungsschwachen Präsidenten geführt? Hat er sie überhaupt geführt? Blatters Aussage „dieses Mal werde ich Erfolg haben" bediente zweierlei: Zum einen die enorme Entschlossenheit des Präsidenten auf Abruf, und zum anderen den Versuch, sich selbst an die Spitze der Aufklärer zu setzen. Eine unabhängige Untersuchungskommission? Ein unabhängiger, vielleicht sogar von unabhängigen Compliance-Beauftragten geführter Prozess? Kein Wort darüber. Es ging weiterhin um Blatter, seinen Machtanspruch und sein den Umständen angepasstes persönliches Ziel, einen geordneten Rückzug anzutreten, an dessen Ende er sich mit einer Ehrenpräsidentschaft noch ein Denkmal setzen könnte, weil man jemanden der sich in unterschiedlichen Funktionen 40 Jahre in einer Organisation engagiert hat, nicht geteert und gefedert aus dem Stadion jagen will. Ganz in diesem Sinne begründete er seinen Rückzug auf Raten als Akt selbstlosen Engagements für die FIFA:

> „Meine tiefe Fürsorge für die FIFA und ihre Interessen, die mir sehr am Herzen liegen, haben mich zu dieser Entscheidung bewegt. […] Wichtiger als alles andere ist mir, dass, wenn all dies vorüber ist, der Fußball als der Sieger hervorgeht."[37]

Blatter blieb sich darin treu, übergeordnete Werte und Ziele anzusprechen. Hatte er das zu Beginn der Affäre bereits getan, so verband er es hier mit dem Wunsch nach Transparenz und Aufklärung. Mit dieser Taktik bemäntelte er seine wahren Motive, nämlich sein Andenken zu bewahren, seinen Ruf aufzupolieren oder zumindest weniger beschädigt aus der Affäre herauszukommen, als es sich zu Beginn abzeichnete: Wichtig sei, dass der Fußball als der Sieger hervorgeht. Das wird er so oder so – dafür ist Blatter nicht mehr wichtig. Aber er versuchte hier die öffentliche Meinung hinter sich zu bringen: Wenn man Blatter nicht beim Anti-Korruptions- und Reformierungs-Erfolg unterstütze, dann könne der Fußball nicht als Sieger hervorgehen. Ein geschickter Schachzug des Schweizers. Ob er unternehmensstrategisch aufgehen wird, muss die Zeit zeigen. In seiner Kommunikationsstrategie macht er es richtig, wenn er dieses unternehmerische Ziel hat. Wenn er es verfehlt, liegt es jedenfalls nicht an der Art, wie er seine Statements formulierte oder von seinem Beraterstab formulieren ließ. Es stellt sich nur die Frage, ob seine Management-Strategie die richtige ist.

Germanwings – Krisenkommunikation im Schockzustand

150 Tote.
Als der Airbus der Lufthansa-Tochter Germanwings auf dem Weg von Barcelona nach Düsseldorf in den südfranzösischen Alpen an einer Felswand zerschellte, starben alle Insassen des Flugzeugs. Spätere Ermittlungen ergaben, dass der Copilot einen Sinkflug eingeleitet hatte und die Maschine absichtlich abstürzen ließ.

Noch nie gab es in der Geschichte von Germanwings oder der Lufthansa eine derartige Tragödie. Die Geschichte der Landshut-Entführung haben wir vielleicht noch vor Augen oder – wenn man etwas genauer hinschaut – dann doch durchaus den einen oder anderen Lufthansa-Absturz. So beispielsweise den Absturz im November 1974, bei dem von 157 Menschen an Bord 59 starben. Oder das Rutschen einer Lufthansa-Maschine über das Ende der Landebahn hinaus in Warschau 1993, bei dem zwei Menschen starben. Dazu kommen noch einige Beinahe-Abstürze; beschädigte Maschinen, die dennoch heil ans Ziel kamen; Piloten, die mit vereisten Sensoren klarkommen mussten sowie Abstürze und Bruchlandungen von Frachtmaschinen. Obwohl es dabei auch insgesamt deutlich weniger Opfer als beim Germanwings-Flug 4U9525 gab, liest sich das, als hätten wir es hier mit einer Kraut- und Rüben-Airline zu tun. Dem ist aber nicht so. Die Lufthansa und ihre Tochterfirma Germanwings zählen objektiv zu den sichersten Airlines der Welt. Auch deswegen hatte man bislang in Deutschland den Eindruck, die Lufthansa und ihre Tochterfirma sind unfehlbar. Umso stärker traf der Absturz auch das Image der beiden Airlines.

Es ist ein klassischer Medienreflex: Der Branchenprimus wird bei Verfehlungen besonders hart angegangen. Vor allem, wenn das Unternehmen einen bis dahin tadellosen Ruf genoss. Die Bio-Branche kann ein Lied davon singen: Wenn bei einem Discounter Giftstoffe in der Nahrung gefunden werden, dann sagen sich Medien und Verbraucher: Naja, es ist halt ein Discounter. Aber bei Bio? Da schlägt Verbraucherliebe schnell in Hass um. Die Lufthansa profierte stets von ihrem Ruf, die Piloten exzellent auszubilden und besonders hohe technische Standards anzuwenden. Vor allem Geschäftsreisende sind deswegen dazu bereit, für ein Ticket etwas tiefer in die Tasche zu greifen – noch leichter, wenn es die Firma zahlt. Ein Flugunglück mit 150 Toten bei einer Tochterfirma barg von Anfang an das hohe Risiko, dass auch der Mutterkonzern einen Image-Schaden davontragen würde, denn Lufthansa und Germanwings gehören so eng zusammen, wie Mercedes und Smart oder BMW und Mini.

Die öffentliche Aufmerksamkeit wurde durch den doppelten lokalen Bezug zu diesem Ereignis noch gesteigert: Es war nicht nur eine deutsche Maschine abgestürzt, sondern fast die Hälfte der Toten war deutscher Staatsangehörigkeit. Wenn sich vergleichbare Unglücke ohne deutsche Opfer auf der Welt ereignen, beschäftigt das die Medien ein, zwei Tage und dann gibt es wieder Wichtigeres zu berichten. Sind Deutsche betroffen, steigt unser Interesse, Themen werden relevanter, die wir sonst ungeachtet der damit verbundenen menschlichen Schicksale eher mit einem Achselzucken quittieren. Es ist ein Phänomen, das in allen Gesellschaften der Welt zu beobachten ist: Der tägliche Stau auf dem Weg zur Arbeit trifft uns mehr, als 200 Tote bei einem Fährunglück auf den Philippinen. In den USA haben die lokalen Nachrichten daher schon längst eine deutlich höhere Relevanz als die Nachrichten aus aller Welt, die sicher mehr den Horizont heben, als der Überfall auf den Schnapsladen einige Blocks weiter. In Deutschland geht es uns ähnlich, wenn ein Flugzeugunglück mit deutschen Opfern eine höhere Relevanz für uns und unsere Medien hat. Aus unserer Gleichgültigkeit gegenüber Katastrophen, von denen wir selbst nicht betroffen sind einerseits und dem Gefühl mangelnder political correctness wenn über deutsche Opfer intensiver berichtet wird als über die anderer Nationalitäten entsteht so oft ein moralischer Zwiespalt. Der SPIEGEL ONLINE-Blogger Sascha Lobo beschrieb dieses Paradoxon in diesem Fall in einem kritischen Beitrag über die Medienkritik der User in den sozialen Netzwerken:

> „Dann kommen die Leute, die sich öffentlich aufregen, dass deutsche Medien über die Zahl der deutschen Opfer berichten. Es sind die gleichen, die bei einem Doppelanschlag vier Tage zuvor im Jemen mit ebenfalls fast 150 Toten nicht einmal mit der Wimper gezuckt haben dürften. Ach, wo war Jemen noch gleich? Und herrscht da Krieg? Kriegstote sind Zahlen, Katastrophentote sind Schicksale, das hätte ja mich treffen können oder Tante Barbara."[38]

Die Rückführung des Absturzes nicht auf technische Fehler, sondern auf das mutwillige Handeln des Co-Piloten wird indes dazu beitragen, dass Lufthansa und Germanwings ihren Nimbus der technischen Unfehlbarkeit in der Öffentlichkeit höchstwahrscheinlich aufrechterhalten können. Hier handelte es sich um die Tat eines Einzelnen – dagegen hilft keine gründlichere Triebwerkswartung. Und spätestens in der nächsten Urlaubssaison werden sich viele Touristen in ihren Billigfliegern ohnehin keine Gedanken mehr über den Zustand ihres Piloten machen.

Der Lufthansa und Germanwings bescheinigten die Kommunikationsexperten nach dem Unglück in der Regel eine ausgesprochen gute bis hervorragende Öffentlichkeitsarbeit. Wohl auch deshalb, weil es der Lufthansa gelang, mit einem feinen und professionellen Gespür für die öffentliche Wahrnehmung die richtigen Kommunikationsaussagen zur richtigen Zeit zu platzieren. Verbunden mit einem überwiegend professionellen Krisenmanagement ein gelungenes Ergebnis für die Kommunikation – hier griffen unternehmensbezogenes Krisenmanagement und Kommunikationsstrategie sehr gut ineinander und vermittelten der Öffentlichkeit das fast perfekte Bild eines Konzerns, der sich in einer tragischen Situation seiner Verantwortung bewusst ist, diese Verantwortung auch bereit zu tragen ist und der für die Zukunft die richtigen Schritte daraus ableiten wird.

So weit, so gut. Oder sehr gut, sollte man besser sagen. Dennoch bin ich an einigen Punkten deutlich anderer Auffassung: So kann die Wahrnehmung, dass auch Germanwings eine sehr gute Kommunikation betrieben hat, nur dadurch zustanden kommen, dass die Lufthansa die Kommunikation von Germanwings sehr schnell zu ihrer eigenen Kommunikation gemacht hat. Da mögen hinter den Kulissen von den Kommunikationsverantwortlichen die richtigen Dokumente erstellt und Statements vorbereitet worden sein – aber in der Präsentation vor Mikrofon und Kamera hat Germanwings zunächst keine sehr gute Figur abgegeben. So war eine der ersten Reaktionen von Germanwings eine Kommunikations-Katastrophe schlechthin: Kurze Zeit nach dem Unglück trat Germanwings-Geschäftsführer Oliver Wagner vor eine Kamera der Nachrichtenagentur Reuters. Er trug einen grauen Anzug, dazu eine Brille die während des Statements seine Augen zu oft bedeckte und las wesentliche Teile seines Statements ab. Immer wieder schaute er deshalb nach unten und stand darüber hinaus vor einer Parkplatzzufahrt in der im Laufe der nächsten 67 Sekunden Fahrradfahrer, ein Porsche und diverse andere Fahrzeuge ausgerechnet an den emotional wichtigen Stellen seiner Aussage für Ablenkung sorgten. Das einzig Richtige an diesem Bildausschnitt: Die Zuschauer sahen keinen gebrandeten Hintergrund, der unnötigerweise noch das Germanwings-Logo gezeigt hätte (Faustregel: positives Thema – Hintergrund mit Branding, negatives Thema – neutraler Hintergrund).

Im folgenden Zitat sind Stellen, an denen Wagner den Blick senkte, unterstrichen, damit sie meine Kritik leichter nachvollziehen können. Wagner sprach deutlich, aber abgehackt und ohne größere Intonation. Er wirkte fast wie ein Nachrichtensprecher mit viel Distanz zu seinen Zuschauern und seinem Thema:

> „Zutiefst betroffen muss ich Ihnen heute leider mitteilen, dass heute um 11 Uhr 20 im Departement Alpes-de-Haute-Provence in Südfrankreich der Germanwings-Flug 4U9525 auf dem Weg von Barcelona nach Düsseldorf verunglückt ist. [Ein Fußgänger läuft von rechts nach links durch das Bild.] Bei dem Flugzeug handelt es sich um einen Airbus A320. Nach uns vorliegenden Erkenntnissen waren 144 Passagiere und sechs Besatzungsmitglieder an Bord. Nach jetzigem Kenntnistand können wir nicht sagen, ob und wie viele Überlebende [ein rotes Auto fährt von links nach rechts durch das Bild] es gab. Unser tiefes Mitgefühl gilt den Angehörigen und Freunden der Opfer. [Ein Radfahrer fährt links durch das Bild.] Germanwings wird alle Kräfte aufbieten um allen Betroffenen schnell und unbürokratisch zu helfen, um ihnen ihr schweres Schicksal zu erleichtern so gut es irgend geht. Über den genauen Unfallhergang lassen sich noch keine gesicherten Angaben machen. Ich versichere Ihnen, dass wir alles tun werden, um die Geschehnisse lückenlos aufzuklären. Alle relevanten Behörden wurden bereits eingeschaltet. Das Geschehene tut uns unendlich leid. [Hier sieht man noch einen Mann in gelber Sicherheitsweste kurz von links ins Bild huschen.] Wir werden Sie um 15 Uhr in einer Pressekonferenz näher informieren, vielen Dank." [39]

Sie könnten nun kritisieren, dass Wagner für die Dinge in seinem Rücken keine Schuld trifft und er nicht für das Verkehrsaufkommen im Hintergrund verantwortlich sei. Das sehe ich anders. Er war frei in seiner Entscheidung, an welchem Ort er das Statement abgibt. Nur weil die Presse dort stand und Kameras aufgebaut waren, musste er dem nicht zwingend an dieser Stelle nachkommen.

Er war in dieser Situation zweifelsohne die Hauptperson, ohne die keine Berichterstattung möglich war. Es wäre keine große oder ungewöhnliche Sache gewesen, die Presse um Verständnis zu bitten, dass man nicht an einer belebten Einfahrt stehen möchte. Es ist absolut unwahrscheinlich, dass Journalisten ein Unternehmen und seine Vertreter in so einer frühen Phase unfair behandeln und sich nicht auf dessen Wünsche einlassen würden. Das hat einen einfachen Grund: Zu diesem frühen Zeitpunkt sind die Weichen, wie das Unternehmen in der Öffentlichkeit wahrgenommen wird, noch nicht gestellt. Das bedeutet, Journalisten und Unternehmensvertreter hatten hier noch eine gute, gemeinsame Grundlage: Wenige Augenblicke nach dem Bekanntwerden des Absturzes benötigte Germanwings die Medien für die Verbreitung einer ersten emotionalen Stellungnahme, denn wenn man jetzt nicht kommuniziert und den Kopf in den Sand gesteckt hätte, dann wäre der Orkan der Medien und der Aktivitäten in den sozialen Netzwerken unkontrolliert über das Unternehmen hereingebrochen. Auf der anderen Seite waren die Journalisten daran interessiert, zu einem möglichst frühen Zeitpunkt eine Stellungnahme der Fluggesellschaft zu erhalten. Beide Seiten brauchten einander zu diesem Zeitpunkt zwingend.

Schwieriger wäre die Situation für die Airline gewesen, wenn bereits einige unglückliche Statements in der Öffentlichkeit kursiert hätten, die auf ein Fehlverhalten des Unternehmens, auf Fahrlässigkeit, oder auf emotionale Gleichgültigkeit des Managements nach dem Motto: „Sie können von einem Billigflieger nicht dieselben technischen Standards erwarten, wie von einem Premiumanbieter" schließen lassen würden – das war bei Germanwings definitiv nicht der Fall, auch zu keinem späteren Zeitpunkt. In einem derartigen Fall wären die Medien sozusagen prä-emotionalisiert gegen das Unternehmen und nicht mehr unvoreingenommen. Davon war, als dieses Statement aufgezeichnet wurde, nicht auszugehen. Germanwings stand zwar unter einem verständlichen Schock, im Umgang mit den Medien war aber immer noch klares Handeln und auch eine aktive Rolle möglich.

Wenn sich Oliver Wagner also entschied, sich an einer solchen Stelle zu positionieren, obwohl es um eine abgestürzte Maschine mit vermutlich 150 Toten ging, dann nahm er die Ablenkung von seinen Inhalten leider in Kauf und muss sich deswegen auch kritisieren lassen. In der ungeschnittenen englischen Version des Reuters-Materials gibt es ein Schnittbild, in dem der Germanwings-Sprecher

Heinz Joachim Schöttes seinen Chef Oliver Wagner exakt an diesen Standort dirigiert.[40] Definitiv keine gute Wahl.

Besser wäre es gewesen, einen ruhigen Standort mit einem neutralen, aber ruhigen Hintergrund zu wählen, so dass der Zuschauer sich mehr auf Wagner und seine Inhalte konzentrieren kann. Ohne jegliche Ablenkung. Das ist wichtig, denn in diesem Augenblick bekam die Krise mit dem Auftritt Wagners erstmals ein Gesicht. Solche Bilder sind in der Regel entscheidend für die Wahrnehmung eines Unglücks in der Öffentlichkeit. Es gibt Medienberater, die vertreten die Auffassung, dass man generell zunächst auch einen Sprecher vorschicken könne. Diese Auffassung kann ich nicht nachvollziehen, denn ab einer gewissen Größenordnung muss ein Mitglied der Geschäftsleitung sprechen. Ein Flugzeugabsturz ist definitiv ein solcher Moment. Gerade bei einem so tragischen Ereignis wäre also ein ruhiger Hintergrund unverzichtbar gewesen, damit das Gesicht und die Stimme, die die Krise mit dem Erstauftritt Wagners bekam, seine Wirkung auf die Zuschauer vollständig entfalten kann. Auf keinen Fall sollte man Flughafenmotive – eventuell noch vor dem eigenen Hangar – mit gar startenden oder landenden Flugzeugen im Bild haben. Auch ein Medienauftritt vor wehenden Fahnen mit Markenlogo ist nicht zu empfehlen. Übrigens: Ein Gebäude mit wehenden Fahnen davor wird in der Regel länger gezeigt als ein Gebäude ohne Fahnen, mit einem starren Firmenlogo auf dem Dach. Der Grund ist einfach: Fernsehen benötigt bewegte Bilder oder zumindest Bilder, in denen sich etwas bewegt. Und Fahnen sind besser für das Fernsehen, als ein Zoom oder Schwenk auf ein Firmenlogo. Im Zweifel spricht das dafür, die Fahnen vor Eintreffen der Medien einzuholen, beispielsweise bei planbaren Krisen wie Standortschließungen oder Massenentlassungen. Bei einem Flugzeugunglück hat man wohl Wichtigeres zu tun, als an das Abflaggen vor dem Gebäude zu denken. Und wehe, wenn ein TV-Team genau dann diese Aktion filmen würde – dann lassen Sie sie besser wehen, wie es auch Germanwings kurz nach dem Unglück getan hat. Gegebenenfalls kann man zu einem späteren Zeitpunkt die Unternehmensflaggen auf Halbmast setzen. Dann sind diese Bilder im TV wieder länger zu sehen, aber sie drücken ein Zeichen von Trauer und Mitgefühl aus.

Anhand des ungekürzten Materials der Nachrichtenagentur Reuters kann man erkennen, dass dies nur als Erststatement vor der Pressekonferenz – ein sogenanntes Haltestatement – gedacht war. In einem Großteil der elektronischen Berichterstattung wurden diese O-Töne des Germanwings-Geschäftsführers durch aktuelleres Material ersetzt. Auch für einen Jahresrückblick auf das Ereignis dürften diese 67 Sekunden keine Rolle mehr spielen. Aber das Internet vergisst nicht – und deshalb werden wir auch Jahre später noch auf dieses Material Zugriff haben. Teilnehmer meiner Medientrainings, denen ich das hier zitierte Statement im Seminar gezeigt habe, kannten es in der Regel vorher nicht und bewerteten danach – ohne weitere Einflussnahme oder Kommentierung des Videomaterials durch mich – die Erstreaktion von Germanwings deutlich negativer. In der Regel wurde die Krisenkommunikation des Duos Germanwings/Lufthansa zuvor allerdings als ausgesprochen professionell und gut bezeichnet.

Zur Situation von Oliver Wagner muss man voranschicken, dass so ein Ereignis natürlich nicht nur den Manager Wagner strapazierte, sondern vor allem auch den Menschen Wagner. Wenn ein derartiges Unglück näher an einen herankommt, entfaltet es ungekannte Emotionen und Belastungen. Dennoch war Wagner das Gesicht der Krise und hätte im Sinne seiner Fluggesellschaft auch unter diesem enormen menschlichen Druck funktionieren müssen. Es war zwar der erste Absturz einer Germanwings-Maschine, aber nicht weltweit der erste Flugunfall und es ist auch nichts Unbekanntes oder gänzlich Unvorstellbares, dass ein Flugzeug abstürzen kann. Wenn ich eine Fluggesellschaft leite, dann weiß ich, dass dies neben Risiken wie Vogelschlag, Terror, Stürmen oder betrunkenen Passagieren vorkommen kann. Folglich muss ich mich auf ein derartiges Ereignis im Laufe meiner Tätigkeit als Manager grundsätzlich vorbereiten, auch wenn die Realität dann immer noch etwas anderes ist als ein Medientraining im Tagungsraum oder eine kombinierte Krisenübung zwischen Kommunikationsabteilung, Management und den Einsatzkräften von Polizei und Feuerwehr. Somit darf man zumindest für ein Haltestatement aus kommunikativer Sicht deutlich mehr erwarten.

Gehen Sie bitte noch einmal zurück zur Abschrift des Videomaterials und lassen die Menge der unterstrichenen Passagen auf sich wirken, in denen Wagner keinen Blickkontakt zu den Medien hatte, die ihn umgaben, sondern den Blick senkte und ablas. Es sind ausgerechnet die emotional wichtigen Passagen, wo er auf seinen Zettel schauen musste. Lassen Sie mich deshalb kurz den Gedanken aus dem Vorwort aufgreifen, warum es keine „zehn goldenen Regeln" für den richtigen Umgang mit den Medien geben kann. Eine davon würden zum Beispiel lauten: „Lesen Sie nicht ab!" Das stimmt in diesem Fall für die emotionalen Passagen seiner Ansprache, denn weil er seine Emotionen ablesen musste und sie nicht frei vortragen konnte, wirkte er unglaubwürdig. Dagegen erhalten Zahlen, Daten und Fakten durch das Ablesen in vielen Situationen eine stärkere Glaubwürdigkeit. Beides ist also richtig – oder falsch. Man muss es nur im richtigen Augenblick richtig anwenden.

Eine weitere scheinbar „goldene Regel" wäre: „Schauen Sie niemals in die Kamera! Die Kamera ist immer unsichtbar." Im Prinzip richtig. Es sei denn, ich möchte ein Bild für die Medien unbrauchbar machen durch einen Blick in die Kamera. ODER – und damit sind wir wieder bei Wagner und seinem Erststatement – ich nutze den Blick in die Kamera genau in dem Moment, wo ich meine Erschütterung und mein Bedauern zum Ausdruck bringe. Da es sich hier nicht um eine Interview-Situation handelte, wäre dieses Stilmittel als emotionaler Kniff nicht nur statthaft, sondern sogar sehr sinnvoll gewesen. Gehen wir das Statement Schritt für Schritt durch:

> „Zutiefst betroffen muss ich Ihnen heute leider mitteilen, dass heute um 11 Uhr 20 in dem Departement Alpes-de-Haute-Provence Südfrankreich der Germanwings-Flug 4U9525 auf dem Weg von Barcelona nach Düsseldorf verunglückt ist. Bei dem Flugzeug handelt es sich um einen Airbus A320. Nach uns vorliegenden Erkenntnissen waren 144 Passagiere und sechs Besatzungsmitglieder an Bord."

„Zutiefst betroffen muss ich Ihnen heute leider mitteilen …" – Diese Einleitung sendete nur eine Ich-Botschaft, wo wir angesichts der Nachrichtenlage gerne emotional eine Wir-Botschaft des Unternehmens gehört hätten. Ich-Botschaften sind nicht grundsätzlich falsch, aber sie gehören an die Stellen, wo zum Beispiel entschlossenes Handeln gefragt ist. Dort, wo wir vielleicht auch Trauer und Entsetzen empfinden, oder uns gar fragen, ob vielleicht Bekannte, Freunde oder Verwandte an Bord gewesen sein könnten, ist es ratsam, die Öffentlichkeit mit einer Wir-Botschaft über die gemeinsame Trauer sprachlich mit ins Boot zu holen. Darüber hinaus würde diese Kommunikationstechnik weitere Zeit zum Handeln verschaffen. Wie wäre es so:

„Haben Sie bitte Verständnis dafür, dass auch wir von dem tragischen Verlust sehr erschüttert sind und unsere Gedanken zunächst den Angehörigen und Freunden der Toten gelten. Zu diesem Zeitpunkt bereits erste Meldungen und Gerüchte zur möglichen Absturzursache zu kommentieren wäre der Sache nicht dienlich. Wir sind es den Opfern schuldig, dass wir verantwortungsbewusst die Aufklärung dieser Tragödie vornehmen."

Ist die Kritik an Wagners Unsicherheit, seinem Ablesen und der ungeschickten Formulierung seiner Botschaft unfair, wo er doch unter Schock stehen musste? Betrachten wir es einmal anders: Ein Germanwings-Geschäftsführer ist nicht nur für diese eine Maschine zuständig, sondern für das komplette Unternehmen. Für alle Arbeitsplätze, den Marktanteil, die Glaubwürdigkeit der Marke Germanwings, das Innenverhältnis zur Konzernmutter Lufthansa und vieles mehr. Eine schlecht gemanagte Krise hat bei anderen Unternehmen dazu geführt, dass Massenentlassungen folgten, einzelne Marken oder ganze Konzerne vom Markt verschwunden sind. So tragisch das Unglück auch sein mag – das Management muss als Team ans große Ganze denken, darf dabei aber natürlich nicht die Details des vorliegenden Unglücks und seine kurz- wie langfristige emotionale Wirkung auf die öffentliche Meinung außer Acht lassen.

In einer anderen Situation habe ich das selbst erlebt. Als mein Geschäftspartner starb, mit dem ich unsere damals noch junge PR-Agentur gegründet hatte, besaßen wir neben unseren Geschäftskonten noch ein höher verzinstes Online-Konto, auf das nur er und ich Zugriff hatten. Dort lagen Vorschüsse von Kundenetats und das Geld musste jederzeit abrufbar sein. Als ich erfuhr, dass mein Mitgeschäftsführer im Sterben lag, musste ich neben aller Trauer auch den Fortbestand der Firma sichern. Es war nicht abzusehen, wie sich eine Online-Bank beim Tod eines der Kontoinhaber verhalten würde. Wäre das Konto bis zur Klärung eventueller rechtlicher Fragen gesperrt worden, hätten wir keine Gehälter mehr auszahlen oder Rechnungen im Kundenauftrag begleichen können. Kurz: Die Firma hätte es nicht mehr gegeben – obwohl alles korrekt verbucht war. Also ließ ich das Geld noch am Todestag zurückbuchen, um die Liquidität der Firma zu sichern. Später wurde mir dieser Vorgang von einer Angestellten als unsensibel und herzlos vorgehalten – außer Acht lassend, dass sie anders unter Umständen keinen Job mehr gehabt hätte. Neben der Trauer um meinen befreundeten Geschäftspartner hatte ich die Verantwortung für Menschen, die darauf vertrauten, dass die Geschäfte so geführt werden, dass sie auch am nächsten Tag noch einen Arbeitsplatz haben. Ob das in der internen Kommunikation so verstanden werden würde, war zunächst zweitrangig.

Wenn Oliver Wagner, der als trauernder Geschäftsführer emotional ergriffen war, sich ausschließlich als trauernder Mensch verhielte, bekäme er zwar kurzfristig Anerkennung für sein Verhalten, langfristig aber würde er mit den Auswirkungen seines Nicht-Agierens konfrontiert werden. Wagner musste zunächst also vor allem dem öffentlichen Entsetzen über das Unglück Rechnung tragen. Deshalb war es nicht gut, dass er in seinem ersten Statement auch selbst Zahlen, Daten und Fakten über das Unglück kommunizierte, anstatt der Trauer des Unternehmens und dessen Anteilnahme ausführlich Ausdruck zu verleihen. Diesen Part hätte der ihn begleitende Unternehmenssprecher Schöttes, gegebenenfalls auch im Off ohne Kamera-O-Töne, übernehmen können, während Wagner sich auf rein emotionale und auf Aufklärung gerichtete Aussagen beschränkt. Diese wären dann gesendet worden, zwar kürzer als jene 67 Sekunden, die tatsächlich Verbreitung gefunden haben, aber ausreichend für eine erste emotionale unternehmerische Aussage. Doch selbst dort, wo Wagner genau dies tat, musste er aufgrund seiner katastrophalen Körpersprache scheitern:

> „<u>Nach jetzigem Kenntnistand können wir nicht sagen</u>, ob und wie viele Überlebende es gab. <u>Unser tiefes Mitgefühl gilt den Angehörigen</u> und Freunden der Opfer."

Genau in dem Moment, indem er das Mitgefühl des Unternehmens ausdrückte, ließ er den Blickkontakt abreißen und las ab. Obwohl die Formulierung also in Ordnung war, scheitere sie in ihre Wirkung und zwar an ihrer Präsentationsform. Wagners Statement wurde von vielen Onlinemedien aufgegriffen – etwa von SPIEGEL ONLINE – allerdings, wurde in der Regel folgende Passage herausgeschnitten:

> „<u>Germanwings wird alle Kräfte aufbieten, um allen Betroffenen schnell und unbürokratisch zu helfen, um ihnen ihr schweres Schicksal zu erleichtern</u> so gut es irgend geht."

Was die Blickrichtung nach unten betrifft kann man nur von Glück sagen, dass dieser Satz keine Verbreitung fand. Textlich war und ist er in Ordnung und wäre mit einer besseren medialen Präsentation nicht nur gesendet worden, sondern hätte auch seine Wirkung in der Öffentlichkeit entfalten können. Ein so guter O-Ton, professionell umgesetzt, würde in den Nachrichtensendungen rauf und runter laufen. Selbst in den Tagen, als Carsten Spohr von der Lufthansa bereits das Zepter übernommen hatte, wäre diese Aussage von Oliver Wagner noch sendefähig gewesen.

Zurück zum Statement selbst. In einem positiven Zusammenhang nennt man das Unternehmen beim Namen, in einem negativen Zusammenhang spricht man in der Regel neutral von „wir" oder „unserem Unternehmen". Warum war die Nennung von Germanwings, obwohl es sich um ein Unglück mit 150 Toten handelte, in diesem Fall dennoch positiv und deshalb richtig? „Germanwings wird alle Kräfte aufbieten …" – das zeigt Entschlossenheit und Handlungsbereitschaft. Somit war es trotz des negativen Anlasses dennoch eine Positiv-Botschaft, die zudem noch mit den Begriffen „schnell und unbürokratisch" kombiniert wurde und das „schwere Schicksal" der Angehörigen würdigte. Zugleich zeigte sie aber auch, dass Geld kein Ersatz für einen Menschen sein kann, denn man könne nur „so gut es irgend geht" helfen. Damit wurde deutlich, dass Germanwings sein Bestes versuchen würde. Wagner fuhr fort:

> „Über den genauen Unfallhergang lassen sich noch keine gesicherten Angaben machen. Ich versichere Ihnen, dass wir alles tun werden, um die Geschehnisse lückenlos aufzuklären."

Die beiden Sätze sind gut, richtig, funktional und effektiv. Aber die Passage „ich versichere Ihnen, dass wir alles tun werden…" konnte er der Öffentlichkeit nicht glaubhaft vermitteln, weil er sie vollständig ablas. Er wirkte dadurch an dieser für sein Unternehmen so wichtigen Passage seines Statements komplett unglaubwürdig. Dabei spielte es für die Zuschauer keine Rolle, ob er emotional von der Katastrophe überfordert war oder ob ihm die Routine dafür fehlte – das Ergebnis ist dasselbe. Am Ende seiner Erklärung teilte Wagner mit:

„Alle relevanten Behörden wurden bereits eingeschaltet. Das Geschehene tut uns unendlich leid."

Die Behörden wurden eingeschaltet? Das ist verzichtbar, denn die schalten sich bei einem Flugzeugabsturz schon selbst ein. Ein verzichtbarer Füllsatz, der den Zuschauern die Handlungsentschlossenheit von Germanwings suggerieren sollte. Kein Drama, so einen Satz kann man so bringen. Gar nicht gut war dagegen die recht abstrakte Formulierung „das Geschehene", da die Medien bereits von einem Flugzeugabsturz berichteten.

Mein persönlicher Aufreger ist der Schluss: Es „tut uns unendlich leid." Isoliert von der Einleitung „das Geschehene" wird die Banalität dieser Aussage besonders deutlich. „Tut uns unendlich leid" – das kann eine Stewardess sagen, wenn sie bei Turbulenzen in 39.000 Fuß Flughöhe beim Service etwas Tomatensaft über dem Passagier verkleckert. Aber anlässlich von 150 (zu diesem Zeitpunkt noch mutmaßlichen!) Toten ist das definitiv nicht angemessen und viel zu flach. Man stelle sich diese Formulierung bei der Trauerfeier einige Wochen später im Kölner Dom vor, dann wird die Unangemessenheit der Formulierung sofort deutlich. Zum Vergleich ein Auszug der Lufthansa-Pressekonferenz mit deren Vorstandsvorsitzendem Carsten Spohr kurze Zeit später:

> „Wir sind hier alle zutiefst erschüttert und bestürzt. [Pause] das Flugzeug unserer Tochter Germanwings ist gegen 11 Uhr Ortszeit über den französischen Alpen verunglückt. Und zunächst einmal sind unsere Gedanken, unsere Gefühle und auch unsere Gebete bei den Angehörigen unserer Passagiere und natürlich unserer Crew in dieser schwarzen Stunde unseres Unternehmens. [Schnitt] Über den Unfallhergang können wir derzeit noch keine Angaben machen. Ich versichere Ihnen aber, dass wir Angehörigen und allen Betroffenen jede erdenkliche Hilfe in dieser schweren Stunde leisten werden und – wo immer möglich – auch zur Seite stehen. [Schnitt] Und ich möchte noch einmal zunächst aber jetzt hier im Namen aller Mitarbeiter der Deutschen Lufthansa, ob hier im Hause oder auf der ganzen Welt, und im Namen der Mitarbeiter der Germanwings erst einmal allen mein Mitleid [er korrigiert sich ergriffen] mein Beileid aussprechen für das, was hier passiert ist. Wir sind in Gedanken bei denen, die heute Menschen, die sie lieben, verloren haben. Und verspreche noch mal: Sobald wir mehr Informationen haben, werden wir Sie und die Öffentlichkeit informieren."[41]

Auch hier sind die Stellen, an denen Spohr den Blick senkte und auf sein Skript schaute, unterstrichen. Sie können daran erkennen, dass er bei allen wesentlichen emotional bedeutsamen Stellen seiner Aussage den Blick hob und ihnen dadurch mehr Gewicht verlieh. Der Zusammenschnitt von phoenix dauert hier – einschließlich etwas zu lang stehender Schnittbilder – 85 Sekunden. Also unwesentlich länger als das ungeschnittene Material von Oliver Wagners Erststatement. Und obwohl Carsten Spohr außer der Uhrzeit keinen einzigen Fakt zum Absturz nannte, ist sein Statement um ein Vielfaches gehaltvoller als das von Germanwings. Bei so einem kommunikativen Gefälle ist es absolut notwendig, dass der Mutterkonzern die Kommunikation an sich zieht. Germanwings ist kein Billigflieger unter vielen – es ist die Tochter von Lufthansa, die weltweit sehr hohes Ansehen genießt und deren Kernkompetenz – und damit auch Markenkern – die enorm anspruchsvolle Pilotenausbildung und ebenso hohen Sicherheitsstandards sind. Hier wäre es fatal gewesen, sich hinter der Tochtergesellschaft zu verstecken und sie in der Kommunikation ihrem Schicksal zu überlassen. Spohr profitierte dabei sicher davon, dass er zur Zeit des Flugunglücks von Warschau 1993 Büroleiter seines Vorgängers war und von den damaligen Mechanismen in der Kommunikation gelernt hat.

Das Statement von Carsten Spohr muss hier nicht im Einzelnen analysiert werden. Nach jedem Satz erhält er die Bestnote und wenn er Schwächen in der Kommunikation auf der Pressekonferenz hatte – beispielsweise, dass er zur Unfallursache noch nichts sagen konnte – spannte er sofort wieder den Bogen zum Leid der Angehörigen. Das kann ihm niemand verübeln und dieses öffentlichkeitswirksame emotionale Innehalten verschaffte dem Management wieder Luft und Zeit zum Handeln, weil es medialen Druck nahm.

Carsten Spohr stand mit Sicherheit nicht weniger unter Schock als Oliver Wagner, lieferte aber ein ausgesprochen professionelles Verhalten ab. Seine Agenda war nicht geringer, als die von Wagner. Auch ihm ging es um das große Ganze seines Konzerns – und die Probleme seiner Tochterfirma kamen nun hinzu. In einem sehr bewegenden Statement nach dem Gespräch mit Angehörigen am Düsseldorfer Flughafen schilderte er seine Eindrücke und Gefühle aus den Gesprächen, die er soeben geführt hatte. Germanwings-Geschäftsführer Thomas

Winkelmann, der ebenfalls an den Gesprächen teilgenommen hatte, degradierte er dabei allerdings zum unbedeutenden Statisten:

> „Wir sind bei Lufthansa alle noch – und ich spreche da natürlich auch gerade für die Germanwings, hinter mir ist Herr Winkelmann, der Geschäftsführer der Germanwings – ich sag mal: im Schockzustand."[42]

Winkelmann konnte in dieser Szene von vornherein nicht punkten: Es ist wie bei einem Auftritt von Kanzlerin und Staatssekretär – wenn beide zeitgleich auftreten, fokussieren sich die Journalisten auf die Bundeskanzlerin. So ist es auch zwischen dem Geschäftsführer der Tochtergesellschaft und dem Vorstandsvorsitzenden des Mutterkonzerns. Nach 3 Minuten und 23 Sekunden in diesem Statement zeigte Spohr dann auch sachliche Entschlossenheit:

> „Ich hab's angesprochen: Die Unfalluntersuchung dauert an. Es gehört sich für uns nicht, an Spekulationen sich zu beteiligen, woran es gelegen haben könnte. Das gebietet die Professionalität unseres Hauses, das nicht zu tun. Ich bin aber sicher: Dieser Unfall wird aufgeklärt werden. Und die besten Experten weltweit, die es dafür gibt sind hier im Einsatz und werden das tun."

Die Kernbotschaft wurde unmissverständlich klar: Es wird nicht spekuliert, das können die Interview-Experten in den Medien machen, hier geht es um professionelle und verlässliche Aufklärung, das Versprechen zur Aufklärung und den Hinweis, dass die besten Spezialisten daran arbeiten. So schaffte Spohr maximales Vertrauen in die handelnden Akteure im Management von Lufthansa.

Wirft man einen Blick auf die Medienpräsenz von Germanwings vor dem Unglück, dann war die Fluggesellschaft im üblichen Umfang in den Medien vertreten. Mit dem Absturz änderte sich schlagartig alles. Die Medien folgten ihrem normalen Verhaltensmuster: Experten müssen in die Sendungen, die üblichen erklärenden Hintergrundbeiträge werden aktualisiert und gesendet: Was ist ein Flugschreiber? Wir funktioniert der Voice-Recorder? Was waren die größten Flugunglücke der letzten zehn Jahre? Was könnten die Absturzursachen sein? Was ist der Airbus A320 für ein Flugzeug? Wie funktioniert eine Cockpit-Tür? Nimmt die Flugangst zu? Und vieles mehr. Darüber hinaus kamen dann die peinlichen Geschichten in die Medien, die bei normaler Nachrichtenlage maximal eine Relevanz für Freunde und Bekannte der Interviewpartner gehabt hätten: „Ich war im Flugzeug auf dem Hinflug", „ich habe den Unglücksflieger verpasst" oder, wenn gar nichts mehr ging und zwingend ein Bezug zum Unglück hergestellt werden musste: „Ich fliege monatlich immer wieder diese Strecke." Es ist offensichtlich, dass solche Stories weniger Informationen vermitteln als den Voyeurismus vieler Zuschauer zu bedienen, nach dem Motto: „Ach, sieh mal an! Sie hat ihren Flieger verpasst – hätte sie auf ihren Freund gehört, der zur Eile mahnte, wäre sie jetzt tot."

Zunächst lagen natürlich alle Flugzeugexperten falsch – denn an einen erweiterten Suizid hatte niemand von ihnen gedacht. Für die Germanwings und die Lufthansa waren diese „Experten" allerdings ein echtes Problem, denn sie nährten Spekulationen, schürten Gerüchte und lieferten doch keine Fakten, weil sie in die Auswertung der Daten nicht eingebunden waren. Unternehmen wiederum haben in solchen Situationen die Pflicht, sich um belastbare Fakten zu kümmern, die auch einer öffentlichen Diskussion standhalten. Das lässt sie in der öffentlichen Wahrnehmung immer langsamer als der Medienzirkus wirken, der sich bei solchen Ereignissen immer schneller dreht. Medien achten dabei sehr genau darauf, wer welchen Experten hat, welcher glaubwürdiger sein könnte und ob die mediale Konkurrenz vielleicht einen Randaspekt beleuchtet hat, den man selbst übersehen hat. RTL greift zum Beispiel gerne auf einen bestimmten Redakteur zurück: Den Hobby-Segelflieger Ralf Benkö (vom Sender auch als „Urlaubsretter" oder „Reiseexperte"bezeichnet).[43] Dieser erklärte den Zuschauern, wie Sichtflug funktioniert oder gab zu Protokoll, dass der Flug von Germanwings 4U9525 wie ein kontrollierter Sinkflug wirkte (womit er dann auch Recht behielt).[44]

Eine Fluggesellschaft kann mit solchen Informationsschnipseln nicht an die Öffentlichkeit gehen – sofort würden die Journalisten verlangen, dass auch verlässlich und belastbar erläutert wird, was es mit diesem kontrollierten Sinkflug auf sich hatte. Die Sender-Experten dürfen dagegen spekulieren: Pilot ohnmächtig, Terrorakt oder was auch immer. Die Lufthansa war gut beraten, dem Druck in dieser Zeit standzuhalten – so viele Spekulationen die Medien auch sendeten – und nicht auf den Medienzug aufzuspringen, der gerade durch die Landschaft raste.

Die Entscheidung der Germanwings-Manager, den Crews die Wahl zu lassen, ob sie sich flugtauglich fühlen oder nicht, erwies sich als goldrichtig. Das führte natürlich zu Durcheinander im Flugplan, aber die Passagiere reagierten größtenteils verständnisvoll. Man trauerte mit den Germanwings-Mitarbeitern, es gab Solidaritätsbekundungen in den sozialen Netzwerken aber auch an den Flughäfen selbst und einige Piloten gaben über die Kabinenlautsprecher persönliche Statements an die Fluggäste durch, für die sie Lob und Anerkennung erhielten. Das sind die besten Voraussetzungen für ein Unternehmen, gestärkt aus einem derartig tragischen Ereignis hervorzugehen. Im ersten Augenblick war ich irritiert als ich las, dass es den Kabinencrews freigestellt worden war, ihre Flüge anzutreten oder nicht. „Wie kann man eine Fluggesellschaft führen, wenn jeder – auch in Zeiten der Krise – machen kann, was er will?", dachte ich im ersten Augenblick. Und: „Es kann doch nicht eine Stewardess oder ein Steward darüber befinden, ob eine Maschine fliegt oder nicht!" Zu kurz gedacht. Erst einmal Fakten sammeln: Germanwings begründete die Entscheidung mit dem Hinweis, dass die Teams sich untereinander größtenteils kennen und eine enge Gemeinschaft bildeten. Und schon war der Anflug von Kritik an dieser Entscheidung wie weggeblasen. So wirkt gute Kommunikation!

Germanwings-Geschäftsführer Thomas Winkelmann, der zugleich auch Sprecher der Geschäftsführung ist, tauchte dagegen kaum in der Berichterstattung auf. Auch hier liegt der Grund darin, dass sich die Medien natürlich auf den Vorstandsvorsitzenden des Mutterkonzerns konzentrierten. In einer Pressekonferenz am Tag nach dem Absturz gab Winkelmann gegenüber den Medienvertretern Auskunft, begann nach einer kurzen Einleitung durch seinen Sprecher dabei aber zu sachlich und absolut emotionslos:

> „Sehr geehrte Damen und Herren, wir haben Ihnen gestern versprochen, dass wir Sie und die Öffentlichkeit zeitnah informieren über die Erkenntnisse des schrecklichen Unfalls von gestern. Der neueste Informationsstand ist wie folgt: – Bevor ich aber an die Fakten gehe, möchte ich Ihnen sagen, dass wir uns zunächst mal bedanken bei den Helfern in Barcelonette in Südfrankreich. Die Feuerwehrleute, die Polizei, die Rettungskräfte, die Ärzte, die innerhalb von wenigen Minuten vor Ort waren und zusammen mit den technischen Experten zurzeit sich um die Unfallstelle kümmern um schnellstmögliche Aufklärung sicherzustellen. Die

Betreuung der Angehörigen, sowohl der Passagiere als auch unserer Crews ist unsere höchste Priorität. Der Lufthansa-Konzern hat in Düsseldorf, Barcelona, Frankfurt und München Betreuungsstellen eingerichtet, in der die Hinterbliebenen der Opfer psychologisch betreut werden. Wir haben zu insgesamt 123 Familien von Betroffenen Kontakt aufnehmen können. Die individuelle Betreuung jedes [sic!] einzelnen Hinterbliebenenfamilie ist unsere Top-Priorität, geschulte Psychologen sind im Einsatz um dieses sicher zu stellen."[45]

Winkelmann sprach abgehackt und stockend, er zog die Sätze bedeutungsschwanger und hölzern unnötig in die Länge – ein Albtraum für jeden Redakteur auf der Suche nach griffigen O-Tönen aus einer Pressekonferenz. Um das an einem Beispiel zu verdeutlichen, sind in dieser Passage die Pausen markiert:

„Die Betreuung der Angehörigen, [lange Pause] sowohl der Passagiere [Pause] als auch unserer Crews ist unsere höchste Priorität. [lange Pause] Der Lufthansa-Konzern hat in Düsseldorf, [lange Pause] Barcelona, [lange Pause] Frankfurt und [Pause] München Betreuungsstellen eingerichtet, [Pause] in der [lange Pause] die Hinterbliebenen der Opfer psychologisch betreut [Pause] werden. Wir haben zu insgesamt 123 [lange Pause] Familien von [Pause] Betroffenen Kontakt aufnehmen können."

Wenn Sie diese Passage laut vorlesen und bei den Pausen entsprechend innehalten, bekommen Sie auch ohne Video eine sehr realistische Einschätzung für den Sprechrhythmus von Thomas Winkelmann. Vor allem an der Stelle „123 [lange Pause] Familien von [Pause] Betroffenen" können Sie erkennen, dass Winkelmann die Pausen nicht kontrolliert und akzentuiert setzte, sondern aus Unsicherheit, Anspannung oder mangelhafter Routine im Umgang mit Medien durch seinen Text stockte. Schon der Auftakt zu dieser Germanwings-Pressekonferenz wirkte insgesamt unbeholfen und hölzern. Natürlich ist am Tag nach einem solchen Unglück keine gute und fröhliche Stimmung angebracht und Carsten Spohr hatte in der Öffentlichkeit bis dahin erfolgreich das emotionale Bild sowohl persönlicher Erschütterung als auch der Betroffenheit der Lufthansa und ihrer Tochter insgesamt vermittelt. Jetzt hätte Thomas Winkelmann die Chance gehabt, aufzuschließen und eigene Akzente zu setzen, ließ sie aber leider ungenutzt verstreichen. Warum begann er nicht mit einer emotional anderen Eröffnung, etwa nach diesem Muster:

„Sehr geehrte Damen und Herren, auch am Tag nach dem schrecklichen Unglück erleben Sie uns fassungslos und zutiefst erschüttert. Durch das Unglück ist unvorstellbares Leid über zahlreiche Familien hereingebrochen und unsere Gedanken sind auch in diesen Augenblicken bei den Menschen, die um ihre Angehörigen und Freunde trauern müssen. Wir haben nun die Pflicht, an der Aufklärung dieses Unglücks mit allen uns zur Verfügung stehenden Kräften zu arbeiten. Und dieser Pflicht werden wir uns mit allen uns zur Verfügung stehenden Ressourcen widmen. Zu den genaueren Erkenntnissen zum Unfallhergang, die uns in den ersten Stunden nach diesem Unglück vorliegen, komme ich später. Gestatten Sie mir bitte, dass ich zunächst den Rettungskräften ..."

Es wäre seine große Chance gewesen, nicht nur als Checklisten-Abarbeiter nach einem Unglück wahrgenommen zu werden, sondern auch als mitfühlender Mensch an der Spitze einer großen Fluggesellschaft. Die Geschäftsführung von Germanwings bestand zu diesem Zeitpunkt aus drei Geschäftsführern: Oliver Wagner, der sich im Haltestatement geäußert hatte, Dr. Axel Schmidt, der gar nicht medial in Erscheinung trat und Thomas Winkelmann, der als Sprecher der Geschäftsführung fungierte. Sprecher? Einen Tag zuvor patzte Winkelmann bereits als er sich vor Beginn der Pressekonferenz neben und nicht vor die aufgebauten Mikrofone setzte. Es folgte ein schwacher Auftritt, der sich so bereits vorher abzeichnete und durch andere Faktoren negativ begünstigt wurde. Winkelmann machte die Veranstaltung nicht zu seiner eigenen, indem er mittig hinter der Mikrofonwand Platz nahm, sondern platzierte sich zunächst seitlich wie ein Nebendarsteller. Von der Seitenlinie kann man keine Führung übernehmen. Das Rohmaterial von der Pressekonferenz[46] zeigt im Vorfeld der Veranstaltung einen Mitarbeiter, der angesichts der knapp 20 aufgebauten Mikrofone nicht so recht wusste, wohin mit Winkelmanns Namensschild und es einfach daneben abstellte. Offenbar gab es keine konkreten Absprachen zum Setting – oder es ist einfach nur dumm gelaufen.

In der Pressekonferenz traten drei Akteure auf: Thomas Winkelmann, als Sprecher der Geschäftsleitung, Stefan-Kenan Scheib, Pilot und Leiter des Flugbetriebs und natürlich Pressesprecher Heinz Joachim Schöttes, der auch die einleitenden Worte sprach – Oliver Wagner war zu diesem Zeitpunkt der Germanwings-Kommunikation nicht mehr dabei. Schöttes blieb stehen, Winkelmann und Scheib nahmen unterdessen Platz. Obwohl für jedermann deutlich erkennbar der Fokus der von den Journalisten aufgebauten Mikrofone auf einen bestimmten Platz ausgerichtet war, nahm Winkelmann ausgerechnet neben den Mikrofonen Platz als wüsste er nicht, wo er sich hinzusetzen hätte – nur weil sein Namensschild etwas weiter seitlich stand. Weil Schöttes als einziger stehen blieb, wirkte er, als gehöre er nicht zu den handelnden Personen – was für seine Wahrnehmung durch die Journalisten wichtig gewesen wäre – und schwächte damit seine eigene Position. Da er also nicht in unmittelbarer Nähe der Mikrofone das Wort ergriff, sondern gewissermaßen aus dem Off, konnte er keine Präsenz erreichen. Ferner war Schöttes nicht dem Anlass angemessen gekleidet: Er trugt Jeans zum Hemd mit Krawatte und dunklem Sakko. Bei einem derartigen Unglück ist durchaus ein dunkler Anzug angemessen, so wie Winkelmann und Spohr auch in den nächsten Tagen bei Ihren Auftritten gekleidet waren. Smart casual ist nicht angemessen bei 150 Toten. Als Schöttes die Akteure auf dem Podium vorstellte, hätte sich eine Geste mit der rechten offenen Hand auf die jeweilig Genannten angeboten. Er aber ließ den Arm schlaff herunterhängen und schaffte so keine Verbindung zwischen seiner Rede und den beiden Hauptpersonen der Pressekonferenz. Noch während er die Abläufe der Pressekonferenz erläuterte, fiel ihm eine Journalistin ins Wort und bat Winkelmann, vor den Mikrofonen Platz zu nehmen. Eine Aufgabe, die Schöttes selbst hätte übernehmen müssen. Es hätte ihm auffallen müssen, dass sein Chef gerade ungünstig platziert ist. Mit einer einfachen Lösung hätte er diesen peinlichen Moment für seinen Chef retten können, etwa: „Herr Winkelmann, bitte setzen Sie sich noch einen Platz hier rüber, ich setze mich seitlich von den Mikrofonen". Wäre er dann wieder rasch zu den Regularien der Pressekonferenz übergegangen, wäre das niemandem aufgefallen. So aber brachte ihn die Unterbrechung und das Umsetzen Winkelmanns erkennbar aus dem Konzept. Als Thomas Winkelmann dann endlich richtig saß, begann auch das Blitzlichtgewitter der Fotografen. Leider werden viele von ihnen auf ihren Bildern neben dem sitzenden Winkelmann einen stehenden Pressesprecher abgelichtet haben. Der aus dem Konzept geratene Schöttes brach nun die Aufzählung der Regularien ab und endete mit dem Hinweis, dass Winkelmann im Anschluss hinterher nur kurz Fragen beantworten werde, weil er dringende Termine mit den Hinterbliebenen habe.

Es ist wichtig, darauf lege ich auch in meinen Medientrainings großen Wert, dass auch die Peripherie von Interview-Situationen genau kontrolliert wird und auf Medienvertreter stimmig wirkt. Der Einstieg in diese Pressekonferenz ist objektiv hingegen als holprig zu bewerten, unnötigerweise verursacht und begünstigt durch einfache Dinge, die keine oder unzureichende Beachtung bei den Akteuren fanden. Insgesamt entstand der Eindruck, dass die Kommunikation bei Germanwings nicht rund läuft und die Verantwortlichen nicht als Team agieren. Ganz anders waren dagegen die Auftritte von Lufthansa-Sprecherin Barbara Schädler, der Leiterin der Konzernkommunikation der Lufthansa Group, die später die Pressekonferenz von Carsten Spohr und Thomas Winkelmann leitete. Sie moderierte im Sitzen an, war präsent und damit auch auf einer Ebene mit den Vorständen. Sie präsentierte das Podium als Einheit mit den Vorständen als herausgehobene Persönlichkeiten – etwas, das Heinz Joachim Schöttes nicht gelang.

Wenige Tage nach dem Unglück ging es im Talk bei Günther Jauch natürlich auch um den Absturz. Die Zusammensetzung der Talkrunde: Wolfgang Huber, vormals EKD-Ratsvorsitzender als moralisches Gewissen; Gerhart Baum, vormals Innenminister hier als Anwalt und Vertreter von Katastrophenopfern; Susanne Rau, leitende Notfallpsychologin der Stadt Düsseldorf, die die Angehörigen der Absturzopfer mit ihrem Team betreute sowie der Flugpsychologe Reiner Kemmler. Anstelle von Germanwings nahm der Lufthansa-Vorstand und Pilot Kay Kratky an der Runde teil. Der SPIEGEL attestierte seinem Auftritt das Prädikat „angemessen zurückhaltend", was es ziemlich genau trifft. Kratky machte in dieser Talkrunde fast alles richtig. Fast.

Zunächst sprach Kratky ruhig und zurückhaltend über die Situation bei der Lufthansa, über die Kolleginnen und Kollegen, die verzweifelt um Antworten ringen. Das war gut und richtig, denn die anderen Akteure in der Sendung hatten jeweils klar definierte inhaltliche Aufgabengebiete jenseits der Welt von Lufthansa und Germanwings. Diese angemessene Zurückhaltung Kratkys wurde im Laufe der Sendung aber zu einem Problem, weil er Jauch auch nicht hinreichend signalisierte, dass er bereit zu einer Antwort ist, sondern dessen Fragen geduldig zuhörte. Moderator Jauch fühlte sich dadurch gezwungen, seine Fragen – in der Hoffnung auf eine klare Reaktion Kratkys – immer länger werden zu lassen.

Das ist für einen Moderator grundsätzlich ein Problem: Er ist mit der Frage im Prinzip schon durch, aber er erhält kein stützendes Signal seines Gesprächspartners (Nicken, leichtes Öffnen des Mundes, Verändern der Körpersprache in eine etwas aktivere Wirkung). Das wiederum führt zur Verlängerung der Frage oder zu Schachtelfragen, in denen sich immer mehr Fragezeichen aneinander reihen. Im Gegenzug wertet ein Gesprächspartner diese Fragetechnik oft falsch. Denn oft erkennt er die Not, in der sich der Moderator befindet, nicht als solche und fragt sich stattdessen, was der Moderator da macht und wieso die Fragen immer länger werden. Damit potenziert sich das Problem: Der Gesprächspartner wartet fast versteinert auf das Ende der Frage, während der Moderator verzweifelt auf ein Signal des Gesprächspartners wartet, dass er bereit zur Antwort ist. Dadurch werden die Fragen immer länger ... und länger ... und länger ...

In der Regel werden Gesprächspartner, bei denen Körpersprache und Mimik mit der Fragetechnik des Interviewers nicht korrespondieren, im Laufe der Sendung immer kürzer befragt. Im schlimmsten Falle werden sie ganz ausgeblendet. Kratky hatte hier das Glück, dass er als Vertreter der Muttergesellschaft Lufthansa zweifelsfrei die Hauptperson der Sendung war. Erstaunlicherweise kommunizierte er mit den anderen Gästen kollegialer und kommunikativer als mit Moderator Jauch. Dessen Sendung, so kurz nach einem Flugzeugabsturz mit 150 Toten, musste natürlich in einer geordneten und emotional bedrückenden Atmosphäre stattfinden – erst Recht aufgrund des starken deutschen Bezugs (deutsche Fluggesellschaft, viele deutsche Opfer, deutscher „Täter") ein großer Teil des Fernsehpublikums indirekt auch als betroffen empfand. Diese Atmosphäre war dem Thema angemessen und alle Gesprächspartner gingen entsprechend respektvoll und fair miteinander um. Es wäre auch ein Szenario denkbar gewesen, in dem beispielsweise die Notfallpsychologin der Fluggesellschaft Versäumnisse vorwirft (etwa wenn die Fluggesellschaft zu wenige Angehörigenbetreuer zur Verfügung stellen würde oder die Arbeitsbedingungen nicht optimal gewesen wären) oder in dem der Angehörigen-Anwalt mit Blick auf eine finanziell lukrativere Einigung mit der Fluggesellschaft massive Vorwürfe und Forderungen erhebt. Das alles fand in dieser Sendung nicht statt, was auch ein Verdienst der bis dahin erfolgreichen Kommunikation der Lufthansa war.

Kay Kratky sprach gewählt und überlegt. Man merkte ihm die Emotion an, aber auch, dass er ein Manager ist, der in der Krise auch unter Schock noch klar denken und handeln kann. Genau solche Momente und Persönlichkeiten bringen ein Unternehmen in diesen Zeiten in der Wahrnehmung durch die Öffentlichkeit wieder zurück in den Markt und bauen langfristig wieder Verbrauchervertrauen auf. Dieses Vertrauen ist einer der Gründe, weshalb Passagiere bereit sind, etwas mehr für ein Flugticket zu zahlen. Und Lufthansa gehört nicht zu den billigsten Airlines im europäischen Markt.

Die etwas schwierige Situation zwischen Kratky und Jauch begann mit dessen unglücklich formulierter zweiten Frage, die Kratky zunächst mit unveränderter Miene an sich abperlen ließ:

> „Bei der Lufthansa fällt ja oft der Begriff der Familie. Und hat dieser Absturz doch Ihr Vertrauen in dieses Hochglanz-Klischee vom Fliegen und auch in diese heile, helle Pilotenwelt nachhaltig erschüttert?"[47]

Im Ernst: Was erwartet ein Moderator von einem Lufthansa-Vorstand als Antwort, wenn er eine derartige Frage stellt? Soll er sich von seinem Unternehmen (zumal Kratky selbst Pilot ist!) abwenden und öffentlich zugeben, dass in der Lufthansa alles nur Schall und Rauch ist und er selbst nicht mehr ans Fliegen bei der Lufthansa glaubt? Erwartungsgemäß betonte Kratky auf diese Frage die unverändert geltenden Unternehmenswerte:

> „Unser Unternehmen und unsere Mitarbeiter, Cockpitkollegen, Kabinenkollegen, wie aber auch die Bodenmitarbeiter haben seit vielen Jahrzehnten den Begriff ‚Flugsicherheit', die Verantwortung, unsere Passagiere sicher von A nach B zu bringen, an oberste Stelle unserer Werteskala gestellt. Da wird sich auch nichts ändern. Hat sich nichts geändert. Wird sich auch in Zukunft nichts ändern. Auch nicht durch diesen tragischen Einzelfall, der durch einen Mann verursacht wurde, der verzweifelt in seiner eigenen Lebenssituation war."

Der Lufthansa-Manager beantwortete damit keineswegs die von Jauch gestellte Frage. Während Jauch versucht hatte, Kratky als Mensch persönlich anzusprechen und ihn fragte, ob es sein „Vertrauen erschüttert" habe, bezog Kratky, der sicher persönliche Empfindungen hatte und sich als Pilot die technischen Vorgänge im

Cockpit genauestens vorstellen konnte, die von Jauch abgefragte Emotion auf die Haltung aller Mitarbeiter des Konzerns. Damit sprach er zu einem frühen Zeitpunkt der Sendung bereits eine der Kernbotschaften der Lufthansa an: Tragischer Einzelfall und verzweifelter Pilot. Das machte die absichtliche Tötung von 149 Menschen durch einen Selbstmörder im Cockpit zu einem doppelt tragischen Ereignis. Es ist nicht nur der Begriff Einzelfall („Das wird sich höchstwahrscheinlich nicht wiederholen."), der hier eine Rolle spielte, sondern auch die Formulierung „ein Mann, der in seiner Lebenssituation verzweifelt war." Also jemand, der keinen Ausweg mehr wusste und in dessen Hände zufällig meine Angehörigen, Freunde oder Kollegen gekommen sind. Damit schützte Kratky sein eigenes Unternehmen vor öffentlichen Vorwürfen. Inwiefern das Unternehmen noch sorgfältiger bei der Bewertung der Flugtauglichkeit seiner Crews vorgehen könne, so Kratky, werden die Abschlussberichte zeigen müssen. Zu diesem Zeitpunkt war es für die Lufthansa zunächst wichtig, in der Öffentlichkeit Luft zum Atmen zu bekommen.

Jauch versuchte als nächstes, seinen Gast mit einer Aussage von dessen Vorstandsvorsitzendem Carsten Spohr zu konfrontieren, um ihn dann in einen Widerspruch zu verwickeln. Diese Technik ist absolut üblich, professionell und legitim. Entscheidend dabei ist, wie der Befragte mit dieser Technik umgeht. Jauch fragte also, ob es stimme, dass der Lufthansa „zu keiner Zeit Umstände bekannt" gewesen seien, „die sie an der Flugfähigkeit dieses Mannes hätten zweifeln lassen müssen" und dass der Pilot für die Lufthansa tatsächlich „hundert Prozent flugtauglich" war, wie Spohr erklärt habe. Das ist ein Minenfeld für Kratky. Es ist spekulativ und unseriös ihm zu unterstellen, dass nach drei Tagen bereits derartig gesicherte Erkenntnisse vorliegen würden und Carsten Spohr sich unrichtig geäußert haben könnte in der Öffentlichkeit. Aber Spohr hatte sich vielleicht etwas zu konkret und etwas zu früh – vielleicht auch voreilig – auf der Pressekonferenz dazu öffentlich geäußert, denn die folgenden Wochen brachten dann doch einige Fakten in die Medien, die an dieser Darstellung Zweifel aufkommen ließen. In jedem Fall sollte man sich als Interviewter in so einer Situation auf zwei Dinge konzentrieren. Erstens: Keine direkte oder indirekte Kommentierung der Aussagen des Vorstandsvorsitzenden. Denn der Vorstand hat sich hier öffentlich im Prinzip über alle Arbeitsvorgänge und Wissensübermittlungen geäußert, die in seinem

Unternehmen erfolgt sein könnten. Es ist unmöglich, so etwas abgesichert und für die eigene Wirkung in der Öffentlichkeit risikoarm zu kommentieren. Die Zuschauer werden sich über die Komplexität dieser Vorgänge keine Gedanken machen, sondern denken: „Der hat das im Fernsehen behauptet und zwei Wochen später wissen wir: Er hat gelogen." Hat er nicht. Er hat nur nach bestem Wissen das gesagt, von dem er zum damaligen Informationsstand ausgehen konnte. Um so etwas zu verhindern, sollten Vorstände sich an dieser Stelle – so sehr sie auch das Bedürfnis haben, sich konkret zu äußern – mit ihren Statements und Interviewaussagen zurückhalten. Sonst kann es nur schief gehen. Zweitens: Sich selbst und das Unternehmen in den Antworten davor abzusichern, dass eventuell doch noch weitere Fakten ans Tageslicht kommen könnten, die diese und die eigenen Aussagen in einem komplett anderen Licht erscheinen lassen könnten. Krakty berücksichtigte beides und zog sich auf die Schilderung von Fakten zurück, ohne Spohrs Aussage zu bewerten:

> „Auch dieser Mann hat, wie alle anderen auch, seine regelmäßigen, medizinischen Untersuchungen und Checks absolviert, wie auch seine fliegerischen Überprüfungen – ohne Beanstandungen. Und somit war uns, bis zu dem tragischen Zeitpunkt keine andere Kenntnis vorliegend, dass etwas nicht in Ordnung sein könnte. Im Gegenteil: Das war alles ordnungsgemäß und den Regularien entsprechend nachzuvollziehen."

Etwas sauberer wäre es gewesen, wenn Kratky vorangestellt hätte: „Zum gegenwärtigen Zeitpunkt, gibt es keine Anzeichen für Unregelmäßigkeiten." Eine Formulierung übrigens, die auch Carsten Spohr seinen Statements durchaus hätte hinzufügen können. Es ist eine gesicherte Erkenntnis, dass die Informationen nach einem Unglück erst nach und nach – egal, wie schnell und eingespielt die Kommunikationsabläufe in Unternehmen sein mögen – ein ganzes Bild ergeben. Das war auch beim Absturz der Germanwings-Maschine so. Es wäre daher sowohl für Spohr als auch Kratky besser gewesen, diese Relativierung zugunsten ihrer Glaubwürdigkeit bei veränderter Faktenlage ihren Aussagen voranzustellen. In diesem Fall scheint es jedoch tatsächlich ohne eine derartige Relativierung funktioniert zu haben. Glück gehabt. Denn solche Aussagen und Augenblicke in Unternehmenskrisen sind es, die das Image des Vorstands häufig letztlich doch beschädigen. Weil man ihm dann vorwerfen kann, er sei entweder in die Abläufe in seinem Unternehmen nur unzureichend eingebunden oder er habe etwas verschwiegen oder beschönigt. Alle drei Dinge können komplett falsch sein. In einem derartigen Fall geht es aber dann (leider) nicht um die tatsächlichen Fakten, sondern lediglich um deren Wahrnehmung in der Öffentlichkeit und natürlich ihre Interpretation durch die Medien.

Jauch hat also mit der Frage, ob der Lufthansa zu keinem Zeitpunkt Anzeichen für Zweifel an der Flugtauglichkeit des Piloten bekannt waren, eine Schlinge ausgelegt, mit der er den Vorstand auf ein „Nein" oder eine ähnlich konkrete Aussage festlegen wollte. Nach Kraktys neutraler Antwort streute Jauch Zweifel, um seinen Gesprächspartner aus der Reserve zu locken. Das war keine blanke Provokation, sondern der Versuch, die Aussagen des Gesprächspartners für die Zuschauer etwas verständlicher und konkreter zu machen. Es lag ja schließlich in Kraktys Hand, wie er die Antwort strukturiert und wählt. Jauch hakte also nach:

„Aber gab es nicht Informationen, gab es nicht Aussetzer, Unterbrechungen auch in der Ausbildung, die die Lufthansa eventuell doch hätten zweifeln lassen müssen, ob der Mann in einem Cockpit richtig aufgehoben ist?"

Während Jauch diese Frage zögernd und stockend formulierte, hätte Kratky bereits durch leichtes Kopfschütteln zeigen müssen, dass er die Antwort schon parat hat. Jauch wäre dann gezwungen gewesen, seine Frage kürzer zu stellen und sie hätte damit bei den Zuschauern nicht einen Nachhall erzielt, der Zweifel an der Haltung des Unternehmens zuließ. Als Moderator hätte ich die Frage viel pointierter formuliert:

„Sie hatten aber Informationen darüber, dass es Unterbrechungen in der Pilotenausbildung gab. Und das nicht mit einem Schnupfen, sondern wegen psychischer Probleme. Warum war dieser Mann dennoch für die Lufthansa flugtauglich?"

Da wäre dann zwar die Unterstellung „Sie hatten aber Informationen" drin – aber mit „Sie" wäre schließlich das Unternehmen gemeint und nicht der Gesprächspartner persönlich. Es würde ihn anders in die Defensive zwingen oder zum Gegenangriff provozieren. Wir kämen an dieser Stelle im Interview weiter, als das Jauch gelang. Denn auf dessen vage Frage konnte Kratky mit einer wohlüberlegten Sachantwort reagieren:

> „Herr Jauch, Sie werden verstehen, und ich bitte da um Ihr Verständnis, dass wir zu den laufenden Untersuchungen, die die Staatsanwaltschaft zurzeit führt, hier keine konkreten Angaben machen können. Aber vielleicht allgemein gesprochen: Es gibt natürlich in den Ausbildungsverläufen schon auch mal Unterbrechungen – die können bedingt sein durch privat bedingte Priorisierung und ähnliche Hintergründe –, die aber ansonsten keinerlei Auswirkung auf den Verlauf und die erfolgreiche Beendigung der Ausbildung haben."

Nun wurde Jauch in seiner Nachfrage konkreter:

> „In der Akte dieses Mannes soll ja sich die Kodierung SIC befunden haben. Die steht für eine – ich zitiere das mal – für eine ‚besondere regelhafte medizinische Untersuchung durch einen Arzt.' Können Sie uns erklären, was das konkret bedeutet?"

Als Krakty antwortete, dass er das „so nicht bestätigen" könne und versuchte auf eine allgemeinere Aussage auszuweichen, unterbrach Jauch ihn und baute ihm mit der Frage, ob das etwas sei, „das Sie wissen, das Sie aber nicht an die Öffentlichkeit weitergeben können oder dürfen?" eine Brücke, die dieser auch gerne nutzte. Er verwies darauf, dass er „zum gegenwärtigen Zeitpunkt" keine „Angaben zur Aktenlage" machen dürfe und kam anschließend zu der von ihm vorher begonnenen allgemeinen Erklärung des Kürzels „SIC" zurück.

Im Großen und Ganzen konnte die Lufthansa diese Sendung für sich und Germanwings als Erfolg verbuchen, denn es gelang Kratky im Lauf der Sendung, an den richtigen Stellen die angemessene Reaktion des Managements zu zeigen. Aber: Wo war Germanwings? Wo war die Marke, deren Image beschädigt wurde durch die Verzweiflungstat ihres Piloten? Lufthansa hatte die Kommunikation zwar gut und erfolgreich an sich gezogen, bei genauerem Hinsehen damit aber Germanwings auch geschwächt. Ein stummer Winkelmann im Kielwasser von Spohr – das war alles, was man von dem Unternehmen noch wahrnehmen konnte. Zu wenig auch für eine Fluggesellschaft, bei der das Unglück schreckliche Eindrücke hinterlässt, denn sie verspielte die Chance, selbst aktiv in die Kommunikation einzugreifen und dabei eine führende Rolle einzunehmen. Die hatte die Lufthansa, die wohl auch gut aus der Krise herauskommen wird. Bei

Germanwings muss man das abwarten. Wenn es ihr gelingen sollte, dann nur weil die Lufthansa überdurchschnittlich gute Resultate erzielt hat.

Bei Germanwings kehrte zwar schnell wieder der Alltag ein, doch in der Folge des Flugzeugabsturzes wurde – wie bei einer Katastrophe dieses Ausmaßes zu erwarten – von den Medien jede noch so kleine Meldung rund um das Unternehmen Germanwings aber auch den Mutterkonzern Lufthansa aufgesogen und verbreitet. Jede kleinste Störung im Flugbetrieb, die normalerweise keine drei Zeilen wert gewesen wäre, wurde nun in den Status einer Meldung erhoben. Unternehmen haben durch diesen Mechanismus noch längere Zeit Nachteile in der Berichterstattung, was aber bei den Begleitumständen eines derartigen Zwischenfalls nicht zu vermeiden ist. Allerdings kann man dann – auch wenn es Nerven kostet und man in diesen Zeiten auch als Pressestelle nun wirklich andere Prioritäten hat – zum Beispiel durch geschicktes Formulieren auch scheinbar unwichtiger Meldungen die Berichterstattung für das Unternehmen weniger negativ oder problematisch wirken lassen. Germanwings war dieser Herausforderung offensichtlich nicht immer gewachsen, wie der Blick auf eine Pressemitteilung zeigt, die normalerweise maximal C-Relevanz gehabt hätte, aufgrund der Rahmenbedingungen aber doch von vielen Medien aufgegriffen wurde:

> „**Bombendrohung auf Germanwings-Flug von Köln/Bonn nach Mailand / Suche nach gefährlichen Gegenständen verlief ohne Ergebnis**
>
> Köln/Bonn – Die Suche an Bord eines Airbus A320 von Germanwings nach einer Bombendrohung blieb ohne Ergebnis. Die zuständigen Behörden konnten weder im Flugzeug noch im Gepäck der Passagiere Auffälligkeiten feststellen, das Flugzeug ist inzwischen wieder für den Flugbetrieb freigegeben. Gegen den Germanwings Flug 4U826 von Köln/Bonn nach Mailand Malpensa war am Sonntagabend über die Bundespolizei eine Bombendrohung eingegangen. Das Flugzeug hatte den Flughafen Köln/Bonn zu diesem Zeitpunkt noch nicht verlassen. Der Tower kontaktierte sofort den Piloten, der den Rollvorgang abbrach und das Flugzeug an eine für solche Fälle vorgesehene Position brachte. Dort verließen Passagiere und Crew geordnet das Flugzeug, danach wurden Flugzeug und Gepäck mit Sprengstoffhunden durchsucht. Die Passagiere sollen ihre Reise gegen 23.30 Uhr mit einem anderen Flugzeug antreten. Germanwings entschuldigt sich für die Unannehmlichkeiten."[48]

Allein schon die Überschrift der Pressemitteilung hat einen strategischen und einen inhaltlichen Fehler. Der strategische Fehler: Wenn die Pressemitteilung schon von Germanwings ist, dann muss ich meinen Markennamen nicht ohne Not noch direkt hinter das Wort „Bombendrohung" setzen. Besser: „Bombendrohung auf Flug von Köln/Bonn nach Mailand".

Ferner verlief die Suche nach gefährlichen Gegenständen hoffentlich nicht ohne Ergebnis, denn dann wüssten wir noch nicht, ob eine Bombe an Bord war oder nicht. Das Nicht-Auffinden der Bombe ist das gute Ergebnis. Folglich müsste es heißen: „Suche brachte Gewissheit: Keine Bombe an Bord." Oder noch kürzer: „Gewissheit: Bombendrohung unbegründet für Flug von Köln/Bonn nach Mailand."

In der Pressemitteilung selbst ist das Meiste fehlerfrei umgesetzt. „Die Maschine hatte den Flughafen […] noch nicht verlassen", „Der Tower kontaktierte sofort den Piloten", „verließen Passagiere und Crew geordnet das Flugzeug" – das alles sind Formulierungen mit den richtigen beruhigenden Vokabeln an der richtigen Stelle. Dass man sich eigentlich nicht selbst entschuldigen, sondern andere nur darum bitten kann, kann man hier vernachlässigen.

Solche Pressemitteilungen die kann man natürlich nicht gebrauchen, wenn man gerade einen Flugzeugabsturz kommentieren musste. Aber wenn man schon gezwungen ist, solche Meldungen herauszugeben, dann muss man wenigstens geschickt formulieren!

Edathy – Irgendwie legal ja, aber ...

Bilder nackter Knaben, die mit entblößten Geschlechtsteilen in erotischen Posen verewigt wurden, sind in Deutschland legal zu erwerben. So führen Abnehmer solcher Fotos immer wieder gern an, dass beispielsweise entsprechende Fotoarbeiten Wilhelm von Gloedens (1856–1931) vollkommen legal bei Christies und auch deutschen Auktionshäusern wie Karl & Faber in München als Fotokunst angeboten und oft deutlich über den Schätzwerten der Auktionshäuser verkauft werden. Das mag sein, macht solche Bilder aber nicht weniger widerlich und zumindest moralisch – wenn schon nicht juristisch – verurteilenswert. Was wir bei der Bewertung des Falls von Sebastian Edathy, einem ehemaligen Hoffnungsträger der Bundes-SPD, grundsätzlich und frei von der eigenen, persönlichen Auffassung zu diesem Thema akzeptieren müssen, ist folglich die Tatsache, dass es in Deutschland möglich ist, Abbildungen nackter Kinder gesetzeskonform zu verbreiten, zu besitzen und sich wie auch immer an ihnen zu erfreuen. Das ist ein Problem, das die Gesellschaft über den Gesetzgeber und seine rechtlichen Möglichkeiten lösen muss. Unabhängig von meiner und wahrscheinlich auch Ihrer persönlichen Auffassung von diesem Thema ist das die Ausgangslage, die man bei der Analyse des Falls von Sebastian Edathy berücksichtigen muss.

Edathy war nicht irgendein Ortsvereins-Politiker. Er war Vorsitzender des Innenausschusses des Deutschen Bundestages, Mitglied des Rechtsausschusses und Leiter des Untersuchungsausschusses zur rechtsextremen Terrorgruppe NSU und bis zu seinem Ausscheiden aus dem Deutschen Bundestag bereits 24 Jahre Mitglied der SPD. Er galt als bestens vernetzt in der Führungsspitze seiner Partei – doch dazu später mehr.

Edathy musste sich dem Vorwurf des Besitzes kinderpornografischer Fotos und Videos stellen, nachdem während der Ermittlungen über eine einschlägige kanadische Firma seine Daten in einer Kundenliste aufgetaucht waren. Insgesamt erstreckte sich das Verfahren – von den ersten Ermittlungsergebnissen bis zur Entscheidung des Gerichtes in Deutschland – über einen Zeitraum von beinahe fünf Jahren. In der Öffentlichkeit haben wir nur einen Bruchteil davon über die

Medien mitbekommen, der in der Regel mit dem Rücktritt Sebastian Edathys aus „gesundheitlichen Gründen" beginnt. Zu diesem Zeitpunkt hatte der Fall allerdings bereits vier Jahre hinter den Kulissen seine Wirkung entfaltet.

Das Gerichtsverfahren gegen Sebastian Edathy wurde gegen Zahlung einer Geldauflage eingestellt.[49] Dies erfolgte nach Auffassung des Gerichtes „wegen geringer Schwere der Schuld" nach § 153a der Strafprozessordnung, wobei dieser Entscheidung alle Verfahrensbeteiligten – auch der für die Anklage agierende Staatsanwalt – zustimmen mussten. Umgangssprachlich gilt die Einstellung nach § 153a als „Freispruch zweiter Klasse", auch wenn der Angeklagte nach einem solchen Beschluss weiterhin als unschuldig gilt. Der Anwalt Edathys hatte vor Gericht folgende Erklärung im Namen seines Mandanten verlesen:

> „Die Vorwürfe treffen zu. Die in der Anklage genannten Gegenstände wie der Bildband und die CD habe ich in meinem Besitz gehabt. Das gleiche gilt auch für die Logdaten, ich habe die Dateien heruntergeladen und geöffnet. Der Inhalt war mir bekannt. Ich habe eingesehen, dass ich einen Fehler begangen habe. Ich habe lange gebraucht dazu. Je stärker ich in der Öffentlichkeit angegriffen wurde, desto mehr meinte ich mich verteidigen zu müssen. Ich bereue, was ich getan habe."[50]

In einem späteren Posting auf Facebook behauptete Edathy, er habe dadurch keinesfalls seine Schuld eingeräumt und es sei auch kein Geständnis gewesen, wie Medien immer wieder gemeldet hatten: „Ich weise darauf hin, dass ein ‚Geständnis' ausweislich meiner heutigen Erklärung nicht vorliegt."[51] Sein Anwalt pflichtet dem bei: Edathy habe lediglich erklärt, Dateien besessen zu haben, aber nichts über deren Inhalt gesagt: „Er hat sich zu dem Inhalt dieser Dateien nicht geäußert. Er hat also insbesondere nicht eingeräumt, jugend- oder kinderpornografische Dateien besessen zu haben.[52] Diese Form der Sprachpolitur ist Teil der Loyalität, zu der Anwälte ihren Mandanten gegenüber verpflichtet sind, aber in der Öffentlichkeit werden solche Formulierungen niemals fruchten können. Schon gar nicht bei einem Fall, der mit kinderpornografischem Material zu tun hat.

Der Fall Edathy begann bereits mit einigen Ungereimtheiten und stand medial unter keinem guten Stern: Medienvertreter hatten während der Hausdurchsuchung von außen durchs Fenster in seine Privaträume hineinfotografiert – eine umstrittene Praxis. Was aber nichts daran ändert, dass diese ersten Fotos auf denen man einige unverfängliche männlichen Akte auf Leinwand erkennen konnte, bereits den Verdacht erzeugten, dass da eventuell auch ganz anderes Material zu finden sein könnte und so zur Vorverurteilung durch die Öffentlichkeit führten. Diese frühen Bilder von der Durchsuchung sind inzwischen größtenteils wieder aus dem Netz verschwunden. In Foreneinträgen werden sie dagegen noch dokumentiert.[53] In einer ersten Stellungnahme via Facebook nach der Hausdurchsuchung beteuerte Sebastian Edathy jedenfalls seine Unschuld:

> „Die öffentliche Behauptung, ich befände mich im Besitz kinderpornografischer Schriften bzw. hätte mir diese verschafft, ist unwahr. – Die Tatsache, dass bei einer nur auf Mutmaßungen beruhenden gestrigen Hausdurchsuchung in meiner Privatwohnung die Lokalpresse zugegen war, nehme ich zum Anlass, Strafanzeige zu erstatten. – Ich gehe davon aus, dass die Unschuldsvermutung auch für mich gilt. – Ein strafbares Verhalten liegt nicht vor."[54]

Folgt man der Darstellung, dann kann man natürlich sagen: Er hat hier nicht gelogen. Denn Bilder und Videos sind ja keine *Schriften*, wie er in seiner Erklärung in der Öffentlichkeit behauptet hatte. Kommentierende SPD-Genossen gingen dennoch bereits in ihren ersten Statements neutral auf Distanz. So erklärte SPD-Bundestags-Fraktionsgeschäftsführerin Christine Lambrecht:

> „Die genannten Gründe, Verdacht auf Kinderpornografie, sind schwerwiegend. […] Ich gebe zu, ich bin zutiefst bestürzt."[55]

Und SPD-Fraktionsvorsitzender Thomas Oppermann sekundierte:

> „Die geäußerten Vorwürfe gegen den ehemaligen Bundestagsabgeordneten Sebastian Edathy wiegen ungeheuer schwer. Ich erwarte von den Ermittlungsbehörden, dass sie diesen Sachverhalt, schnell, umfassend und genau aufklären."[56]

Damit verurteilten sie Edathy zu diesem Zeitpunkt zwar noch nicht, aber eine schützende Solidaritätsadresse klingt anders. Bei Kinderpornografie-Vorwürfen werden die Beschuldigten schneller fallen gelassen, als zum Beispiel bei dem Vorwurf sexueller Belästigung Erwachsener. Beim Vorwurf der Kinderpornografie oder des Kindesmissbrauchs nimmt die Distanz zwischen dem Beschuldigten und seinem privaten wie beruflichem Umfeld sehr schnell zu. Der Abstand wird innerhalb kürzester Zeit fast unüberwindbar groß.

Stellungnahmen, wie Lambrecht und Oppermann sie hier abgaben, gleichen Orakelsprüchen – sie sind nach allen Seiten offen, neutral und interpretierbar. Beide Aussagen waren dabei ebenso präzise, als würde man beim Schach vorhersagen: „Die Figuren mit dem König werden gewinnen" oder: „Am Ende der Partie wird dein König noch auf dem Brett stehen." Politiker versuchen auf diese Weise zu kommentieren, ohne dabei Position zu beziehen. Beide bezeichneten die Vorwürfe gleichlautend als „schwerwiegend", was inhaltlich unstrittig ist. Eines allerdings machte Lambrecht – im Sinne Edathys – besser: Den Verdächtigen nicht auch noch namentlich zu benennen, sondern lediglich ihre tiefe Bestürzung zu äußern. Auch diese Aussage ist absolut unstrittig, glaubwürdig. Sind wir das nicht alle, wenn wir von einem Fall von Kinderpornografie hören? Sebastian Edathy wurde dadurch von Lambrecht noch nicht vorverurteilt und auch Thomas Oppermann flüchtete sich in Neutralität, als er forderte, dass die Ermittlungsbehörden diesen Sachverhalt schnell, umfassend und genau aufklären.

So originell ist das nun auch wieder nicht, denn das erwarten wir als Steuerzahler von den Ermittlungsbehörden doch wohl in jedem Fall des Rechtsverstoßes, oder? Beide konnten so aber sicher sein: Ob die Vorwürfe sich bewahrheiten oder als haltlos herausstellen sollten – ihre Stellungnahme passt in jedem Fall. Mit seiner Erklärung und Rechtfertigung bereits vor der Einstellung des Verfahrens verbaute sich Sebastian Edathy aber in einem SPIEGEL-Interview definitiv jede Möglichkeit zu einem späteren politischen Comeback:

> „Nacktheit und Sexualität sollte man schon noch unterscheiden können. Nacktheit ist zudem nicht an sich pornografisch. [...] Ich bin nicht pädophil. In der Kunstgeschichte hat der männliche Akt, auch der Kinder- und Jugendakt, übrigens eine lange Tradition."[57]

Das ist richtig. Und das Schlagen von Frauen und das Verbrennen von Hexen hat auch eine lange Tradition – dennoch haben sich diese Traditionen im Laufe der Zeit gewandelt und wir legen heute in unseren Gesetzen und Moralvorstellungen andere Maßstäbe an. Wie kann man also nur so unsensibel und uneinsichtig sein, und sich in dieser Form der Öffentlichkeit präsentieren:

„Man muss daran keinen Gefallen finden, man darf es aber, ohne darüber öffentlich Rechenschaft abzulegen zu haben."[58]

Aber Wählerinnen und Wähler sind auch Menschen, die Kinder haben, die selbst Kinder waren und die gerade über die Medien immer wieder von Missbrauchsfällen erfahren – sei es ihn Kirchen und Schulen oder auch durch Verwandte und „Freunde der Familie" – und davon regelmäßig geschockt sind. Rechtfertigungen, wie Edathy sie zu seinem Fall verbreitete, führen sogar dazu, dass sich selbst der politische Gegner absolut im Tonfall vergreift. So schäumte CSU-Generalsekretär Andreas Scheuer und keilte in bester CSU-Manier:

„Der feixende Edathy kotzt mich an. Wer Bilder nackter Jungen auch noch schamlos als Kunst bezeichnet, gehört in die Klapse."[59]

Allerdings wurden Scheuer und seine Parteifreunde auch nie im eingangs erwähnten Münchener Auktionshaus Karl & Faber zur Demonstration gegen die Versteigerung der Werke Wilhelm von Gloedens gesehen. Von der bayerischen Staatskanzlei bis zum Auktionshaus sind es 800 Meter Fußweg. Die mediale Empörung über die Medien schien Scheuer wohl der bequemere Weg zu sein. Und der stellvertretende Sprecher der Bundesregierung Georg Streiter postete laut Handelsblatt sogar auf Facebook:

„Ich jedenfalls habe noch keinen gesehen, der sich im Museum einen runterholt – und ich bestreite auch, dass die von einem schmierigen deutschen Typen in Rumänien geschossenen Fotos von verarmten ahnungslosen nackten Kindern irgendetwas mit Kunst zu tun haben."[60]

Das brachte ihm zwar die berechtigte Kritik der Kanzlerin und des Deutschen Journalistenverbandes ein, aber er surfte damit ganz dicht an der Seele des Volkes. Das tobte sich derweil ebenso auf Facebook aus – überwiegend in fäkalienlastiger Ausdrucksweise. Natürlich nagten die Hass-Postings auf Facebook am Nervenkostüm Edathys. Und natürlich ist man in einer derartigen Situation geneigt, dem als Beschuldigter etwas ähnlich Emotionales entgegen zu setzen. Doch die Äußerungen Edathys wirkten nur wie ein verzweifelter Rechtfertigungsversuch nach dem anderen. Dabei müsste einem Politiker in Deutschland absolut klar sein, dass – Kunstgeschichte hin oder her – Besitz und Verbreitung von Bildern nackter Kinder und Jugendlicher in aufreizenden Posen eine gewisse Form der Medienberichterstattung nach sich ziehen. Folglich muss das Bedürfnis Edathys nach derartigem Bildmaterial größer als sein Risikobewusstsein und seine Vernunft gewesen sein. Und damit sind wir wieder bei der Ausgangsfrage, inwiefern das Material der eigenen Stimulanz diente. Denn für ein kunsthistorisches Interesse am Knabenakt genügt auch ein Besuch im Museum, wo die Werke von Caravaggio oder Donatello hängen. Edathy erkannte offenbar sehr früh in dieser Affäre, wie sehr die moralischen Aspekte die „Freiheit der Kunst" überwiegen würden, auch weil er via Facebook konkrete und zahlreiche Drohungen gegen Leib und Leben erhielt, zum Teil sogar unter dem Klarnamen der Nutzer.

In dieser Affäre gab es meiner Ansicht nach nur zwei mögliche Kommunikationsstrategien. Entweder die maximale Flucht nach vorne mit einem Geständnis und allen persönlichen und beruflichen Konsequenzen um dann nach einer Karenzzeit und einer Therapie geläutert wieder ins gesellschaftliche und politische Leben zurückzukehren, oder die Konzentration auf formaljuristische Punkte. Ich heiße das Verhalten von Edathy nicht gut, aber ich teile die Haltung des Kommunikationswissenschaftlers Hans Mathias Kepplinger, sich nicht auf formaljuristische Aspekte zu konzentrieren:

> „Jeder Fall, der nur annähernd in das Kinderpornografie-Schema hineinpasst, löst sofort extreme emotionale Reaktionen bei einem großen Teil der Bevölkerung aus. Eine rationale Diskussion ist deshalb kaum möglich. […] Wenn er nicht abgetaucht wäre, sondern sich gestellt und die Sache über sich ergehen lassen hätte, wäre das viel vernünftiger gewesen als durch diese Panikreaktionen den Eindruck des Versteckens zu erwecken oder sogar noch zu verstärken."[61]

Edathy machte bereits ganz zu Beginn der Berichterstattung einen schweren Fehler: Er analysierte für sich selbst nicht schonungslos, wie der Sachverhalt tatsächlich ist. Denn zu diesem Zeitpunkt kannte niemand auf der Welt die Fakten so gut wie er selbst. Wäre er hier absolut ehrlich zu sich selbst gewesen und hätte den Sachverhalt nicht beschönigt, hätte er das Risiko richtig einschätzen und daraus eine Strategie ableiten können. Leugnen funktioniert nur, wenn die erhobenen Vorwürfe tatsächlich falsch sind. Das konnte zu diesem Zeitpunkt aber nur einer wissen: Sebastian Edathy. Somit täuschte er sich selbst wenn er glaubte, den Sturm durch Wegducken über sich hinwegziehen lassen zu können. Es hätte ihm bewusst sein müssen – auch aus der politischen Arbeit – wie Stimmung und Stimmungen sich in der Bevölkerung entwickeln, wenn bestimmte Reizwörter und Begriffe fallen. Kinderpornografie und Kindesmissbrauch sind zwei der stärksten Reizwörter für die Bevölkerung, wenn es um das Bilden einer schnellen Meinung gibt. Es dauert oft nur Sekunden, bis die NPD-Forderung „Todesstrafe für Kinderschänder" ihre Renaissance erlebt.

Es war zu einem sehr frühen Zeitpunkt der Affäre klar, dass die Medien und die Öffentlichkeit seinen Kopf fordern würden. In formaljuristische Debatten verstrickt sich in der Regel nur dann ein von kritischer Medienberichterstattung Betroffener, wenn er keinen anderen Ausweg mehr sieht und die Anfeindungen ein seiner Auffassung nach zu persönliches Ausmaß angenommen haben. Es wirkt dann wie Rechthaberei, gibt dem Betroffenen aber die Gelegenheit, zumindest vor sich selbst das Gesicht zu wahren. Und wenn es nur formal ist. Edathy machte das in seinen Interviewantworten einige Monate vor Einstellung des Verfahrens im SPIEGEL mehr als deutlich:

> „Ich muss und werde mich für mein Privatleben nicht entschuldigen oder rechtfertigen. Niemand, der sich im privaten Bereich rechtskonform verhält, muss das. Der Schutz der Privatsphäre ist elementar für einen Rechtsstaat. Alles, was ich getan habe, war im legalen Bereich und hätte nie öffentlich werden dürfen. Ich möchte aber eines klar sagen: Ich bin ein Gegner von Kinderpornografie. Ich hätte nie geglaubt, eine solche Selbstverständlichkeit jemals betonen zu müssen."[62]

Muss man sich für sein Privatleben entschuldigen? Edathy hatte mit dem kritischen Blick auf seinen Fall natürlich grundsätzlich Recht. Es gibt Dinge, die müssen privat bleiben. Aber auch Politiker sind ein Produkt für Konsumenten. Es interessiert Wähler, ob ihr Volksvertreter Werte vertritt, die sie allgemein für moralisch korrekt halten. Der Konsum erotischen Bildmaterials mit Kindern und Jugendlichen gehört definitiv nicht dazu. Und als Person des öffentlichen Lebens muss er einen gewissen Einblick in sein Privatleben hinnehmen. Menschen, die von anderen Menschen gewählt werden wollen, müssen auch zulassen, dass Wählerinnen und Wähler sich ein exakteres Bild von der (moralischen) Ausrichtung ihres Kandidaten machen wollen. Da spielt es keine Rolle, ob der Konsum bestimmten

Bildmaterials nicht unter Strafe steht (und damit rechtskonform ist). Einzig gut – aus kommunikativer Sicht – war Edathys Aussage: „Ich bin ein Gegner von Kinderpornografie." Er versuchte hier, durch die bloße Behauptung eine Distanz zu den erhobenen Vorwürfen herzustellen und das von ihm erworbene Material rechtlich in eine andere Ecke zu bugsieren. Das mochte mit dem Norbert-Blüm-Klassiker „Die Rente ist sicher" durch ständige Wiederholung über die Medien funktionieren. Aber es funktioniert auf keinen Fall in einer Mediengesellschaft, wenn es um den sexuellen Missbrauch von Minderjährigen geht. Dabei dürfen wir auch nicht die Augen davor verschließen, dass Polizei und Staatsanwaltschaft das fragliche Material nicht öffentlich gemacht haben. Alle Medien berichteten also im Prinzip vom Hörensagen aus den Quellen der Staatsanwaltschaft oder aus der Quelle Edathy. Der zog sich auf die Argumentation zurück, er sei davon ausgegangen sei, dass es sich um legales Material handele:

> „Ich habe Videos auf der kanadischen Internetseite Azov Films erworben. Diese ist von den dortigen Behörden jahrelang nicht für problematisch gehalten worden. […] Es war nicht ansatzweise zu erkennen, dass es sich um anderes als legales Material handeln könnte. Die Schweizer Behörden sagen bis heute, dass nichts von dem, was da angeboten wurde, strafbar ist, und haben nichts veranlasst. Das Bundeskriminalamt, die Generalstaatsanwaltschaft und die Staatsanwaltschaft Hannover sagen: Was ich erworben habe, ist nach deutschem Recht legal, ‚strafrechtlich irrelevant' heißt es dazu wörtlich in der Akte."[63]

Edathy hatte juristisch natürlich Recht, als er sagte, dass er mit der Durchsuchung (später gerichtlich als nicht zu beanstanden bezeichnet), spätestens aber durch die mediale Berichterstattung im Nachgang dieser Durchsuchung vorverurteilt wurde. Da nutzt es auch wenig, dass nur eine kleine Lokalzeitung mit einem Namen, hinter dem man eher ein Gartenmagazin vermuten würde („Die Harke") den ersten Artikel mit Exklusiv-Bildern der Durchsuchung brachte. Auch die Harke findet über das Internet weltweit Verbreitung.

Das Verhalten der Ermittlungsbehörden müsste man gesondert beleuchten. Dabei geht es um die Frage, ob und wie statthaft oder zielführend es ist, Medienvertreter vor Razzien zu informieren. In der Regel werden jedenfalls einige wenige vertrauenswürdige Medienvertreter vorab informiert, dass man zu einem bestimmten Datum eine Razzia plant und Medienvertreter sich an einer bestimmten Stelle (in der Regel Gericht oder Polizeiwache) einfinden können. Die Intension dieses Vorgehens liegt auf der Hand: Polizei und Staatsanwaltschaft versprechen sich davon positiven Schlagzeilen und wollen die erste Berichterstattung in ihrem Sinne prägen. Zuweilen werden vor solchen Aktionen die Mobiltelefone der Medienvertreter einkassiert, Vertraulichkeitsvereinbarungen unterschrieben oder aber auch nur mündliche Absprachen getroffen. Oder man legt Sperrfristen fest, vor denen eine Berichterstattung nicht gestattet ist, um die Ermittlungsarbeit nicht zu gefährden. Da bei Schlägen gegen das organisierte Verbrechen auch aus Polizeikreisen immer wieder Tipps nach außen dringen, werden je nach Brisanz auch nur wenige Beamte zuvor eingeweiht. Erst wenn es losgeht, erfahren die Journalisten worum und gegen wen es diesmal geht. Wenn es sich um Ermittlungen in Sachen Kinderpornografie handelt und man gegen einen Beschuldigten vorgeht, der im Rampenlicht steht, sollten sich die Behörden schon sehr sicher sein, dass man genug Material für eine anschließende Verurteilung findet oder bereits genügend belastendes Material gesammelt hat. Genau das war bei Sebastian Edathy nicht der Fall und so steht natürlich der Vorwurf im Raum, man habe mit der medialen Verurteilung „Gerechtigkeit" walten lassen und die Karriere von Sebastian Edathy ruinieren wollen, wenn es schon nicht für eine Verurteilung vor Gericht reichen würde.

In der Krise kommunizierte der ins Ausland abgereiste Edathy per SMS und per E-Mail mit Journalisten. Eine vernünftige und missverständnisfreie Kommunikation ist so nicht möglich. Darüber hinaus übte er über Facebook mit einem Gedicht Medienkritik, das die BILD-Zeitung in ungekannter Milde noch als „Gaga-Gedicht" bezeichnete:

> „FAZ und Tagesspiegel?
> Lieber kauf' ich mir nen Igel.
> Taz und Rundschau, ARD?
> Hm, Moment, ich sage: Ne.
> "Bild" oder SZ genehm?
> Wie spät ist es? Ich muss gehn."[64]

Man kann hier auslosen, wer sich dieser Wortgewalt annehmen sollte – ein Germanist oder gleich jemand mit klinischer Erfahrung? Solche öffentlichen Äußerungen können nur in der absoluten Isolation und Bedrängnis als Befreiungsschlag gesehen werden. Allerdings auch nur von demjenigen, der solche Texte verfasst. Derweil mussten sich in Deutschland Edathys Parteifreunde mit dessen Verbleib in der Partei beschäftigen. SPD-Parteichef Sigmar Gabriel wurde, wissend um seine formal begrenzten Möglichkeiten, nur indirekt etwas konkreter:

> „Sein Handeln ist unvereinbar mit der Mitgliedschaft im Deutschen Bundestag und passt nicht zur Sozialdemokratischen Partei Deutschlands."[65]

Auch dies ist wieder ein „Delphi-Zitat". Dass Edathys Verhalten unvereinbar mit einer Mitgliedschaft im Deutschen Bundestag ist, hatte dieser schon selbst erkannt und öffentlich aus „gesundheitlichen Gründen" sein Mandat niedergelegt. Interpretiert man diese Einleitung noch als Wertung des aktuellen Affären-Standes, so ist auch der Nachsatz „Es passt nicht zur Sozialdemokratischen Partei Deutschlands" in seiner Bedeutung unstrittig. Nur durch die Interpretation der Journalisten in den Medien wurde ein Schuh draus, der Edathy passen sollte: Sie machten in der Regel daraus eine Forderung nach einem Parteiausschluss, für den aber die Schiedskommission des Parteibezirkes Hannover zuständig ist und den auch der Parteichef daher nicht anordnen kann. Entsprechend reserviert ließ sich denn auch ein „führendes Mitglied der Niedersachsen-SPD" von BILD zitieren:

> „Es ist einfach, sich hinzustellen und zu sagen: Raus mit dem. Das aber auch durchzuziehen ist deutlich komplizierter."[66]

Facebook spielt in diesem Kapitel von *Feedback* eine größere Rolle als in allen anderen. Das geschieht, weil Sebastian Edathy Facebook sehr intensiv zur Selbstverteidigung nutzte, auch wenn es ihm nicht viel gebracht hat. Es war ein verzweifelter Versuch, die Deutungshoheit über seinen Fall zurückzuerlangen, der von vornherein zum Scheitern verurteilt war. Christoph Neuberger, der an der Ludwig-Maximilians-Universität München zu Online-Kommunikation forscht, erklärte das folgendermaßen:

„Während Reaktionen in den klassischen Medien kalkulierbar waren, ist die Reaktion der diffusen Masse von Netz-Nutzern viel weniger gut zu übersehen. Es gibt keine Normen, sondern viele Schläge unter die Gürtellinie. [...] Wer immer kleinlich nachhakt, bekommt im Laufe der Zeit ein bestimmtes Image. Ein dezentes Auftreten und eine gewisse Zurückhaltung wären für ihn wahrscheinlich günstiger gewesen."[67]

Das relativierende „wahrscheinlich" gehört aus wissenschaftlicher Präzision heraus natürlich ins Zitat, denn da der Vergleich fehlt weiß man nicht, wie es anders gelaufen wäre. Ich lege mich als Nicht-Wissenschaftler fest: Definitiv wären ein dezenteres Auftreten und eine gewisse Zurückhaltung für Edathy angebrachter gewesen. Aber: Eine etwas zurückhaltendere Kommunikationsstrategie Sebastian Edathys hätte den Fokus der Medien auch auf einen anderen, juristisch und politisch wesentlich wichtigeren Aspekt der Affäre gelenkt: Auf die Mischung aus Kameraderie und Vertuschung bis zur Verschwörung sowie auf den Informationsfluss von einer scheinbar vertraulich ermittelnden Justiz zu führenden Politikern. Denn die Affäre ist das Eine – der politische Umgang mit ihr das Andere. Das kann zur Folge haben, dass zwar das juristische Verfahren für den Betroffenen mit einem Freispruch endet oder eingestellt wird, aber durch den Versuch der Vertuschung oder zumindest der politischen Einflussnahme eine wesentlich größere Welle in Bewegung kommt. Denn dieser Fall hat eine deutlich über Sebastian Edathy hinausgehende Brisanz: So musste etwa wegen der (parteiübergreifenden) Weitergabe vertraulicher Informationen über den Fall zwischen Spitzenpolitikern der spätere Bundeslandwirtschaftsminister Hans-Peter Friedrich auf öffentlichen Druck hin zurücktreten. Verzeihen Sie den Kalauer: Ein klassisches Bauernopfer der Großen Koalition. Friedrich hatte in seiner Zeit als Innenminister von den Ermittlungen gegen Edathy erfahren und im Zuge der Koalitionsverhandlungen SPD-Parteichef Sigmar Gabriel kollegial über diese Ermittlungen informiert. Offenbar wollte man vermeiden, dass Edathy nach den Koalitionsverhandlungen in einer herausragenden Position in der Regierungsverantwortung sitzt und dann vom Ermittlungsverfahren eingeholt wird.

Die Liste der höchstwahrscheinlich über die Ermittlungen informierten Politiker ist eine illustre Sammlung bekannter Namen: Sigmar Gabriel (SPD-Vizekanzler), Frank-Walter Steinmeier (SPD-Außenminister, damals Fraktionschef), Jörg

Ziercke (Präsident des BKA), Klaus-Dieter Fritsche (Staatssekretär im Innenministerium, CSU), Jens Teschke (damals Sprecher des Innenministers Hans-Peter Friedrich, CSU), Thomas Oppermann (Parlamentarischer Geschäftsführer der SPD-Bundestagsfraktion) ... Doch es gab noch mehr Ungereimtheiten. Da war noch ein Brief der Staatsanwaltschaft Hannover an Bundestagspräsident Norbert Lammert, der über das Ermittlungsverfahren informierte und um Aufhebung der Abgeordneten-Immunität bat. Dieser Brief kam erst sechs Tage nach dem Versand bei Lammert an. Bereits geöffnet. Gegen Hans-Peter Friedrich wurde ein Ermittlungsverfahren wegen Verletzung des Dienstgeheimnisses eingeleitet und seine Immunität als Abgeordneter aufgehoben. Die Staatsanwaltschaft kam zu dem Ergebnis, dass Friedrich zwar rechtswidrig gehandelt habe, stellte das Verfahren aber ein. Wegen geringer Schuld. Die Staatsanwaltschaft wollte das nicht weiter kommentieren.[68] Dies alles sind reichlich merkwürdig anmutende Vorgänge, die Verschwörungstheorien über die politische Klasse im Lande reichlich Aufwind gaben. Jeder Zufall für sich war vielleicht noch zu erklären. Aber die Summe der Zufälle warf dann doch Zweifel auf, ob es sich dabei noch um Einzelfälle handeln könnte.

Von all diesen Dingen bekam die Öffentlichkeit so gut wie gar nichts mit, weil Edathy die komplette Aufmerksamkeit auf sich lenkte. Sebastian Edathy erreichte dies mit seinen zum Teil sehr unüberlegten und falsch platzierten Statements. Zwar wurde der offensichtliche Informationsaustausch über die laufende Ermittlungsarbeit in den Medien dokumentiert, konnte sich aber nicht gegen die moralische Bewertung seines Verhaltens durch die Öffentlichkeit durchsetzen. Dazu spielte Edathy sich weiterhin zu sehr in den Mittelpunkt seiner eigenen Affäre. Die Dokumentation seiner SMS-Nachrichten mit führenden Politikern wollte dann schon kaum noch jemand ernsthaft zur Kenntnis nehmen. Und erst recht wollte niemand seiner Interpretation der Ereignisse folgen. Wer steigt schon freiwillig vom sicheren Ufer aus in ein bereits sinkendes Boot? Im Fall von Sebastian Edathy glaubte man zumindest moralische Gewissheit über sein Fehlverhalten zu haben – auch wenn es juristisch nicht zu beanstanden war. Doch was wäre im Falle eines tatsächlich auch moralisch Unschuldigen und einer derartigen Berichterstattung in den Medien passiert, noch bevor ein Gerichtsurteil gefällt ist?

Edathys Reise ins Ausland (die Medien berichteten von einer „Flucht") war keine gute Ausgangsposition, um die Krisenkommunikation in Deutschland einigermaßen sicher anpacken zu können. Seine mangelnde Bekanntheit im Ausland erleichterte ihm zwar den Alltag und er konnte sich auf der Straße frei und unerkannt bewegen – aber es hinderte ihn auch daran, Stimmungen und Nuancen in der öffentlichen Wahrnehmung in Deutschland richtig und rechtzeitig zu erkennen und zu interpretieren. Ein Internetzugang mit Zugriff auf Facebook und die Webseiten deutscher Medien ist nicht ausreichend, um sich effektiv zu verteidigen.

Volkswagen – Verbales Abwracken

Selten hat ein einziger Satz nach Redaktions- und Druckunterlagenschluss für so viel Furore gesorgt wie jener, den VW-Patriarch Ferdinand Piëch als Aufsichtsratschef seinem Vorstandsvorsitzenden über den SPIEGEL hinterher rief: „Ich bin auf Distanz zu Martin Winterkorn."[69]

Jemand, der in Unkenntnis der enormen Machtfülle eines Ferdinand Piëch eine solche Bemerkung hört, würde vermutlich sagen „ja und?", mit den Schultern zucken und sich wichtigeren Themen zuwenden. Aber dieser Satz, der zunächst in einer aktualisierten App- und Online-Ausgabe des SPIEGELS der Druckfassung des Artikels nachgereicht wurde, hatte es in sich. Die VW-Aktie verlor an Wert, die Redaktion der WELT machte „Schockwellen"[70] aus und in der Süddeutschen Zeitung zog man den Vergleich zu einer „Hinrichtung"[71].

Dabei war der Satz über Martin Winterkorn nur ein lauwarmer Aufguss des kommunikativen Dolchstoßes, mit dem Ferdinand Piëch die Demontage des damaligen Porsche-Chefs Wendelin Wiedeking begonnen hatte. Auf die Frage eines Journalisten zu seinem Verhältnis zu Wiedeking antworte er nämlich: „Zurzeit habe ich noch Vertrauen zu Wiedeking", um direkt im Anschluss hinzuzufügen: „Streichen Sie das Wort ‚noch'."[72] Zehn Wochen später hatte Piëch den medienwirksam ausgetragenen Machtkampf für sich entschieden und Wiedeking wurde von seinen Aufgaben entbunden.

Die Demontage von VW-Vorstandschef Bernd Pischetsrieder, dem im Aufsichtsrat eine starke Opposition der Arbeitnehmervertreter entgegen trat, hatte Ferdinand Piëch gut ein Jahrzehnt zuvor mit den Worten eingeleitet:

„Ich kenne kein Unternehmen in Deutschland, wo jemand mit zehn Arbeitnehmer-Gegenstimmen überleben kann."[73]

Dieser Satz hatte noch das Geschick des indirekten Effektes. Streng genommen hatte Piëch hier nur gesagt, dass er kein Unternehmen kenne, auf das dieses Merkmal zutreffe. Die Interpretation und Übersetzung dieser Aussage in: „Pischetsrieder muss nach dem Willen von Piëch weg" überließ er anderen. Piëch legte die Spur – und überließ es anderen, die Fährte aufzunehmen und für ihn das Wild zu erlegen. Piëch musste sich damals den Vorwurf anhören, warum er sich nicht gleich für Winterkorn entschieden sondern zunächst Pischetsrieder vorgezogen habe. Ferdinand Piëch begründete dies auf der VW-Hauptversammlung mit einer für seine Verhältnisse fast schon liebevoll anmutenden Begründung:

> „Ich hatte Hemmungen, jemanden der mir fachlich und menschlich nahe steht, damals, vor fünf Jahren als meinen Nachfolger vorzuschlagen [TB: als Vorstandschef – Piëch wechselte zu dieser Zeit in den Aufsichtsrat]. Zu spät habe ich erkannt, den Falschen gewählt zu haben. Ich habe das mit Mühe im November korrigiert."[74]

„Jemand [...] der mir fachlich und menschlich nahe steht" – das ist eine ziemlich deutliche und wohl auch glaubhafte Aussage, wie Piëch damals über seinen Vertrauten Martin Winterkorn dachte. Was auch immer zu seinem Sinneswandel geführt haben mag – es muss gravierend gewesen sein. Einige Kreise spekulierten, aus dem Umfeld Winterkorns (oder gar von ihm selbst) seien damals Hinweise auf eine Erkrankung Piëchs und einen damit verbundenen Rückzug vom aktiven Geschäft an Journalisten gestreut worden. Andere wiederum sagten, Piëch habe es nicht ertragen können, einen zweiten Machtmenschen im Konzern an seiner Seite gehabt zu haben. Es spielt eigentlich keine Rolle. Mit dem auf den ersten Blick so unbedeutenden Satz „Ich bin auf Distanz zu Martin Winterkorn" wollte Piëch seine Position im VW-Konzern auf jeden Fall weiter stärken und seinen ehemaligen Kronprinzen fallen lassen. Vielleicht sollte es auch nur ein Schuss vor den Bug von Martin Winterkorn werden.

In bisherigen Machtkämpfen hatte Piëch immer wieder mit einem Paukenschlag zu Beginn einen unüberhörbaren Akzent gesetzt, dann abgewartet, wie die Situation sich entwickelt und schließlich nachgelegt. Aber als sich diesmal der mächtige VW-Betriebsratsvorsitzende Bernd Osterloh und der Ministerpräsident des Landes Niedersachsen Stephan Weil (das Land ist Miteigentümer von Volkswagen und ohne dessen Zustimmung hätte Winterkorn nicht abberufen werden können) auf die Seite Winterkorns stellten, wurde hinter den Kulissen wohl schnell klar: Der Alte, wie man Piëch dort auch nannte, hat sich höchstwahrscheinlich übernommen. Diesmal. Zum ersten Mal. Und schon wurde die

Luft für Piëch ungewohnt dünn. Dabei nahm Piëch die Einsamkeit, die sein Führungsstil mit sich brachte, bewusst in Kauf, wie er – wohl nicht ohne Stolz – in seiner Autobiografie selbst erklärte:

> „Wenn ich etwas erreichen will gehe ich auf das Problem zu und ziehe es durch, ohne zu merken, was um mich herum stattfindet. Mein Harmoniebedürfnis ist begrenzt."[75]

Vielleicht hatte Piëch verkannt, dass er sich durch dieses Verhalten im Laufe seiner langen, machtvoll geführten Regentschaft an der Spitze von VW auch zahlreiche Gegner geschaffen hatte, die nur darauf warteten, dass der Platzhirsch einmal schwächelt, oder sich zu weit auf die Lichtung wagt. Mit dem Angriff auf den im Großen und Ganzen beliebten Martin Winterkorn schien Piëch zu weit gegangen zu sein. Die Konsequenzen seiner Worte trug er dann knapp zwei Wochen später mit seinem Rücktritt und dem seiner Frau aus allen Gremien des Konzerns. Damit schied er im Alter von 78 Jahren mit einer bitteren Niederlage aus dem Konzern aus. Ausgerechnet der Mann, dem VW so viel zu verdanken hatte. Der Mann, der der Automobilindustrie auch sehr ungewöhnliche Management-Entscheidungen vorgelebt hatte. Eine davon war die Inauguration des skandalumwobenen spanischen Scharfmachers im Preiskampf mit den Zuliefererbetrieben, José Ignacio López de Arriortua und seiner „sieben Krieger".[76] Technisch brachte er sich als Erfinder des Quattro-Antriebs und der Aluminium-Karosserie in die Automobilgeschichte ein. Sein Großvater, Ferdinand Alexander Porsche, erfand den VW-Käfer und den legendären Porsche 911. Da brauchte sich der Enkel nicht zu verstecken – seine Leistungen sind unstrittig.

Piëch hatte sich strategisch mit dem Versuch einer öffentlichen Demontage Martin Winterkorns übernommen, die Äußerung gegenüber Journalisten des SPIEGELS war dann nur die kommunikative Konsequenz dieser Fehlentscheidung. Hätte er für seine Strategie jedoch den Rückhalt der anderen Aufsichtsratsmitglieder im Konzern gehabt, wäre der Satz geschickt gewählt und platziert gewesen – bei Wiedeking und Pischetsrieder hatte es so ähnlich ja schon einmal funktioniert. Der Niedergang Ferdinand Piëchs ist demnach keine Folge einer falschen Kommunikationsstrategie, sondern die einer unternehmerischen Fehlentscheidung, beziehungsweise persönlicher Fehleinschätzung. Im Trainersprech würde man jetzt von unterschiedlicher *Selbst-* und *Fremdwahrnehmung* sprechen.

Aber da war auch noch Martin Winterkorn, der offenbar nicht frei von persönlicher Enttäuschung agieren konnte und durch seine Kommunikation mit den Medien an seiner Demontage selbst aktiv mitwirkte. Anstatt aus dem sich zu diesem Zeitpunkt abzeichnenden Rücktritt Piëchs Kapital zu schlagen und gestärkt aus der Attacke hervorzugehen, bewegte er sich kommunikativ in der von Piëch angezettelten Sprachwelt des Verlierers, Versagers und verstoßenen Sohnes. Winterkorn, in dessen Amtszeit sich Absatz und Gewinn von VW verdoppelt haben, lies sich mit dem Satz: „Ich lasse mich doch nicht vom Hof jagen"[77] zitieren. Strategisch nicht besonders durchdacht, denn damit bediente er ohne Notwendigkeit genau jene Bilderwelt, die Ferdinand Piëch um sich und Winterkorn aufgebaut hatte: In diesem Fall das Bild des Hofhundes, den der Bauer fortjagen kann, wenn er nicht mehr gebraucht wird. Warum nur machte er diesen kommunikativen Fehler?

Auch Winterkorns kämpferisch gemeintes „Ich bin keiner, der den Bettel einfach hinwirft."[78] wirkt nur auf den ersten Blick gut. Schauen wir uns aber das veraltete Wort „Bettel" etwas genauer an, dann bedeutet „Bettel" das „Erbettelte" – oder umgangssprachlich auch „Kram" oder „Plunder". In der persönlichen Geschichte, die Winterkorn und Piëch verbindet, wirkt es schon fast entlarvend für Winterkorn, wenn er vom „Erbettelten" spricht. Wer wäre denn dann in all den Jahren der sehnsüchtig Angebettelte gewesen? Und wenn sein Lebenswerk bei VW jetzt nur noch „Plunder" oder „Kram" war – wie stand Winterkorn dann mit Kopf und Herz zu dem Konzern, dessen Vorstandschef er ist? Unabhängig davon, ob sich Winterkorn der tatsächlichen Bedeutung seiner Formulierung bewusst war: Die Wortwahl „Bettel" in Verbindung mit der Redensart „Den Bettel hinwerfen" war nicht geschickt. Kämpferisch klingt das nicht. Eher nach treuem Vasallen, der bis zum Letzten dient. Hatte er das nötig?

Winterkorn gab Interviews, die auch von anderen Medien zitiert wurden. So läuft das Geschäft. Entscheidend dabei ist jedoch, was diese Medien weiterzitieren und weiterverbreiten. Sie legen den Fokus darauf, was wichtig sein soll und was nicht. Deshalb verwunderte es nicht, wenn Stern.de aus einem Interview mit der BILD am Sonntag folgenden Satz des offenbar tief verletzten Winterkorn verbreitete: „Das hat mich schon sehr getroffen. Wen würde so etwas nicht berühren?"[79] Und weil dieser Satz aus der BamS nach Auffassung der Stern-Redaktion so stark und aussagekräftig war, verwandelten sie ihn auch gleich in die Schlagzeile: „Winterkorn: Machtkampf hat ‚mich schon sehr getroffen'". Da muss man sich nicht erst den ganzen Text durchlesen, um bereits eine Meinung von Winterkorn zu bekommen, selbst wenn man ihn bis dahin vielleicht noch gar nicht so präsent hatte in seiner Medienwirkung. Damit nicht genug. In der redaktionellen Weiterverwertung des BamS-Interviews auf Stern.de blieb am Ende des Artikels ein weiterer Satz von Winterkorn hängen:

> „Das nächste Auto für die Generation iPhone kommt nicht aus dem Silicon Valley, sondern aus Wolfsburg"[80]

Wenn es schlecht läuft, dann aber auch konsequent und richtig dicke! Im Silicon Valley werden ohnehin keine Autos gebaut und das iPhone wäre auch nur ein Zusatzgerät, das mit einer einfachen Schnittstelle ins PKW-Konzept integriert würde. Was er vermutlich meinte, ist das vernetzte und (teil)automatisierte Fahren, wie es beispielsweise auch von Apple und Google erprobt wird. Aber der Begriff „Generation iPhone" aus dem Munde eines Wolfsburgers, der in Interviews immer wieder Zweifel äußerte, dass Apple beispielsweise die mechanischen Eigenschaften eines Fahrzeugs richtig beherrscht? Dort, wo der Golf als „Generation Golf" einer ganzen Bevölkerungsgruppe ihren Namen gab?

Kurz zur Erinnerung: „Generation Golf" war ursprünglich ein Buch von Florian Illies aus dem Jahr 2000, in dem er typische Merkmale einer Generation beschrieb, die in den 1980er Jahren in der Bundesrepublik Deutschland aufwuchs. Im Alltagsdeutsch wird „Generation Golf" aber eher mit der Automarke als einem Buchtitel verbunden. Ein Vorteil für Volkswagen. Warum knüpfte Winterkorn nicht an diesen Erfolgsbegriff an und verwendete stattdessen einen Vergleich zwischen einem hippen High-End Smartphone, das zweifelsohne richtungsweisend für die gesamte Mobiltelefonbranche war und darüber hinaus mit den sogenannten „Apps" komplette Geschäftsfelder neu erschloss, auf der einen Seite und auf der anderen Seite dem Produkt „Auto", das vom Prinzip her seit knapp 250 Jahren nur noch verbessert und weiterentwickelt wird, aber keine eigentliche Neuheit mehr ist? Bereits ein Jahr zuvor langte Winterkorn schon einmal in einem BamS-Interview daneben:

> „Im Management und auch in den Vorständen unserer Marken haben wir inzwischen eine ganze Reihe von Frauen – und zwar aufgrund ihrer Qualifikation, nicht der Quote. Meine Erfahrung besagt übrigens, dass fachlich gut qualifizierte Frauen häufig die ‚besseren Männer' sind. Das heißt: Sie sind zielstrebiger und konsequenter."[81]

Konsequenterweise machte die BamS daraus die Schlagzeile: „Frauen sind häufig die besseren Männer". Die Frage stellt sich doch anders: Wenn Frauen bei Volkswagen nicht wegen der Quote, sondern wegen ihrer Qualifikation beschäftigt werden – wieso sind sie dann die besseren Männer? In seiner Antwort davor hatte Winterkorn noch vorgerechnet:

> „Wir halten viel von der sogenannten ‚differenzierten' Quote. Das heißt: Wenn heute zehn Prozent der Maschinenbau-Hochschulabsolventen Frauen sind, dann wollen wir in den entsprechenden Bereichen auch mindestens zehn Prozent Frauen einstellen. Das gleiche gilt für Elektrotechnik, Informatik und Ingenieurswissenschaften. Insgesamt ergibt sich so eine Zielquote von 30 Prozent."[82]

Zurück zu Winterkorns Verletztheit: Einen weiteren unglücklichen Satz schob er in einer Aussage auf der Hannover Messe hinterher. Auf die Frage, wie denn seine Zukunft aussehe antwortete Winterkorn: „Ich habe eine Zukunft."[83] Wohlgemerkt: Die Frage lautete nach dem „wie", nicht nach dem „ob". Wenn Martin Winterkorn, ein Top-Manager mit 16 Millionen Euro Jahresgehalt, der seit Anfang der 1980er Jahre von Ferdinand Piëch in seiner Karriere im VW-Konzern gefördert worden war, sich bei einer derartigen Frage im Prinzip darauf beschränkt, das Vorhandensein seiner Atem- und Herzfunktionen sowie seiner Hirnströme als ausreichendes Zeichen seiner Lebensfähigkeit darzustellen, dann muss der Stachel tief sitzen. Sogar die Kanzlerin musste als Quell seiner Vitalfunktionen herhalten: „Sie hat sich gefreut, dass ich weitermache."[84]

Dadurch, dass er seine Angeschlagenheit in zahlreichen Interviews immer wieder zum Ausdruck brachte, stärkte er – trotz des bevorstehenden Abgangs von Ferdinand Piëch – dennoch die Demontage-Absichten seines einstigen Mentors.

Hier unterlag Winterkorn einer menschlich absolut nachvollziehbaren medialen Fehleinschätzung. Für ihn war im einzelnen Kontakt mit Medienvertretern der Hinweis auf seine Verletzlichkeit vermutlich ein Zeichen dafür, dass Soft-Skills in seinem Inneren durchaus reichlich vorhanden sind und dass er nicht der harte, zähe Knochen ist, als den man etwa einen Ferdinand Piëch in der Öffentlichkeit wahrnahm und zu dessen Machtverhalten es auch gehörte – so kolportieren es Journalisten, die ihn interviewt haben – während seiner Interviews vor einer Antwort auch einmal mehrere Minuten zu schweigen. Winterkorn war enttäuscht, die ganze Welt wusste, dass er enttäuscht sein musste und er zeigte diese Enttäuschung in einzelnen Medienkontakten. Sich zu einer Schwäche offen zu bekennen – das ist ein Zeichen von Stärke. Leider wurde im Fall von Martin Winterkorn daraus genau das Gegenteil.

Das geschah vor allem dadurch, dass diese Zitate von ihm vereinzelt auftauchten. Hier ein Journalist, da ein Journalist. Hier ein Medium, dort ein Medium. Hier ein Zitat, dort ein Zitat. Hier wurde er vom Hof gejagt, da hatte er wenigstens noch eine Zukunft, wie immer die auch aussehen mochte. In der Summe wurde dadurch der Eindruck erweckt, er wäre vollständig gebrochen. Und da kamen – auch bei einem Martin Winterkorn – die Konkurrenten aus der Deckung und gingen in Position. Winterkorn hätte allen Grund gehabt, sich stärker zu positionieren. Denn wenn der Patriarch durch seine Aussage schon strauchelte, er bei seinem folgenden Rücktritt die Gattin direkt mit zurücktreten ließ, sich das Land Niedersachsen als VW-Miteigentümer von Piëch abwandte – wer jagte sich denn dann gerade selbst vom Hof?

Wechseln wir kurz Gegenstand und Schauplatz der Handlung und zappen nach Brüssel. Kennen Sie einen einfachen, 2003 noch 47-jährigen SPD-Abgeordneten aus dem Europaparlament? Den kannte damals auch niemand, bis er den italienischen Ministerpräsidenten Silvio Berlusconi kritisierte, der zu dieser Zeit die EU-Ratspräsidentschaft innehatte. In einer eher dahinplätschernden Debatte kam der SPD-Abgeordnete darauf zu sprechen, dass Berlusconi gerade ein Gesetz verabschiedet hatte, welches ihn weitestgehend vor Strafverfolgung schützte. Der deutsche EU-Politiker sprach in seiner Rede mit Bezug zu Berlusconi von einem „Virus der Interessenkonflikte"[85]. Eine griffige, aber wenig originelle Formulierung.

Eigentlich unspektakulär. In einer folgenden, unsachlich geführten Debatte über Flüchtlingsfragen wurde dieser SPD-Abgeordnete, der bis dahin fast gänzlich unterhalb des Medienradars geflogen war, über einen Nazi-Vergleich durch Berlusconi medial geadelt. Wörtlich sagte Berlusconi im europäischen Parlament an die Adresse des unbekannten sozialdemokratischen Bankdrückers:

> „In Italien wird gerade ein Film über die Nazi-Konzentrationslager gedreht, ich schlage Sie für die Rolle des Lagerchefs vor. Sie wären perfekt."[86]

Will man einem deutschen Politiker verbal so richtig eins unter die Gürtellinie verpassen, sind Nazi-Vergleiche immer ein beliebtes Mittel. Die Unverschämtheit Berlusconis, die mehr über ihn selbst als den Beschimpften verriet, brachte dem Abgeordneten in Deutschland reichlich gute Presse und sogar Solidaritätsbekundungen des politischen Gegners. Ein Nazi-Vergleich durch Berlusconi in Brüssel – das einte die Reihen deutscher Demokraten. Doch anstelle jetzt beleidigt zu reagieren, antwortete der Abgeordnete Berlusconi zurückhaltend und defensiv, wie unter anderem der SPIEGEL berichtete:

> „Sein Respekt vor den Opfern des Faschismus verbiete es ihm, dazu Stellung zu nehmen. Es sei allerdings problematisch, dass ein EU-Ratspräsident, wenn er mit der geringsten Debatte konfrontiert sei, ‚seine Contenance in dieser Art verliert'."[87]

Es war eine clevere Strategie, auf einen solch ungeheuerlichen Vorwurf zu reagieren: In Demut und Bescheidenheit, während sich in der Heimat die politischen Lager zu den eigenen Gunsten zusammenschweißten. Sollten sie doch seine Verteidigung übernehmen, was sie auch taten. Berlusconi versuchte später die Bemerkung als Witz umzuinterpretieren und bezog sich auf die Namensgleichheit des Aufsehers des Kriegsgefangenenlagers aus der Fernsehserie *Ein Käfig voller Helden*. Ein Versuch, der scheiterte und eher ein verzweifelter Versuch von Berlusconis PR-Berater war, die Sache noch irgendwie hinzubiegen. Und was ist aus dem unbekannten SPD-Abgeordneten geworden? Nun ja: Sie kennen ihn vermutlich als den in EU-Fragen ausgesprochen präsenten und weit über Deutschland hinaus geschätzten Martin Schulz, der es inzwischen zum Präsidenten des EU-Parlamentes gebracht hat. Auch dank Berlusconi als Art Karriere-Coach und Medienexperte.

Damit zurück zu Martin Winterkorn. Hätte er auf die hinterhältig platzierte Aussage Ferdinand Piëchs nicht ähnlich geschickt reagieren können? Das hätte – mit der Martin-Schulz-Kommunikations-Technik – zum Beispiel so klingen können:

> „Mein Respekt vor den enormen Leistungen, die Ferdinand Piëch in der Vergangenheit für den VW-Konzern erbracht hat, verbietet es mir, mich dazu zu äußern."

Dazu noch ein paar Hintergrundgespräche mit Redakteuren von deutschen Leitmedien und einige Entscheidungen und Management-Termine (meinetwegen auch nur ein paar Fototermine mit Symbolkraft), die Entschlossenheit und unveränderte Handlungsbereitschaft signalisiert hätten – perfekt! Dann wäre dieser Taktik nach zwei Wochen durch den Rücktritt Piëchs noch ein leckeres Sahnehäubchen aufgesetzt worden und Winterkorn wäre stärker als je zuvor aus der Attacke des 78-jährigen Piëch hervorgegangen.

Deutsche Bank – Doppelspitze nicht doppelt Spitze!

Im Management der Deutschen Bank werden Medientrainer auf der Suche nach prägnanten Beispielen für gute oder weniger gute Krisenkommunikation in der Regel schnell und ohne größeren Aufwand fündig. Egal wo man hinschaut und unabhängig davon, wer gerade in diesem Bankhaus an der Spitze steht: Irgendetwas geht immer. Hilmar Kopper? Peanuts. Rolf Breuer? Kirch-Interview. Josef Ackermann? Victory-Zeichen. Jürgen Fitschen? Im Grunde genommen ist er recht unauffällig aber medial alles andere als in Top-Form.

Gehen wir sie der Reihe nach kurz durch. Hilmar Kopper nannte einen Schaden von 25,56 Millionen Euro durch die Pleite des Betrügers und „Baulöwen" Jürgen Schneider auf einer Pressekonferenz „Peanuts", ungeachtet der Tatsache, dass zahlreiche kleinere Handwerksbetriebe in ihrer Existenz ruiniert worden waren. Immerhin schaffte er es mit „Peanuts" zum „Unwort des Jahres" und nach einer Schamfrist von fünf Jahren zum Anzeigenmotiv der FAZ („Dahinter steckt immer ein kluger Kopf"), wo er auf Bergen von Erdnüssen Platz nehmen durfte.[88]

Rolf Breuer gab dem Spartensender BloombergTV ein Interview über Leo Kirch, das als das teuerste Interview aller Zeiten in die Geschichte eingehen könnte und das nach Jahren immer noch die Gerichte beschäftigte – lange über den Tod von Leo Kirch hinaus. Entgegen der Gepflogenheiten von Bankern, über die Kreditwürdigkeit ihrer Kunden Stillschweigen zu bewahren, stellte Breuer, zwar etwas verschwurbelt, aber immer noch konkret genug für die Finanzwelt die Kreditwürdigkeit Kirchs in Frage:

> „Was alles man darüber lesen und hören kann, ist ja, dass der Finanzsektor nicht bereit ist, auf unveränderter Basis noch weitere Fremd- oder gar Eigenmittel zur Verfügung zu stellen."[89]

Unmittelbar nach diesem Interview begann der wirtschaftliche Abstieg des Kirch-Konzerns. Leo Kirch und seine Nachfolger machen dieses Interview dafür verantwortlich und klagten erfolgreich auf entsprechenden Schadenersatz – 925 Millionen Euro.

Der Schweizer Josef Ackermann an der Spitze der Deutschen Bank lieferte zwar einen ganzen Blumenstrauß denkwürdiger Zitate im Laufe seiner Amtszeit ab, schaffte es aber mit einer einfachen Geste in die Unsterblichkeit. Mit zwei Fingern machte er im Gerichtssaal im sogenannten Mannesmann-Prozess das Victory-Zeichen.[90] Ein Bild, das in den Medien überwiegend auf die Person Ackermanns beschnitten seine Verbreitung fand. Das war unglücklich für Ackermann, denn auf dem Originalfoto wurde deutlich, dass Ackermann in einer heiteren Runde stand, die ebenfalls munter mitlachte. In späteren Aussagen bezog Ackermann seine Geste auf einen anderen Prozess – den gegen Michael Jackson, der das Victory-Zeichen dort gezeigt hatte. Eine Darstellung, die auch vom Fotografen des Schnappschusses Oliver Berg bestätigt wurde. Dennoch: Das auf Ackermann von vielen Medien beschnittene Bild galt von da an als ikonografische Ablichtung des raffgierigen Bankers an sich. Die Original-Bildunterzeile der dpa lautete: „Josef Ackermann scherzt am Mittwoch vor Prozessbeginn im Düsseldorfer Landgericht mit dem ehemaligen Mannesmann-Vorstandsvorsitzenden Klaus Esser". Gut vier Stunden später wurde das Bild auf einen engeren Ausschnitt reduziert erneut an alle dpa-Kunden verschickt. Damit wurde das Bild der „Arroganz der Macht" bundesweit gefestigt. Die SPD nutzte es später auf Postkarten im Wahlkampf sowie in ihrer „Heuschrecken-Kampagne". Mag man darüber sinnieren, ob Ackermann damit Unrecht getan wurde oder nicht – zu Beginn eines Prozesses scherzt man klugerweise einfach nicht mit dieser Art von Gesten. Ohne die Vorlage Ackermanns hätte es auch eine derartige Bildinterpretation nicht geben können. Bei so einem Auftritt vor Gericht muss einem Manager in der Position und vom Kaliber Josef Ackermanns mehr als bewusst sein, dass jede noch so kleine Geste von den Medien analysiert wird. Da scherzt man nicht, sondern zeigt bescheidene Demut oder Zuversicht und Optimismus. So, wie man es mit seinen Verteidigern und Medienberatern zuvor abgestimmt hat.

Andererseits machte Josef Ackermann auch mit kernigen Manager-Sprüchen auf sich aufmerksam, die unter seinesgleichen möglicherweise gut ankommen – deren Verbreitung in der Öffentlichkeit aber seine Distanz zu einem Großteil der Bevölkerung mehr als deutlich machte. So begegnete er Spekulationen, er würde seinen Vertrag vorzeitig beenden, mit der Aussage: „Es macht sehr viel Spaß, in diesen turbulenten Zeiten dieses Kreditinstitut zu führen."[91] So eine Äußerung ist während einer ernsthaften Krise der globalen Finanzmärkte nicht geeignet, Vertrauen in die Akteure der Deutschen Bank zu schaffen. Mit dieser Äußerung wollte Ackermann Zuversicht und Optimismus vermitteln, also ein positives Zeichen geben, erreichte aber das Gegenteil, denn die Aussage unterstrich eher seine Instinktlosigkeit gegenüber der öffentlichen Wahrnehmung. Er hätte es einfach geschickter formulieren müssen, zum Beispiel dass seine Arbeit für die Deutsche Bank eine „interessante Herausforderung, der ich mich täglich mit all meiner Arbeitskraft stelle" ist, oder von „gesellschaftlicher Verantwortung, die ich gerne erfülle" und „finanzpolitischer Kompetenz, die ich mit meinem Team zur Lösung zahlreicher Probleme in den Märkten einbringe" sprechen können. Wenn er daran „Spaß" hat, ist das schön für ihn – aber diese „Theken-Formulierung" gehört nicht in die öffentliche Sprache der Deutschen Bank.

Um die Brisanz einer auf den ersten Blick nur etwas flapsig wirkenden Bemerkung zu erkennen, muss man sie nur einmal auf eine andere Situation übertragen: Nehmen wir an, ein deutscher Verteidigungsminister wird auf den Einsatz deutscher Soldaten in Afghanistan und seine Verantwortung angesprochen und er antwortet: „Es macht mir sehr viel Spaß, in diesen turbulenten Zeiten dieses Ministerium zu führen." Er wäre nach drei Schritten weg vom Fenster: 1. Tag: Erscheinungsdatum seines Zitates, 2. Tag: Terminfindung für den großen Zapfenstreich und 3. Tag: Bekanntgabe des Rücktrittsdatums.

Zurück zu Ackermann und seinem „Spaß": Weit oben, in den Banktürmen des Frankfurter Bankenviertels sieht man die Millionen Arbeitslosen wahrscheinlich nicht so gut und spürt nicht die Furcht der arbeitenden Bevölkerung, mittel- oder kurzfristig dazu zu gehören. Doch genau diesen Menschen muss kommunikativ Vertrauen in die Manager der Banken und nicht das Wissen um deren Spaß an kniffligen Aufgaben vermittelt werden.

Jürgen Fitschen schien nicht weniger der Realität entrückt, als diese ihn einholte: Er griff zum Telefon, als die Staatsanwaltschaft zuschlug. Allerdings telefonierte er nicht nur mit seinen Anwälten, sondern ausgerechnet auch mit dem Ministerpräsidenten des Landes Hessen. Ein Beschwerdeanruf eines Beschuldigten beim Ministerpräsidenten über eine unabhängig agierende Justiz.

Der GAU eines jeden Krisenmanagers. Törichter kann man sich nicht verhalten. Das ist noch ungeschickter, als die Nachricht von Christian Wulff auf der Mailbox von BILD-Chefredakteur Kai Dieckmann. Zumindest jedoch eine völlig Selbstüberschätzung der eigenen Person und Möglichkeiten, wenn man als Vertreter des Großkapitals meint, Politiker würden schon springen, wenn man das will. Das mag hier und da funktionieren, aber nicht, wenn schon die Staatsanwaltschaft die Finger an einer Sache hat. Zumal wenn man bedenkt, dass Politiker dann in der Regel ihre bisherigen Freunde aus den weinseligen Runden der Landespressebälle ganz schnell fallen lassen. So schnell wie einen glühenden Topf, den man mit bloßen Händen vom Feuer holen möchte. Genauso gut hätte Jürgen Fitschen den hessischen Ministerpräsidenten fragen können, ob er gerne seinen Kopf unter eine bereits fallende Guillotine halten möchte. Kein Politiker zieht bei so etwas mit – zumindest nicht in demokratischen Staaten. Es zeigt aber auch, wie realitätsfern Top-Manager zuweilen agieren, wenn sie jeglichen Bezug zu normalen Vorgängen des gesellschaftlichen Alltags verlieren. Michael Bußer, der Pressesprecher des hessischen Ministerpräsidenten Volker Bouffier ließ erwartungsgemäß auch schnell über die Medien verbreiten:

> „Der Ministerpräsident hat klargemacht, dass es staatsanwaltschaftliche Ermittlungen sind, in die er sich nicht einmischen könne."[92]

Damit wird also klar, was Jürgen Fitschen mit seinem Anruf bezweckt hatte: Eine Einflussnahme auf die Justiz zu seinen Gunsten oder zu Gunsten der Deutschen Bank. Sonst hätte Bußer nicht im Namen seines Chefs begründen müssen, dass es sich um staatsanwaltliche Ermittlungen handele, in die der MP sich nicht einmischen *könne*. Reflexartig folgten anschließend die obligatorischen Belehrungen aus den unterschiedlichen politischen Lagern. So erklärten die großen Parteien übereinstimmend: „Niemand steht in Deutschland über dem Rechtsstaat" (CDU) beziehungsweise, dass die Banken „sich im Irrtum [befinden], wenn sie denken, sie stünden oberhalb des Gesetzes" (SPD). Die FDP sekundierte, „jetzt ist die Stunde der Strafverfolgungsbehörden und nicht der Politik" und die LINKE kam sogar zu dem Schluss, es werde „immer klarer, dass die Deutsche Bank Züge einer kriminellen Vereinigung trägt."[93]

Jürgen Fitschen trug mit seiner unüberlegten Aktion die Verantwortung für jede Form der Folgeberichterstattung und Kommentierung seines Verhaltens. Dabei hätte es parteipolitischer Kommentare gar nicht bedurft, denn die Fakten in dem Verfahren sprachen ebenso für sich wie das Verhalten der Justiz. Aber: Fitschens Aktion war ein guter Nährboden, sich auf Kosten der Deutschen Bank und einer ihrer Spitzen-Manager parteipolitisch zu profilieren, denn was sprach dagegen noch eine gute Schlagzeile für die Absicherung des eigenen politischen Marktanteils mitzunehmen? Wäre Fitschen ein Consumer-Brand im Social Web, dann würde man an dieser Stelle sagen: „Er füttert die Trolle, obwohl zur Vermeidung eines Shitstorms die Regel gilt: Niemals die Trolle füttern!" Viele Politiker sind gerne Trolle, die sich füttern lassen. Sehr gerne und medienwirksam kritisieren sie auch die Entscheidungen deutscher Gerichte – immer öfter insbesondere die des Bundesverfassungsgerichts – wenn sie unabhängige Urteile gegen die eigene politische Arbeit fällen.

Aber Jürgen Fitschen und sein Verhalten führten zum Schulterschluss zwischen CDU, SPD, FDP und Linkspartei. Das muss man auch erst einmal schaffen. So groß war eine Koalition selten in der Bundesrepublik Deutschland. Bei der Hauptversammlung der Deutsche Bank-Aktionäre wurden Anshu Jain und Jürgen Fitschen dann mit einer extrem niedrigen Entlastungsquote abgestraft: 61 Prozent sind – wo sonst Werte wie zu DDR-Zeiten für die SED erreicht werden – ein desaströses Ergebnis. Kurze Zeit später warfen die beiden Manager hin. Deutsche Bank-Aufsichtsratschef Paul Achleitner zeigte sich angesichts des angekündigten Rücktritts der Doppelspitze dankbar und offenbar erleichtert in der Öffentlichkeit:

> „Ihre Entscheidung, ihr Amt früher als geplant niederzulegen, zeigt auf eine beeindruckende Weise ihre Einstellung, die Interessen der Bank vor ihre eigenen zu stellen."[94]

Ein absolut vergiftetes Lob, denn die Interessen der Bank waren offenbar alles andere – nur nicht die einer weiteren Zusammenarbeit mit der Doppelspitze. Oder anders herum gefragt: Sollten nicht die Interessen der Führungs-Doppelspitze und die der Deutschen Bank identisch sein, so dass es keiner Unterscheidung bedarf? Dass sich die Zufriedenheit des Aufsichtsrates mit dem Führungsduo schon länger in Grenzen hielt, wurde bereits eher deutlich, als die Nachrichtenagentur Reuters unter Berufung auf die Wirtschaftswoche meldete:

> „Eine Woche vor der Hauptversammlung der Deutschen Bank vermeidet Aufsichtsratschef Paul Achleitner ein klares Bekenntnis zum Führungsduo. Er werde keine Personaldiskussionen führen – weder in die eine noch in die andere Richtung."[95]

Schon bei Amtsantritt waren die Rahmenbedingungen um Führungsstärke zu zeigen für Anshu Jain und Jürgen Fitschen schlecht, installierte die Bank sie doch beide zusammen, um in die Fußstapfen des Platzhirschs Josef Ackermann zu treten. Es mag gute Gründe für eine Doppelspitze einer Bank dieser Größenordnung geben, denn seit Georg von Siemens an der Spitze des Unternehmens (1870–1900) haben die Finanzmärkte ganz andere Anforderungen ans Bank-Management entwickelt. Aber die erste Doppelspitze eines Unternehmens hat es nach einem so präsenten Manager wie Ackermann immer schwer, denn sie muss die Frage aushalten: Es braucht zwei, um einen zu ersetzen? Das schwingt als Schwäche der beiden Nachfolger immer mit.

Fitschen und Jain legten die Messlatte selbst sehr hoch, sprachen beim Amtsantritt von einem Kulturwandel. Das klang nach Aufbruch, es klang danach, alte Verfehlungen klar hinter sich zu lassen und komplett anders zu agieren. Kulturwandel – ein Begriff, der in den Medien vor allem mit dem Deutschen Jürgen Fitschen und nicht mit dem Inder Anshu Jain in Verbindung gebracht wurde. Denn der galt viele Jahre als Zocker der Finanzmärkte. Zu Beginn seiner Amtszeit ließ er sich mit einem Rucksack zum dunklen Anzug ablichten und verbreiten, er sei Vegetarier. Sind vegetarische Banker weniger blutrünstig, als die öffentliche Meinung es allgemein vermuten würde? Steht die Eigenschaft „Vegetarier" schon für einen Kulturwandel? Wohl kaum. Das Schlagwort „Kulturwandel" wurde von den Medien gern aufgenommen, wenn auch recht unterschiedlich. So titelte das Handelsblatt: „Fitschen predigt den Kulturwandel"[96], der SPIEGEL spitzte weiter zu: „Fitschen droht mit Kulturwandel"[97] und der Tagesspiel glaubte: „Banker tun Buße: Fitschen und Jain versprechen Kulturwandel"[98]. Predigen, drohen, büßen – je nach Medium schien jeder etwas Passendes im Kulturwandel zu finden. Ein

Wunder, dass nicht noch jemand mit dem Begriff „Kulturrevolution" kalauerte. Oh Pardon! n-tv hatte ich ganz übersehen: Denn hier wurde die ursprüngliche Schlagzeile „Kulturrevolution bei der Deutschen Bank" online umformuliert in „Deutsche Bank wird bescheiden". Dumm nur, dass das Internet die ursprünglichen Schlagzeilen in den Domain-Namen weiterhin speichert.[99] In einem anderen n-tv-Artikel wurde Fitschen wie folgt zitiert:

> „Wer bei uns arbeitet und diese Werte nicht respektiert, der sollte besser gehen, das haben wir jedem gesagt."[100]

Damit hatte Jürgen Fitschen die Richtung vorgegeben. Und so wirkt die unkommentierte Gegenüberstellung der beiden Zitate:

> Fitschen: „Wer bei uns arbeitet und diese Werte nicht respektiert, der sollte besser gehen, das haben wir jedem gesagt."
> Achleitner: „Ihre Entscheidung, ihr Amt früher als geplant niederzulegen, zeigt auf eine beeindruckende Weise ihre Einstellung, die Interessen der Bank vor ihre eigenen zu stellen."

Das ist der Stoff, aus dem Satire entsteht! Paul Achleitner kann mit seinem „Lob" und „Dank" nur gemeint haben, dass man einen langwierigen Kampf um das Festhalten an im Grunde nicht mehr haltbaren Positionen und Funktionen vermieden hat und den Ausscheidenden dafür dankt, in unruhigen Zeiten nicht noch mehr Durcheinander in den Medien zu verursachen. In der offiziellen Stellungnahme der Deutschen Bank lieferte die Pressemitteilung die zitierfähige, wörtliche Rede Achleitners mit. Darin kam auch eine sich mehr als deutlich unterscheidende Wertschätzung der Arbeit der beiden Manager Fitschen und Jain zum Ausdruck. Und da die Rede Achtleitners auch schriftlich verbreitet wurde, konnte man davon ausgehen, dass jede seiner Aussagen wohlüberlegt und wohlkalkuliert war. Als spontane Äußerung Achleitners zum Beispiel am Rande einer Tagung wären solche Formulierungen nicht so ungewöhnlich und vielleicht sogar verständlich gewesen und würden von mir hier etwas weniger prominent besprochen werden. Aber in einer Pressemitteilung, die vor ihrer Veröffentlichung über die Schreibtische von mehr als zwei Mitarbeitern der Deutschen Bank geht? Über Fitschen sagte Achleitner nach dessen Rücktrittsankündigung:

„Wir sind dankbar, dass Jürgen Fitschen sich bereit erklärt hat, seine bisherige Funktion bis zum Abschluss der [nächsten] Hauptversammlung […] wahrzunehmen, um einen geregelten Übergang sicherzustellen."[101]

Und über Jain:

„Über die letzten beiden Jahrzehnte hinweg hat Anshu Jain einen wichtigen Beitrag geleistet, viele der führenden Geschäftszweige der Bank zu begründen und auszubauen. Ohne seine Leistung hätte die Bank ihre weltweite Führungsposition heute nicht inne oder könnte sie nicht aufrechterhalten. Anshu Jain hat als Führungspersönlichkeit mit dafür gesorgt, die Deutsche Bank in eine global führende, in Deutschland verwurzelte Bank zu entwickeln und hat sich damit einen Platz in der Geschichte der Bank erarbeitet."[102]

Kein Wort über die fast 30 Jahre, die Jürgen Fitschen der Bank die Treue gehalten hat. Und er war darüber hinaus noch derjenige, der im zu diesem Zeitpunkt laufenden Deutsche Bank-Prozess aussagen sollte. Anshu Jain ist also die Führungspersönlichkeit – und Jürgen Fitschen ist man dankbar, dass er noch „seine bisherige Funktion" ausübt bis zum Übergang. Jürgen Fitschen kam in dieser Pressemitteilung nicht zu Wort. Anshu Jain aber schon und sprach – trotzdem er im Prinzip gefeuert war – selbstbewusst über seine Erfolge:

„Diesen Monat sind es 20 Jahre, dass ich für die Deutsche Bank arbeite und es war eine außergewöhnliche Zeit. In den letzten drei Jahren hatte ich das Privileg und die Ehre, diese großartige Institution zusammen mit Jürgen Fitschen zu führen. In dieser Zeit haben wir unsere Kapitalbasis gestärkt, Risiken abgebaut sowie maßgeblich in Technologie, Kontrollen und Compliance investiert. Vor allem haben wir unsere Kunden zufriedengestellt, unsere Erträge erhöht und dabei gleichzeitig die Bank neu geformt und gestärkt. […] Mit der Strategie 2020, die die Bank auf einen erfolgreichen Weg bringt, ist es zu diesem Zeitpunkt die richtige Entscheidung für die Bank und für mich, eine neue Führung zu etablieren. Ich bin sehr dankbar für meine Zeit bei der Deutschen Bank und bin überzeugt, dass die Bank in sehr guten Händen ist und vor einer glänzenden Zukunft steht."[103]

Der Satz „Es ist die richtige Entscheidung für die Bank und für mich, eine neue Führung zu etablieren" machte seinen Nachfolger John Cryan zur Personalie Anshu Jains. So, als ob der Inhaber eines Familienunternehmens einen seiner Söhne auserwählt, den Geist des Patrons aufzunehmen und dessen Ziele für 2020 in seinem Namen zu erreichen. Am Ende hinterließ Jain in der öffentlichen

Meinung noch immer einen ganz guten Eindruck und wurde vom Rücktritt weniger geschwächt als Jürgen Fitschen. Fitschen konnte bei dieser Kommunikation medial nur auf der Strecke bleiben. Während Jain in der offiziellen Sprachregelung weiterhin als Berater für die Bank tätig sein sollte, was letztlich einem sanften Abgang entspricht, sollte Fitschen nur noch bis zur nächsten Hauptversammlung die Stellung halten. Eine harte Zeit – für Jürgen Fitschen und die Deutsche Bank. Schon bei der Hauptversammlung präsentierte sich ein absolut emotionsloser und – trotz der zahlenmäßig sehr guten Ergebnisse – begeisterungsresistenter Jürgen Fitschen, der schließlich auch mit einigen Buh-Rufen und Pfiffen abgestraft wurde. Auf dieser Basis konnte nichts Konstruktives für die Bank-Kommunikation wachsen und auch nicht für Jürgen Fitschen selbst, der schließlich seine eigene Marktpositionierung im Blick haben musste, wenn er nicht für den Rest seines Berufslebens mit dem Deutsche Bank-Prozess in Verbindung gebracht werden wollte. Mit überwiegend gesenktem Haupt, eng ans Redemanuskript geklammert, gestik- und mimikarm sowie hölzern, steif und ohne jegliche Betonung arbeitete er sich bei der Hauptversammlung durch seine sprachliche To-Do-Liste:[104]

> „Wir steuern die Deutsche Bank in die richtige Richtung. Wir haben viele Herausforderungen erfolgreich bewältigt. Und für die noch verbliebenen Herausforderungen ist unsere Strategie klar: Wir sind vom Potenzial der Deutschen Bank überzeugt. Und wir sind fest entschlossen, gemeinsam mit dem gesamten Vorstand, gemeinsam mit allen unseren Kollegen, dieses Potenzial zu heben. Dafür werden wir kämpfen. Deshalb bitten wir Sie weiterhin um ihre Unterstützung. Ich bedanke mich, für Ihre Aufmerksamkeit."[105]

Unter anderem während dieser Passage senkte Fitschen den Kopf, den Blick haltsuchend auf sein Manuskript geheftet, als wüsste er nicht, dass es bei seiner Rede nicht nur um eine sauber artikulierte Textvertonung gehen durfte, sondern auch darum, Emotionen zu wecken und das Publikum hinter sich zu vereinen. Besonders deutlich wurde das beim Satz „Wir sind vom Potenzial der Deutschen Bank überzeugt. Und wir sind fest entschlossen, gemeinsam mit dem gesamten Vorstand […]." Welcher Vorstand muss eine derartige Textpassage in der heutigen medial fokussierten Welt noch ablesen? „Wir sind überzeugt" und

„wir sind fest entschlossen" – wer bei diesen Formulierungen den Blick auf sein Redemanuskript senkt, wird niemals dazu in der Lage sein, Menschen überzeugen und mitreißen zu können. So, wie Fitschen es anpackte, konnte er als Redner nicht ansatzweise charismatisch wirken. Er hatte keine Chance, das Publikum durch seinen steifen Auftritt hinter sich zu vereinen und für gemeinsame Ziele zu begeistern. Gerade gegen Ende einer solch wichtigen Rede muss von einem Mann in der Position Jürgen Fitschens mehr geboten werden. Inhaltlich dagegen ist diese Passage nicht zu beanstanden. Zugegeben: Es ist ein Text, der von der Weihnachtsfeier-Ansprache eines kleinen Mittelständlers bis zum internationalen Weltkonzern funktioniert und absolut austauschbar ist. Aber gerade die einfache Funktionalität einer solchen Textpassage verlangt eine entsprechend mitreißende Präsentation. Ein Redestil wie bei einem Staatsakt ist – auch wenn es die Deutsche Bank ist – nicht hilfreich. Seriosität muss nicht mit „steif" und „emotionslos" übersetzt werden. Auch nicht, wenn man dunkle Anzüge trägt. Mit dieser Art der Präsenz wäre eine Zusammenarbeit über den Rücktritt hinaus wahrscheinlich sowohl für die Deutsche Bank, als auch für den Co-Vorstand-auf-Abruf eine echte Qual geworden.

Anshu Jain dagegen hatte es gut erwischt: Er würde die Deutsche Bank offiziell noch ein wenig beraten. Nach indischer Tradition, in der Arbeitnehmer in finanziell schlechten Zeiten auch einige Zeit kostenlos für ihre Firma arbeiten, verzichtete er auf eine Abfindung oder Fortzahlung seines Gehaltes. Immerhin zehn bis zwölf Millionen Euro, wie erste Medienberichte andeuteten.[106] Im Grunde genommen hätte man Achleitners Rede bereits als eine Übergabe bezeichnen können, die medial etwas aufpoliert wurde, denn John Cryan übernahm bereits weniger als vier Wochen später. Cryan würde nach dem Ausscheiden Fitschens alleine die Bank führen, was diesen definitiv in die Position einer „lame duck" brachte, die irgendwie noch gefüttert werden muss. Es ist in großen Unternehmen ja nichts Ungewöhnliches, einen Mitarbeiter noch etwas mitzuschleppen, für den man kaum noch Verwendung hat. Aber in so einer Position?

Fitschen wird sich selbst nur noch weiter medial schwächen, wenn er auf dieser Position bleibt. Die Medien werden sich auf den neuen, starken Mann an der Spitze der Bank konzentrieren, der aber noch seine Altlast „Fitschen" mit seiner Restlaufzeit irgendwie beschäftigen muss, ohne ihn als Mensch und Manager komplett zu demontieren. Das könnte – in der medialen Wirkung des neuen Top-Managers – auch auf dessen Entscheidungsspielraum wie Kryptonit wirken. Die richtungsweisenden Interviews und Impulse werden von John Cryan gegeben werden – Fitschen bleiben seine Auftritte im Prozess gegen die Deutsche Bank und die Aufarbeitung möglicher Versäumnisse seiner Vorgänger.

Als der Kollege Stefan Kaiser bei SPIEGEL ONLINE über Jürgen Fitschen als „Banker von der traurigen Gestalt"[107] titelte, wäre es für einen Top-Manager, der Top-Manager bleiben, will höchste Zeit gewesen, an seiner Medienstrategie zu arbeiten. Und seine Berater hätten diesen Artikel genauestens analysieren und daraus eine Strategie ableiten müssen, denn SPIEGEL ONLINE dient auch anderen Journalisten als wesentliche Orientierungshilfe. Kaiser schrieb journalistisch und objektiv betrachtet ausgesprochen gut – aber gefährlich für Fitschens mediale Zukunft. Dabei sind es scheinbare Nebensächlichkeiten, die das Bild von Fitschen im Artikel von Stefan Kaiser prägen:

> „Sein Tross schiebt ihn in den Gerichtssaal [...]. Bis Mai nächsten Jahres wird er noch weiter machen, doch dann ist Schluss. Nach fast 30 Jahren bei der Deutschen Bank. [...] Sein Platz ist in der dritten Reihe der Anklagebänke, ganz hinten an der Tür. Vor ihm sitzen seine Vorgänger [...], völlig andere Typen. Großmännisch, charismatisch, eitel. [...] Fitschen dagegen ist in seinem Wesen immer der nette Junge aus dem niedersächsischen Dörfchen Hollenbeck geblieben: bodenständig, pflichtbewusst, vertrauenerweckend. Deshalb hatte man ihn auch an die Seite von Anshu Jain gestellt."[108]

Fakten. Nichts als Fakten. In dieser Kombination aber gefährliche Fakten, wenn Fitschen jemals ein besseres Image bekommen will. Leise erklingt der Paso Doble, die Faena hat begonnen:

> „Fitschen ist zur tragischen Figur in Deutschlands größtem Geldhaus geworden. [...] Er hatte noch als einfacher Vorstand die fragliche Umsatzsteuererklärung 2009 unterschrieben, weil der eigentliche Chef Ackermann gerade nicht im Hause war. Wieder mal Pech gehabt. Irgendwie typisch Fitschen. Auch in den Kirch-Prozess, der nun in München verhandelt wird, ist Fitschen auf eher kuriose Weise hineingeraten. [...] Fitschen nimmt das alles sichtlich mit. Den Kopf an die Wand gelehnt und die Augen halb geschlossen, wartet er darauf, die Fragen der Richter beantworten zu dürfen. [...] Diesmal sollten ihn die Richter eigentlich dazu

befragen, doch der Zeitplan ist durcheinander geraten – und am Ende streiken auch noch die Mikrofone."[109]

Wenn die ersten Artikel in einem derartigen Tenor erscheinen, wird es für die Betroffenen erfahrungsgemäß in den Medien eng und die Luft dünner. Der SPIEGEL ONLINE-Autor Kaiser spickte seinen knapp 700 Worte umfassenden Artikel mit einer ganzen Reihe von Bildern, eines der ersten lautete: „Sein Tross schiebt ihn in den Gerichtssaal".

Bild: Fitschen ist absolut fremdbestimmt und nicht mehr Herr der Lage. Nicht er sagt den anderen, wo es lang geht, sondern man muss ihn gewissermaßen „zum Jagen tragen". Er scheint selbst dafür zu schwach zu sein. Er wird vor Gericht geführt von seinem Stab, als wolle man ihn loswerden oder als ob man einen störrischen, uneinsichtigen Menschen zur Erkenntnis oder zumindest zur Verantwortung zwingen müsse. Etwas drastischer könnte man hier auch das Bild einer Schlacht-Bank zeichnen. Kaiser fuhr fort:

> „Bis Mai nächsten Jahres wird er noch weiter machen, doch dann ist Schluss. Nach fast 30 Jahren bei der Deutschen Bank."

Bild: Es geht um jemanden, der sich noch einmal zusammen nimmt, bis die Kündigungsfrist abgelaufen ist. Ein tapferer Soldat der Bank, der bis zum letzten Atemzug dabei sein möchte. Wenn er auch nicht mehr kämpfen kann, so möchte er doch zumindest bis zur Kapitulation die Fahne schwenken und die Farben seines Regimentes tragen. Er wirkt wie ein Faktotum, dessen Zeit mehr als abgelaufen ist, dem man aber noch sein Gnadenbrot zugesteht. Als später Dank an eine treue Seele für Leistungen von vor langer Zeit.

> „Sein Platz ist in der dritten Reihe der Anklagebänke, ganz hinten an der Tür."

Bild: Noch nicht einmal bei den Angeklagten schafft er es ganz nach vorne. Man platziert den aktuellen Mann an der Spitze der Deutschen Bank „ganz hinten an der Tür" – dort, wo früher in der Schulklasse schon damals immer die Außenseiter sitzen mussten. Die, die zwar irgendwie dazugehörten, aber nicht wirklich Teil der Gemeinschaft waren.

> „Vor ihm sitzen seine Vorgänger [...], völlig andere Typen. Großmännisch, charismatisch, eitel."

Bild: Der Provinzler, die blasse Gestalt. Was waren das doch noch für Zeiten, als die strahlenden Manager sicher auch das eine oder andere finanziell lukrative Ding für die Deutsche Bank einfädelten, für das sie die Grenzen des Gesetzes etwas weiter auslegen mussten. Die schienen noch ein Segen für Journalisten und Medien – vorbei die gute, alte, glanzvolle Zeit, in der die Türme der Banken noch von Herrschern bewohnt waren und nicht von deren Hausmeistern.

> „Fitschen dagegen ist in seinem Wesen immer der nette Junge aus dem niedersächsischen Dörfchen Hollenbeck geblieben: bodenständig, pflichtbewusst, vertrauenerweckend."

Bild: Schrieb SPIEGEL ONLINE hier nun tatsächlich endlich etwas Freundliches über Jürgen Fitschen? Wohl kaum, denn auf den Kontext kommt es an. Es ist so, als ob Sie Ihren Gastgebern, die den ganzen Abend in der Küche geschuftet haben, um Sie mit einem 4-Gänge-Menü zu beeindrucken, als Feedback geben: „Es schmeckt interessant ... außergewöhnlich ... so ganz anders als erwartet." Bodenständig, pflichtbewusst, vertrauenerweckend – das sind auch Eigenschaften, die Verkäufer im Autohaus in ihrer Rollenverteilung spiegeln, damit die Kunden sich in ihnen wiederfinden können. Oder wie Oskar Lafontaine einmal in einem stern-Interview über Helmut Schmidt sagte: „Helmut Schmidt spricht weiter von Pflichtgefühl, Berechenbarkeit, Machbarkeit, Standhaftigkeit. ... Das sind Sekundärtugenden. Ganz präzis gesagt: Damit kann man auch ein KZ betreiben."[110] Kaiser fuhr über den „bodenständigen" Fitschen fort:

> „Deshalb hatte man ihn auch an die Seite von Anshu Jain gestellt."

Bild: Man hat ihn an die Seite von jemandem gestellt. Zur Seite. Also als Nebenfigur des eigentlichen Akteurs. Oder etwas inhaltlicher formuliert: Da Anshu Jain der Ruf des Zockers und des risikoreichen Bankers anhaftete, brauchte es ein moralisches Feigenblatt guter, deutscher Tugenden. Und die verkörperte für die Deutsche Bank der treue, ergebene und pflichtbewusste Jürgen Fitschen. In der Politik würde man diese Figur einen „treuen Parteisoldaten" nennen. Einen, der sich der Fraktionsdisziplin zuverlässig bereits im ersten Test-Wahlgang ergeben hingibt.

> „Fitschen ist zur tragischen Figur in Deutschlands größtem Geldhaus geworden. […] Er hatte noch als einfacher Vorstand die fragliche Umsatzsteuererklärung 2009 unterschrieben, weil der eigentliche Chef Ackermann gerade nicht im Hause war. Wieder mal Pech gehabt. Irgendwie typisch Fitschen. Auch in den Kirch-Prozess, der nun in München verhandelt wird, ist Fitschen auf eher kuriose Weise hineingeraten."

Bild: Fußballtrainer Jürgen Klopp hätte hier den Begriff des „Seuchenvogels" gebraucht – für jemanden, der irgendwie immer das Pech mitbringt und weiterschleppt, wo er auch hinkommt. Hatten wir alle so jemanden nicht auch früher in der Klasse? Einen, der eigentlich nie wirklich etwas angestellt hatte, den es aber immer mit erwischte, wenn es Strafen hagelte? Und wenn man in seiner Nähe war, wurde man gleich mit bestraft?

> „Fitschen nimmt das alles sichtlich mit. Den Kopf an die Wand gelehnt und die Augen halb geschlossen, wartet er darauf, die Fragen der Richter beantworten zu dürfen."

Bild: Fitschen ist ein gebrochener Mann. Ein Schatten seiner selbst. Wenn die Beobachtung des Journalisten Stefan Kaiser tatsächlich zutrifft (und daran ist im Prinzip nicht zu zweifeln), dann zeigte Jürgen Fitschen während des Prozesses also auch noch eine absolut unvorteilhafte Körpersprache, höchstwahrscheinlich weil er schlecht oder gar nicht darauf vorbereitet wurde. Managern, die ihre Entscheidungen ständig von harten Zahlen, Daten, Fakten abhängig machen müssen, fehlt oftmals der Blick für die weichen Faktoren solcher öffentlicher Auftritte. Das ist an und für sich nicht tragisch, denn es ist die Aufgabe ihrer Umgebung, Berater und Stäbe, sie darauf vorzubereiten. Die Manager müssen dabei nur bereit sein, den einen oder anderen Rat ihrer Mitarbeiter anzunehmen. Mehr nicht. Diese weichen Faktoren beeinflussen die Richter in der Regel zwar nur bedingt, spielen für das Begleitkonzert in den Medien aber eine wichtige Rolle. In den USA ist Litigation PR (Öffentlichkeitsarbeit im Rechtsstreit) daher ein spezialisierter Markt in der gewerblichen Kommunikationsberatung. In Deutschland ist es immer noch ein Nischenprodukt, dem von Unternehmerseite noch zu wenig Beachtung geschenkt wird.

Zurück zu Fitschen. Der saß nun also in der letzten Reihe der Anklage, lehnte den Kopf an die Wand und:

> „Diesmal sollten ihn die Richter eigentlich dazu befragen, doch der Zeitplan ist durcheinander geraten – und am Ende streiken auch noch die Mikrofone"

Bild: Niemand hat wirklich Zeit für Jürgen Fitschen – selbst der Richter nicht. Der Richter ist mit seinem Zeitplan durcheinander, aber Manager Fitschen ist nicht wichtig genug, dass man diesen Zeitplan auf ihn zuschneidet und die Technik verweigert auch den Dienst. Ein Mikrofon, das dem Vorstand seinen Dienst verweigert, nimmt ihm die Stimme und den Raum, sich zu erklären oder zumindest zu artikulieren. Das sind Schilderungen wie „sein Fahrer ist schon ohne ihn gefahren" oder „er hat den Schlüssel zu seinem Aktenkoffer vergessen". Manager, hilflos und stimmlos, wenn die Technik versagt. Frei nach dem Motto:„Da bekommen sie nun ein Millionen-Gehalt und sind doch abhängig von einem 200-Euro-Mikrofon!"

Als Medientrainer musste ich bereits Coachies wieder aufbauen, die von solcher Berichterstattung oder einer einzelnen Schlagzeile wirklich angeschlagen waren. Meist waren sie ganz erstaunt, dass ich die betreffenden Artikel dennoch als „journalistisch sehr gut geschrieben" oder „Sternstunde des Journalismus" lobte, bevor wir uns an die Beseitigung der Schäden machten. Man muss dazu sagen, dass die Betroffenen solcher Berichterstattung in der Regel vor allem emotional reagieren und geneigt sind, die Schuld beim Journalisten oder seinem Medium zu suchen. Aber das ist falsch. Die Ursache und die Schuld liegen immer auch in der Steilvorlage, die der Betreffende den Journalisten durch seinen Eindruck vermittelt, den er selbst verursacht hat. Oft verschließen sich die Betroffenen in der Folge gegenüber dem Journalisten oder gar dem ganzen Medium, wodurch der PR-Schaden nur noch größer wird. Wer an einem regnerischen Novembermorgen früh um 7 Uhr mit dem Joggen beginnt, der bringt nicht halb so viel Überwindung auf, wie jemand, der nach einer solchen Berichterstattung den Dialog mit den Journalisten wieder aufnimmt und sich ihren Anwürfen stellt.

Zuweilen liefern Menschen unvorsichtigerweise aber auch ganz konkrete Vorlagen zu einer negativen Berichterstattung. Besonders gefährlich ist hier die unmittelbare Arbeitsumgebung, die sie selbst maßgeblich gestalten – manchmal mit zu vielen persönlichen Details oder unüberlegt platzierten Kuriositäten. Da stand beispielsweise in einer führenden deutschen Insolvenz-Kanzlei inmitten von Devotionalien, die vor allem Geld und Macht ausstrahlen wie zum Beispiel hochwertiger zeitgenössischer Kunst, einem Montblanc-Tintenfass aus Bleikristall für knapp 500 Euro und einem riesigen Eichenholzschreibtisch gedankenlos und taktlos ein Stoffgeier im Regal. Welches Bild soll ein Journalist da von einer Insolvenzverwaltung gewinnen, die sich auf die Fahnen schreibt, bei ihren Entscheidungen menschliche Aspekte der Betroffenen zu würdigen? Überwiegt da nicht der Eindruck, dass das Geschäft mit dem Elend der Anderen vor allem eine lukrative Angelegenheit ist? Andererseits erwarten Vorstände von Unternehmen mit einer bestimmten Größenordnung auch ein ihnen entsprechendes, würdevolles Umfeld. Einem Insolvenzverwalter muss also ein Spagat gelingen: Auf der einen Seite eine renommierte Kanzlei zu präsentieren, aber auf der anderen Seite auch Respekt gegenüber von Insolvenz und persönlicher Haftung bedrohten Unternehmern zu zeigen und nicht einen lustigen Pleitegeier gegenüber dem Besucherplatz am Besprechungstisch zu platzieren.

Der Umgang mit einer Insolvenz ist aber nicht nur unter den Beteiligten schwierig, sondern natürlich in der medialen Kommunikation. Wenn Sie zum Beispiel meinen Namen zusammen mit dem Schlagwort „Insolvenz" im Internet suchen, dann finden Sie eine uralte Geschichte, die mir immer noch unangenehm ist und emotional nachhängt und die damit auch Teil meiner unternehmerischen DNS geworden ist, obwohl weder meine Firma, noch ich persönlich jemals von einer Insolvenz bedroht waren. Der betreffende Artikel ist bereits eine korrigierte Version, nach dem ich gegen den Ursprungstext interveniert hatte. Sie ist damit das Ergebnis aus einem gewissen Anteil von „Flucht nach vorne" und „unmittelbarem Dialog mit den Medien". Ursprünglich stand dort (inhaltlich völlig korrekt), dass zum Netzwerk der betroffenen Holding unter anderem auch eine von mir geleitete Firma gehörte. In einem längeren Telefonat erläuterte ich dem Verfasser die möglichen Folgen für meine Firma und meine Mitarbeiter und er änderte den Text. Das war nötig, obwohl der Autor vorher in seinem Artikel keinen Fehler gemacht hatte: Die größte Firma des Netzwerkes hatte Insolvenzantrag gestellt, die Holding würde wahrscheinlich folgen und zum Netzwerk der Holding gehörten eine Reihe von Agenturen – deren baldige Insolvenz für den aufmerksamen Leser nun nahe lag, auch wenn davon nicht die Rede war. Dieser Eindruck wäre für meine wirtschaftlich zu diesem Zeitpunkt durchaus profitable Firma aber fatal gewesen. Also fügte der Autor auf meinen Hinweis eine entsprechende Passage in seinen Artikel ein:

> „Tom Buschardt [...] teilt unterdessen mit, dass seine Firma nicht von der drohenden Insolvenz der Holding betroffen ist. Diese sei nicht als Mehrheitsgesellschafter an Bord und stelle weder einen Geschäftsführer noch habe sie Einfluss auf das operative Geschäft."[111]

Die Formulierung „diese sei nicht als Mehrheitsgesellschafter an Bord" war ein sprachlicher Kniff von mir. Ich wollte damit bei den Lesern natürlich den Eindruck erwecken, die betroffene Holding sei ein Minderheitsgesellschafter. Das war sie aber nicht, sondern sie hatte genau 50 Prozent der Anteile, wie auch der Journalist durch eine kurze Abfrage der entsprechenden Firmendatenbanken leicht hätte herausfinden können. Diese Formulierung war aber ein wesentliches Element unserer externen Krisenkommunikation, das die interne Krisenkommunikation mit unseren Kunden stützte und verhinderte, dass diese laufende Etats abzogen.

Auch Jürgen Fitschen, der in Kaisers Artikel so gebrochen und machtlos erscheint, hätte durchaus das Potenzial gehabt, das Ansehen der Deutschen Bank und nicht zuletzt sein eigenes Ansehen merklich zu heben. So erklärte er in einem Tagesspiegel-Interview etwa die „Reichen dürfen ihre Augen nicht vor den Sorgen der anderen verschließen" und mahnte im gleichen Atemzug zitierfähig:

> „Irgendwann könnte der Geduldsfaden reißen, wenn die Vermögenden in Zukunft immer mehr verdienen, während zu viele Bürger das Gefühl entwickeln, nicht angemessen teilhaben zu können an dem gemeinsam erwirtschafteten Mehrwert."[112]

Das sind Aussagen in bester sozialdemokratischer Tradition – und das von einem Vertreter des Großkapitals. Eine geschickte Äußerung, die ihre Kraft aus der scheinbar defensiven Art ihrer Formulierung heraus entfaltete. Peter Weiß, Vorsitzender der Arbeitnehmergruppe in der CDU/CSU-Bundestagsfraktion brauchte daher einen Moment, um sich nach kurzer Irritation wieder zu fangen und stellte fest,

> „dass der Chef der Deutschen Bank so redet, ist erstaunlich. […] Aber Fitschen spricht etwas Richtiges an: Deutschland verträgt nicht zu viel Ungleichheit. Sie ist ein Sprengsatz für die Gesellschaft."[113]

Dass sich die Haltung der ganzen Bank in diese Richtung orientierte, mochte Weiß aber dennoch nicht glauben und schob schnell nach, es handle sich bei Fitschens Äußerungen um eine Einzelmeinung. Dem SPD-Linken Carsten Sieling ging Fitschens Äußerung dagegen erwartungsgemäß nicht weit genug nach links:

> „Die Worte von Herrn Fitschen höre ich gerne, noch lieber wäre mir, wenn die Deutsche Bank ihre Millionenboni abbauen sowie Reichen und Vermögenden nicht mehr den Fluchtweg in Steueroasen bereiten würde."

Man kann es eben nicht allen recht machen. Aber solche Äußerungen sind das Kapital, dessen mediale Renditen man später auch als Bankmanager kassieren kann. Das ist Fitschen im Laufe seiner Amtszeit jedoch nicht gelungen, obwohl die Medienresonanz auf diese Aussagen durchaus positiv war. Sätze wie „es lohnt sich für viele Menschen nicht, sich anzustrengen, weil Gehaltserhöhungen von der Steuer aufgefressen werden"[114] sind zwar Klassiker des kapitalistischen Leistungsprinzips, klingen aber auch nach gewerkschaftsnaher Arbeitnehmer-Prosa. Jürgen Fitschen – ein Mann des Spagats? Verbunden mit einer konsequenten Medienstrategie und einer medialen Optimierung der Person Jürgen Fitschens, hätte er deutlich mehr für sich herausholen können, als es letztlich der Fall war. Eine vertane Chance. Für Jürgen Fitschen selbst, aber auch für die Deutsche Bank, deren Image stark von dem ihrer Manager abhängt.

Bundesnachrichtendienst – Konkrete Spekulation

Im Interview darf die Politik Dinge tun, von denen Konzerne besser die Finger lassen sollten: Bei noch unfertiger Faktenlage bereits Spekulationen verbreiten und diese im gleichen Atemzug kommentieren. Treu nach dem Motto: „Hauptsache: Ich bin im Fernsehen!" Einer der gelehrigsten Schüler dieser Antworttechnik ist Vize-Kanzler und Wirtschaftsminister Sigmar Gabriel. In den dunklen Zeiten seiner Karriere war er als Nachfolger von Gerhard Schröder in Niedersachsen nicht erfolgreich. Dann landete er für einige Jahre auf dem Abstellgleis „Beauftragter für Popkultur und Popdiskurs der SPD" und erhielt dafür von den Medien den Spitznamen „Siggi Pop", in Anlehnung an den Punk Iggy Pop von den Stooges. Nach den Untiefen der niedersächsischen Landespolitik konnte er sich aber zwei Jahre später als Bundesumweltminister wieder mehr politisches Gewicht verschaffen. Spätestens als SPD-Vorsitzender entwickelte sich Gabriel durch seinen professionellen Umgang mit Journalisten und einen guten Instinkt für populäre Themen zu einem gewieften Schlagzeilen-Star.

Im „Bericht aus Berlin" der ARD konnte man Sigmar Gabriel als die NSA/BND-Affäre rund um EADS und Eurocopter noch nicht viel Fahrt aufgenommen hatte bei der Antwort auf eine scheinbare Nebenfrage in Bestform erleben: Der vorsorglichen Kommentierung einer selbst kurz zuvor weiterverbreiteten Spekulation. Die Themenschwerpunkte der Sendung waren mit Energiewende, Braunkohle und Klimapolitik klar anders gesetzt und so streifte Moderator Reinald Becker erst gegen Ende der Sendung die sich damals erst anbahnende BND-Affäre. Im gefälligen Plauderton haute Gabriel mit Blick auf die abendliche Sitzung des Koalitionsausschusses (und wohl auch auf den nächsten Bundestagswahlkampf) ein dickes Ding raus:

> „Das Thema wird 'ne große Rolle spielen, denke ich. Insbesondere auch weil – wenn die Vorwürfe, die man jetzt liest, dass die USA quasi den BND eingespannt haben, auch um Wirtschaftsspionage zu machen – wenn sich das als wahr herausstellen sollte, dann wäre es 'ne völlig neue Qualität. Offensichtlich ist es so, dass der BND da sein Eigenleben führt und das muss man beenden."[115]

Und direkt danach:

> „Ich bin in den letzten Jahren vorsichtig geworden, aufgrund von Presseberichten Vorwürfe zu erheben, da kann man schnell merken manchmal, dass es nicht stimmt. Trotzdem: Hier muss es 'ne Aufklärung geben, nicht nur im Ausschuss, auch in der Öffentlichkeit, weil was da passiert ist, ist schon skandalös"[116]

Gabriels Einstieg der „Vorwürfe, die man jetzt liest" war sehr clever. Damit ging er auf Abstand zu den noch unbewiesenen Vorwürfen und bekleckerte sich aus sprachlicher Entfernung nicht die weiße Weste. Durch seine geschickte Wortwahl begab sich Gabriel rhetorisch auf die Informationsebene deutscher Normalbürger, die ihre Informationen aus Sekundärquellen wie den Medien beziehen. Zugleich entfernte er sich durch seine Wortwahl sehr weit vom Zentrum der Macht, in dem er als Vize-Kanzler durchaus seinen Platz am Tisch haben dürfte.

Ein Wirtschaftsminister, der mit dem Verdacht konfrontiert wird, dass ein deutscher Geheimdienst im Auftrag einer anderen Wirtschaftsnation Industriespionage betrieben hat, dürfte doch ein wenig mehr zu bieten haben in einem ARD-Interview oder etwa nicht? Als Zuschauer durfte man daher erwarten, dass Gabriel hier richtig keult, aber diese Erwartung wurde von ihm nicht bedient. Gabriel ging es offenbar weniger um Industriespionage, als um die Tatsache, dass man demnächst gegen den Koalitionspartner wieder in den Wahlkampf ziehen muss, dass die Kanzlerkandidaten-Frage in der SPD zu diesem Zeitpunkt noch offen war und man genau weiß, dass der BND nun einmal vom Kanzleramt und nicht vom Wirtschaftsminister und seinen Mitarbeitern kontrolliert wird. Praktischerweise war auch in der vorherigen Regierung dort die CDU zuständig, was die SPD zunächst in Sicherheit wiegen dürfte, wenn es Gabriel gelänge, seine Partei aus der Schusslinie zu halten.

Ein politischer Ehepartner, der zu seiner Frau Kanzlerin sanft aber bestimmt auf Distanz geht, zieht naturgemäß auch freundlich-interessierte Medien auf sich, was eine aufmerksame und sorgfältige Weiterverbreitung seiner Botschaften garantiert. Doch wird der Vize-Kanzler der Bundesrepublik über derartige Vorfälle etwa nicht genauso exakt informiert, wie die Kanzlerin selbst? Sehr wahrscheinlich. Wir können also davon ausgehen, dass Gabriel umfassender von der Kanzlerin oder ihren Mitarbeitern informiert wurde, als er das in der

Öffentlichkeit darstellte. Spekulation? Kann sein, ist aber unwahrscheinlich. Gabriel griff also aus scheinbarer Distanz die Vorwürfe auf und kommentierte: „Wenn sich das als wahr herausstellen sollte, wäre es eine völlig neue Qualität." Wenn sich der Kommunikationsvorstand eines Dax-Konzerns während eines laufenden Verfahrens öffentlich mit einer solchen Vorverurteilung über seine Vorstandskollegen äußern würde, wäre er sofort freizustellen. Man stelle sich vor, der Geschäftspartner oder Mutterkonzern wären Gegenstand erster Negativ-Meldungen in den Medien und ein Vorstandsmitglied würde mit folgender Aussage vor die Presse treten:

> „Wenn es sich als wahr herausstellen sollte, dass die Konzernmutter ein illegales Steuersparmodell über Jahre genutzt hat, dann wären wir zutiefst enttäuscht."

Das ist beste mediale Vorverurteilung à la M&M: Mediales Meucheln. Schmilzt im Hirn und nicht im Mund! Dabei ist die vorsichtige sprachliche Handhabung von Geheimdienstaktivitäten in Politikerinterviews keine Seltenheit, sondern eher die Regel. So hatte etwa die EU-Innenkommissarin Cecilia Malmström bereits lange Zeit vor dem nachrichtendienstlichen Dream-Team NSA/BND angesichts des Streits um den Zugang der NSA zu den SWIFT-Informationen die Wattebausch-Kanone herausgeholt. Auch sie schickte ihrem Statement eine Spekulation voraus: Wenn es wahr sei,

> „dass sie die Informationen mit anderen Behörden teilen, für andere Zwecke als das Abkommen vorsieht […] müssen wir darüber nachdenken, das Abkommen zu beenden."[117]

Der SPIEGEL bezeichnete diese Aussage, die er wiederum über die Agenturen aus dem schwedischen Programm von Sveriges Radio zitierte, in seiner Überschrift als Drohung, das SWIFT-Abkommen zu beenden. Doch von einer Drohung könnte man nur sprechen, wenn Malmström gesagt hätte „dann beenden wir das SWIFT-Abkommen" oder „dann werden wir das SWIFT-Abkommen beenden (müssen)." Politiker werden in solchen Situationen inzwischen so selten konkret, dass Journalisten bereits die bloße Andeutung eines Nachdenkens für eine echte Handlungsoption halten. Doch Malmström legte sich nicht fest und formulierte neutral, dass man „darüber nachdenken [müsse], das Abkommen zu beenden." Man „denkt darüber nach" – das ist nicht konkret und lässt Spielraum für reichlich Interpretation. Die Politikerin sichert sich mit dieser Formulierung ab: Sie drohte nicht selbst, die Medien schreiben es aber so – also hätte sie es im Zweifel als eine Fehlinterpretation der Medien darstellen können. Ein typischer Politikertrick, der es ihnen offen lässt, entweder tatsächlich ihre – gemeinte – Drohung umzusetzen oder sich, aus welcher Motivation heraus auch immer, wieder anders zu entscheiden und weiterzumachen wie bisher.[118]

In der Politik ergibt das Verhalten, in Interviews möglichst spekulativ zu bewerten, durchaus Sinn, denn die Konzernmutter (hier: Kanzlerin) ist zugleich auch Wettbewerberin und eine große Koalition ist schließlich nicht eine „Fusion unter Gleichen". Sigmar Gabriel setzte mit seiner Antwort bei der ARD einen vergifteten Nadelstich tief in das Fleisch des Koalitionspartners. In solchen Situationen ist es wichtig, von Parteifreunden flankiert zu werden, die in Statements und Interviews für andere Medien ins gleiche Horn stoßen. Das geschieht in Konzernstrukturen gerne über Schwester- und Tochterfirmen oder befreundete Geschäftspartner, mit denen das Unternehmen in einer engen wirtschaftlichen Verbundenheit steht.

Auch Parteifreunde reagieren zuweilen instinktiv richtig, indem sie die Stimmungen der Parteiführung rechtzeitig aufnehmen und die eigenen Aussagen danach ausrichten, oder sich mit der Parteiführung klar abstimmen, oder von dieser sogar instruiert werden. Besondere Talente ahnen die Sichtweisen der Parteiführung bereits voraus und platzieren ihre Interviews in vorauseilendem Gehorsam entsprechend. SPD-Parteichef Sigmar Gabriel konnte sich zum Zeitpunkt seines ARD-Interviews auf einen Unterstützer verlassen, nämlich Christian Flisek, den SPD-Obmann im NSA-Untersuchungsausschuss. Der legte bei SPIEGEL ONLINE drei Tage später nach: „Hier ist die Kanzlerin in der Pflicht, eine eigene Entscheidung zu treffen."[119] Damit ließ Flisek gleich zwei vergifte Pfeile aus dem Köcher: 1) Kann die Kanzlerin denn sonst keine Entscheidungen alleine treffen? und 2) Die Kanzlerin soll dieses Problem selbst ausbaden und den Koalitionspartner SPD aus der Angelegenheit heraushalten. Sehr schön ist deshalb unter diesem Aspekt auch Fliseks Aussage: „Es handelt sich hier womöglich um eine neue Dimension des transatlantischen Vertrauensbruchs."[120] „Transatlantisch" klingt viel dramatischer als „bilateral". Sicher, mit EADS und Eurocopter waren nicht nur deutsche Interessen betroffen, aber es handelte sich bei den Vorwürfen an den BND um den deutschen Nachrichtendienst. Noch befand man sich also in einer bilateralen Auseinandersetzung, wenn auch die europäische Dimension mehr als deutlich herauszulesen war. Flisek sicherte sich darüber hinaus mit einem „womöglich" ab. Das ist ein gutes Wort, um zur eigenen suggerierten Botschaft Distanz aufzubauen. „Womöglich", „sogenannt" oder „anscheinend" ebenso wie „offensichtlich" sind die Vokabeln, die zu einer Phase sich anbahnender Konflikte und Skandale hervorragend passen und gern genutzt werden. Das Geschickte daran ist: Wir trennen so die Fakten-Aussage von einer Meinungs-Aussage. In Deutschland haben wir Meinungsfreiheit – keine Faktenfreiheit. So umschifft man also locker die Klippen des rauen Kommunikationsgeschäftes und die beiden gefährlichen Strömungen „Fakten" und „Meinung". Wer das gut beherrscht, gerät auch in keinen tödlichen Strudel.

Wer aber so formuliert und nur wenig Medientraining-Erfahrung hat, neigt oft auch dazu, „in Anführungszeichen" zu sprechen und dabei mit den beiden Zeige- und Mittelfingern zeitgleich in der Luft „Gänsefüßchen" anzuzeigen. Eine Unart, die von der konkreten Aussage ablenkt und harte Inhalte als weniger relevant erscheinen lässt. Neigen Sie oder Ihre Kollegen dazu, etwa bei Präsentationen Sätze zu formulieren wie: „Wir müssen im Kundenmanagement darauf achten, dass uns unsere Kunden in den sozialen Netzwerken nicht dafür ‚abstrafen' werden", dann entfernen Sie einmal bei „abstrafen" die Anführungszeichen und Sie werden feststellen, dass der Text sofort viel konkreter wirkt. Niemand muss sich dafür „entschuldigen", dass er eine „konkrete Sprache" wählt um besser „rüber zu kommen". – Sie sehen, die „ " sind in der Regel verzichtbar. Sie verändern aber die Wirkung und schwächen somit die eigentliche Aussage ab. Bei der Präsenz vor Mikrofon und Kamera wird die Geste „Gänsefüßchen" schnell als albern und überflüssig – spätestens beim Video-Feedback – auch von demjenigen erkannt, der sie anwendet. Bei Telefon- und Print-Interviews werden solche Gänsefüßchen (jetzt ohne „ " schon viel konkreter!) durch relativierende Begriffe wie *eigentlich, irgendwie, womöglich, offensichtlich, anscheinend, sogenannt* angereichert. Vorausgesetzt, man muss nicht seine Aussage zum Beispiel zur Vermeidung rechtlicher Folgen entsprechend einschränken, sollte man auf derartige Begriffe also tunlichst verzichten. Doch zurück zum Wirtschaftsminister:

> „Ich bin in den letzten Jahren vorsichtig geworden, aufgrund von Presseberichten Vorwürfe zu erheben, da kann man schnell merken manchmal, dass es nicht stimmt."

Ein weiser Mann, der Herr Vize-Kanzler. Er sicherte sich ab, indem er Altbekanntes für seine Zuschauer aufwärmte. Er holte sich ihre unbewusste Zustimmung ab und hatte doch nur wenige Sekunden vorher genau das Gegenteil von dem getan, was er hier sagte, nämlich vorsichtig zu sein. Darüber hinaus verwendete er das Wort „manchmal" in Bezug auf seinen Vorwurf falscher Presseberichte. Damit relativierte er diesen Vorwurf an die Presse und machte ihn weniger dramatisch. „Manchmal". Dem wird jeder Journalist beipflichten können. Kommt ja schließlich schon ab und zu vor. Fällt das „manchmal" aber weg, wäre der Vorwurf an die Presse zu stark wahrgenommen worden, was nicht im Interesse Sigmar Gabriels liegen konnte. Natürlich konnte Gabriel beim Zuschauer punkten, als er sich mit „Vorwürfen" „aufgrund von Presseberichten" „vorsichtig" gab. Damit schaffte noch einmal Distanz zu dem Medium, in dem er sich gerade befand – sorgte aber auch dafür, dass er eine sichere Rückzugsposition hat. Hätte Gabriel als nächstes von der Natur „Atemluft für Lebewesen" gefordert, wäre diese Forderung genau so originell und einzigartig wie sein anschließender Satz gewesen:

> „Trotzdem: Hier muss es 'ne Aufklärung geben, nicht nur im Ausschuss, auch in der Öffentlichkeit, weil was da passiert ist, ist schon skandalös"

Wie er eingangs schon bemerkt hatte, hat die Aufklärung der Öffentlichkeit Dank der Medien bereits begonnen („Vorwürfe, die man jetzt liest"). Mit dem Nachsatz „was da passiert ist, ist schon skandalös" nahm er sich das Recht heraus, einen Missstand bereits als Skandal zu bewerten. Die Erfahrung mit ähnlichen Ereignissen der Geheimdienste aus der Vergangenheit lässt den Schluss zu, dass er damit richtig liegen wird.

Griechenland – Arm aber sonnig!

Bei der Beschäftigung mit der Finanzkrise in Europa und vor allem in Griechenland könnte man sich an einem einzigen Zitat in unendlichen Varianten abarbeiten: „Die letzte Chance", „die wirklich letzte Chance", „die allerletzte Chance", „die allerletzteste Chance", „die aller-allerletzteste Chance" für das EU-Rettungspaket oder die Zahlungen an IWF oder EZB. Und jeder Politiker aus jeder Partei hat den Satz „Griechenland muss jetzt seine Hausaufgaben machen" in jeder auch nur erdenklichen Variante gesagt. Das wäre mühselig, langweilig und am Ende würde nicht viel mehr dabei herauskommen außer dem internationalen Neuzugang in unser aller Wortschatz: „Grexit." Deshalb möchte ich Ihre Aufmerksamkeit auf das kleine, unscheinbare Wort „Troika" lenken, dass plötzlich und unaufgeregt aus der Berichterstattung verschwand, und dennoch keine unbedeutende Sprachkorrektur war.

Ursprünglich bezeichnet der Begriff „Troika" ein Fuhrwerk, vor das drei Pferde gespannt werden, die mit vier einzelnen Leinen geführt werden. Zwei für das Pferd in der Mitte, und jeweils eine Leine zum Trensenring der Außenpferde. Gelenkt wird das Gespann – das finde ich als Nicht-Pferdeexperte besonders bemerkenswert – ausschließlich über das mittlere Pferd. Die beiden äußeren Tiere folgen dann dem Mittleren. Bleibt man noch für einen kurzen Augenblick bei diesem Bild, dann kommt es natürlich darauf an, wer hinten auf dem Fuhrwerk die Zügel in der Hand hat – demnach würde die Troika ja von einem vierten Lebewesen gesteuert und das mittlere Pferd wäre für die Richtung entscheidend, während die beiden äußeren nur Mitläufer sind. Je genauer man sich also das Bild „Troika" anschaut, desto unsauberer wird es. Aber alles, was aus drei handelnden Personen besteht, wird schnell als Troika bezeichnet. In Deutschland hatten wir so eine Kombination aus drei Sozialdemokraten in den 1970er Jahren. Damals waren es Willy Brandt, Herbert Wehner und Helmut Schmidt. An den Erfolg dieser drei überdurchschnittlichen Politiker versuchte die Kombination Oskar Lafontaine, Gerhard Schröder und Rudolf Scharping in den 1990er Jahren anzuschließen und – was es dann fast völlig verwässerte – später noch einmal die Kombination Peer Steinbrück, Sigmar Gabriel und Frank-Walter Steinmeier.

Dabei müsste eine derartige Konstellation eher Triumvirat als Troika heißen – aber Triumvirat war dann vermutlich doch etwas zu wortgewaltig.

Man kann noch unzählige weitere Beispiele hier aufführen, aber das würde uns Griechenland nicht näher bringen. Also konzentriere ich mich auf die Dreierkonstellation (also: Troika) aus Europäischer Zentralbank (EZB), Europäischer Kommission und Internationalem Währungsfonds (IWF). Der Begriff „Troika" war griffig und verbreitete sich schnell. In journalistischen Berichten wurde nach einiger Zeit schon gar nicht mehr gesondert auf EU-Kommission, EZB und IWF verwiesen. Man ging inzwischen davon aus, dass der Begriff der „Troika" von den Menschen gelernt worden war und als Synonym für diese Institutionen verstanden wurde. Dann gewann Alexis Tsipras die Wahlen in Griechenland und wurde Ministerpräsident. Mit ihm und seinem Finanzminister Yanis Varoufakis, einem Wirtschaftswissenschaftler, kehrte ein komplett neuer Stil in die europäische Politik ein. Es sollte vorbei sein mit dem Finanzdiktat der „Troika" und den Einschränkungen, die Griechenland als Schuldner auferlegt worden waren. Zunächst musste dafür der Begriff der „Troika" weg, der auch in den griechischen Medien und bei den Demonstrationen auf den Straßen des Landes zu einem Hassbegriff geworden war, der den Menschen scheinbar Elend und Not einbrachte.

Politik setzt oftmals auf symbolträchtige Handlungen. Dazu gehört, dass man versucht bestimmte Begriffe zu prägen oder sie aus der Öffentlichkeit zu verbannen. Journalisten sind da nicht viel besser. So gab es eine Anweisung des Nachrichtenchefs der Agentur Reuters, dass man den Begriff „Terrorist" zu vermeiden habe in der Berichterstattung. Eine Nachrichtenmeldung ist auch eine Ware, die verkauft wird an die Abonnenten von Reuters. Aber der Terrorist des einen ist der Freiheitskämpfer des anderen und wenn eine Nachrichtenmeldung für beide Seiten ohne umgeschrieben werden zu müssen funktionieren soll, dann nennt man diese Menschen künftig „Attentäter". Das ist neutral und funktioniert. Während des Jugoslawien-Krieges, der kein Krieg war, sondern eine militärische Auseinandersetzung, weil niemand dem anderen den „Krieg erklärt" hatte, wie das zu Zeiten des Zweiten Weltkrieges noch üblich war, diskutierten wir in der Zeitfunk-Redaktion der Deutschen Welle wie wir mit der Befreiungsarmee des

Kosovo UCK umgehen sollten. Je nach Stand unserer Berichterstattung und der öffentlichen Meinung in Deutschland waren es Rebellen, Verbündete der NATO oder später eine illegale Miliz. Bei uns Journalisten verändert die Weltsicht auch unsere Sprache. Warum also nicht zunächst einmal der „Troika" sprachlich den Garaus machen?

Sie haben sich vermutlich längst daran erinnert: Inzwischen heißen EZB, EU-Kommission und IWF „Die Institutionen". Man mag darüber schmunzeln und es als Petitesse abtun, aber es war ein erster, nicht unwichtiger symbolischer Erfolg der griechischen Regierung, den verhassten Begriff der „Troika" in ganz Europa aus der freien (!) Berichterstattung herauszubekommen. Auch wenn aus diplomatischen Kreisen in Brüssel noch scherzhaft kolportiert wurde, man könne es auch „Tifkat" nennen („The Institutions Formerly Known As Troika"), was bei dem Popstar mit dem bürgerlichen Namen Prince Rogers Nelson und seinem geänderten Künstlernamen „Tafkap", „The Artist Formerly Known As Prince", schließlich auch schon einmal funktioniert habe. Der Sprachsieg für die Regierungsmannschaft von Alexis Tsipras wurde durch Martin Jäger, Sprecher von Bundesfinanzminister Wolfgang Schäuble, dennoch in Deutschland amtlich:

> „Wir nennen die ‚Troika' aus Rücksicht auf unsere griechischen Freunde neuerdings nicht mehr ‚Troika', sondern ‚Die Institutionen'."[121]

Schön. Wir nennen in einigen Städten mit Rücksicht auf religiöse Gefühle anderer auch „St. Martin" neuerdings „Laternenfest". Aber bei der Umtaufe von „Troika" hätte uns schon ein Lichtlein aufgehen müssen. Eine Sprachwahl, auf die die Medien schließlich auch einschwenkten, denn andernfalls hätten sie ein Problem gehabt: Wenn einige nicht mehr über die „Troika", sondern „Die Institutionen" berichtet hätten, wäre ein Durcheinander bei den Agenturmeldungen und auch Medienkonsumenten entstanden, die nach einer gewissen Zeitspanne nicht mehr gewusst hätten, ob die Medien nun das selbe meinen, wenn die einen von der „Troika" und die anderen von „Den Institutionen" sprechen. Darüber hinaus würden die Original-Töne von Politikern in den elektronischen Medien den Begriff „Institutionen" beinhalten, während die Reporter von der „Troika" sprechen würden. Da kann man als funktionales Medium gar nicht anders, als sich dieser Sprachwahl anzuschließen, will man langfristig von seinen Zuhörern und Zuschauern noch verstanden werden. Während wir das Sprachdiktat der Griechen hierzulande als linguistische Albernheit abtaten (hatten die Griechen doch offenbar ganz andere Sorgen zu bekämpfen), konnte Tsipras diese Sprachkosmetik bei der Kommunikation mit den Griechen gut nutzen. Er sprach während eines EU-Gipfels ernsthaft davon, dass die Troika „nicht mehr existiert". Im Grunde genommen war natürlich nur das Wort ausgetauscht worden – aber mit einem rhetorischen Trick suggerierte Tsipras seinen Landsleuten den ersten Erfolg in Brüssel: Die Troika ist abgeschafft! Sein Finanzminister Varoufakis legte in einem Interview mit dem griechischen Radiosender Real FM noch einmal nach. Hier wurde deutlich, wie wichtig die Begriffsänderung für die Regierung in Athen war – denn sie konnte daraus das Material für innenpolitisch relevante Argumentationsketten ziehen. Der deutsche Nachrichtensender n-tv berief sich in seiner Berichterstattung auf eine englische Übersetzung des auf Griechisch geführten Interviews und zitierte in einer redaktionell bearbeiteten Fassung:

> „Das Memorandum sei ‚eine Serie von Bedingungen und Kriterien, die erfüllt werden mussten', sagte Varoufakis. ‚Diese Kriterien gibt es nicht mehr!' Auch die Troika sei keineswegs nur in ‚Institutionen' umbenannt, sondern abgeschafft worden. ‚Es gibt die EZB, es gibt die Europäische Kommission, und es gibt den IWF.' Griechenland sei Mitglied in all diesen Institutionen und werde daher weiter Beziehungen zu ihnen haben. Die Troika seien die Technokraten, die in den Augen der Griechen wie eine ‚Gang' nach Athen gekommen seien und in den Ministerien ein Sparprogramm durchgesetzt hätten, das eine Katastrophe für die griechische Wirtschaft und den griechischen Mittelstand gewesen sei, so Varoufakis. ‚Dies gibt es nicht mehr.'"[122]

Diese Aussage von Varoufakis zeigte auch, dass man sich die drei Institutionen künftig getrennt vornehmen wollte in den Verhandlungen. Die Troika war *ein* monolithisches Gebilde, die drei Institutionen sind voneinander getrennt – jede ist für sich genommen einzeln vorhanden. So veränderte die griechische Regierung nicht nur die Wahrnehmung des Konstruktes in der Bevölkerung, sondern sie suggerierte auch, dass man nun nicht mehr einen starken, sondern drei schwächere Gegner vor sich habe, die man gegeneinander ausspielen könne. Christian Scholz, Professor für Betriebswirtschaftslehre an der Universität des Saarlandes, schrieb in einem vielbeachteten Gastbeitrag für das manager magazin:

> „[…] Varoufakis' Idee besteht nur aus zwei Bausteinen, die zwar nicht neu sind, aber trotzdem von vielen Politikern als Nicht-Ökonomen nicht verstanden werden: Der eine Baustein ist die auf Michael Porter […] zurückgehende Marktaustrittsbarriere. Danach muss man immer dafür sorgen, dass die Kosten des Gegenspielers so hoch werden, dass er sich nicht (mehr) zurückziehen kann und damit erpressbar wird. […] Der andere Baustein stammt aus der Spieltheorie. Hier beschränkt sich Varoufakis aber nicht auf Trivialmodelle wie das Feigling-Spiel, bei dem es darum geht, wer mit welchen Konsequenzen als erster aus dem Duell aussteigt. Es geht Varoufakis auch nicht nur darum, auf dem Spielfeld in mehreren Zügen zu denken (bereits damit wäre er weiter als die meisten Politiker und viele Spieltheoretiker). Nein, er plant mehrere Züge auf mehreren unterschiedlichen Spielfeldern hintereinander: Während seine Gegner noch glauben, man würde Poker spielen, schaltet er um auf Bridge und denkt schon über Canasta nach."[123]

Sprachlich war die europaweite Umfirmierung der „Troika" zu den „Institutionen" mit Sicherheit einer dieser Spielzüge. Ein scheinbar unbedeutender und finanztechnisch sicher nicht einer der wichtigsten Züge der griechischen Regierung. Aber ein nettes und effektives psychologisch-strategisches Beiwerk, das zumindest in der kommunikativen Wahrnehmung der griechischen Finanzkrise strategisch gut platziert war.

Wie ich im FIFA-Kapitel bereits schrieb: Auch hier gilt es abzuwägen, ob die Unternehmensstrategie richtig war. Im Falle Griechenlands deutet alles darauf hin, dass die politische Unternehmensstrategie der Griechen falsch war – aber die Kommunikationsstrategie dazu war absolut richtig und professionell genutzt. Auch wenn sich an vielen Stellen über die widersprüchlichen Aussagen der Regierungsvertreter in den Medien ausgelassen wurde. Die Griechen brauchen zwar das Geld von IWF und der EZB – aber die griechische Regierung muss ihren „Marktanteil" bei der Bevölkerung *in* Griechenland festigen und ausbauen. Für eine Politik, bei der symbolische Handlungen schon als Erfolge verbucht werden können, ist das ein ungeheurer Aufschwung und Motivation, noch etwas weiter zu gehen. Wenn es doch schon so leicht ist, den Regierungen Europas das Vokabelheft umzuschreiben, dann muss da doch noch mehr möglich sein. Das „Nein" der griechischen Bevölkerung zum Vorschlag der „Institutionen" erreichte die Regierung bereits mit überwältigender Mehrheit und zum Schock aller Finanzpolitiker in Europa. Bis zu diesem Zeitpunkt ging die Rechnung auf jeden Fall nach dem Kalkül der Griechen auf.

Und sonst? In deutschen Medien jedenfalls ist die „Troika" zurückgekehrt. Die Griechen haben es wenigstens versucht und für einen Moment sah es danach aus, dass es ihnen gelingen würde, die „Troika" aus den Medien zu vertreiben.

Bahnstreik – Kommunikation Zug um Zug

Während eines Arbeitskampfes liegen zuweilen die Nerven der Beteiligten blank. Auch die Wortwahl der Auseinandersetzung lässt Rückschlüsse auf die Taktik zu. Zugleich müssen die Statements der Tarifgegner die Stereotypen der Kommunikation verlässlich bedienen. Ein Arbeitskampf – vor allem bei einem öffentlichen Verkehrsmittel wie der Bahn – kann nur mit Hilfe der Medien entschieden werden. Folglich tauschen die beteiligten Akteure in ihrer Auseinandersetzung nicht nur Positionen und Sachargumente aus, sondern versuchen auch deren Darstellung in der Öffentlichkeit möglichst in ihrem Sinne zu beeinflussen.

Das Unternehmen scheut hier in der Regel zunächst die öffentliche Debatte, weil es im Prinzip an seinem Geld festhält und den Gewinn maximieren will. Damit steht es im Gegensatz zu all seinen Kunden, von denen die meisten auch Arbeitnehmer sind und gerne etwas mehr Geld in der Tasche hätten. Zugleich sind es aber auch diese Kunden, die für mehr Gehalt bei den Lokführern nicht unbedingt mehr Geld für ein Bahnticket ausgeben wollen. Dagegen kann die Gewerkschaft nur über die Öffentlichkeit ihre Ziele erreichen. Sie braucht den Druck der Straße, die Solidarität der Öffentlichkeit. Die Bahn aber lebt auch von ihrem Image und der Akzeptanz ihrer Dienstleistungen in der Öffentlichkeit. Nur mit möglichst vielen Kunden kann die Bahn als Unternehmen erfolgreich sein. Sie braucht daher ebenfalls die Sympathien der Menschen in Deutschland. Das schlechtere Los hatte in diesem Falle die GDL – denn sie brauchte zur Durchsetzung ihrer Forderungen die Solidarität der geschädigten Bahnkunden. Eine schwierige Situation, die – je länger der Streik dauerte – für die Gewerkschaft immer schwieriger wurde.

Das ist bei den Streiks der Kita-Angestellten einfacher. Die Eltern als Geschädigte können sich abwechselnd in Elterngruppen zusammenschließen, oder die Großeltern übernehmen für ein paar Tage die Kleinen. Ferner werden Eltern immer bestätigen, dass Kinder anstrengend sind. Und sie werden deswegen auch gerne bestätigen, dass engagierte Erzieherinnen und Erzieher in deutschen Kitas mehr Geld verdienen sollten. Warum vergleiche ich hier Äpfel mit Birnen? Weil beide Streiks zur gleichen Zeit stattfanden, in der Berichterstattung aber komplett anders dargestellt wurden. Denn: Es mögen zwar viele Menschen in Deutschland auch Eltern von Kleinkindern sein – aber auf meinem Weg zur Arbeit stehe ich nicht stundenlang im Stau, nur weil in Nordrhein-Westfalen die Kindertagesstätten geschlossen bleiben. *Meine* Geschäftstermine fanden trotz Bahnstreik pünktlich statt – wohl auch, weil ich aufgrund meiner beruflichen Tätigkeit und zahlreichen Koffern mit TV-Equipment im Gepäck, ein Anhänger des Individualverkehrs bin. Ich muss nur etwas früher losfahren, ein anspruchsvolles Radioprogramm auswählen und den Thermobehälter mit einer ausreichenden Menge Kaffee füllen. Fertig, Problem erledigt. Für viele (Geschäfts-)Reisende sah das allerdings anders aus. Während des Bahnstreiks waren sehr viele Menschen in Deutschland betroffen – Pendler und Bahnreisende, deren Züge ausfielen; Autofahrer, die im Stau stecken blieben; Veranstalter, die Konzerte, Tagungen und Messen ausfallen lassen mussten, weil sie nicht mehr erreichbar waren ... Die Aufzählung ließe sich noch lange fortsetzen. Am Ende war ganz Deutschland nur noch genervt von den ständigen Querelen zwischen Bahn und GDL – einer Sparten-Gewerkschaft, die verglichen mit der IG Metall beispielsweise nur sehr niedrige Mitgliederzahlen vorweisen kann. Bei dieser Gelegenheit: Die Medien waren auch genervt. Aber nur, weil ihnen nichts mehr einfiel, wie sie täglich dieselbe Geschichte auf immer neue Art und Weise erzählen sollten. Die Menschen kamen zu spät zur Arbeit – aber die Medien standen unter dem Druck, dies für ihre „Kunden" auch abbilden zu müssen. Vermutlich hat dies bei dem einen oder anderen Redakteur irgendwann auch zu einer persönlichen Abneigung gegen Claus Weselsky geführt. Und das schlägt sich dann auch in der Berichterstattung nieder.

Die Streiktechnik der GDL – mit möglichst wenigen Streikenden eine möglichst große Zahl von Menschen zu treffen – wurde schon vor Jahrzehnten während der ersten Streiks in den Zuliefererbetrieben der Automobilindustrie erfolgreich von den Gewerkschaften eingesetzt. Dennoch wurde dieser eigentlich ganz normale tarifpolitische Vorgang – ein Arbeitskampf – im Fall von GDL und Bahn in der Öffentlichkeit letztlich zu einer persönlichen Auseinandersetzung zwischen Rüdiger Grube und Claus Weselsky. Weselsky, ehemaliger Lokomotivführer und Rüdiger Grube, Vorstandschef eines Unternehmens mit 300.000 Mitarbeitern und 30 Milliarden Euro Umsatz – da prallten auch kommunikationstechnisch zwei Welten aufeinander. Das wurde medial noch begünstigt durch die geschliffene Rhetorik Rüdiger Grubes im Kontrast zu dem sächselnden Claus Weselsky. Doch dazu später mehr. Am Ende des Arbeitskampfes hatte sich die mediale Stimmung gegen Claus Weselsky jedenfalls auf einem Niveau eingependelt, das dem Journalismus in Deutschland durchaus zur Schande gereichte und wirklich einer öffentlichen Diskussion bedarf – vor allem aber einer kritischen Reflexion über den Umgang mit öffentlichen Personen. Oder wie es Journalisten unterscheiden: Über den Umgang mit „relativen Personen der Zeitgeschichte"[124] und „absoluten Personen der Zeitgeschichte".[125]

Deutschland stand still – das war die Wahrnehmung in der Öffentlichkeit, obwohl Autos und Busse fuhren, einige Züge wohl auch und der Flugverkehr zu diesem Zeitpunkt nicht eingeschränkt war. Natürlich entstand ein volkswirtschaftlicher Schaden durch den Streik: Pendler kamen zu spät zur Arbeit, Waren wurden verspätet ausgeliefert und auch die Bahn verkaufte weniger Tickets in dieser Zeit. Ob es sich für das Ergebnis, das die Schlichter dann letztlich erzielten, gelohnt hat, ist nicht an dieser Stelle zu bewerten. Hier geht es lediglich um die mediale Wahrnehmung des Streiks und seiner Akteure, und wie diese Akteure in der Öffentlichkeit agiert haben. Die Rolle der Medien bediente allerdings auch eine Kunden-Beziehung: Denn es waren ihre Leser, Zuschauer, Zuhörer und User, die jeden Tag auf den Bahnsteigen warteten und berufliche wie private Nachteile in Kauf nehmen mussten. Und diese Kunden wollten sich in den Medien entsprechend wiederfinden. Und diese Berücksichtigung der Empfindungen der Leser, Zuhörer und Zuschauer nahm – nicht zuletzt auch befeuert durch drastische Postings in den sogenannten sozialen Netzwerken, die in solchen Zeiten alles andere als „sozial" sind – eine drastische emotionale Wende.

Erwartungsgemäß setzte sich BILD als Rächerin der Geschädigten versuchsweise an die Spitze der Bewegung, forderte die Deutschen auf: „Geigen Sie dem Gewerkschafts-Boss die Meinung" und veröffentlichte dazu seine Telefonnummer.[126] Insgeheim muss man der BILD fast schon Originalität bescheinigen, denn sie verfasste dazu die Headline: „Der Größen-Bahnsinnige". Das war schon irgendwie witzig – aber keineswegs fair gegenüber Weselsky. Sind derartige Schlagzeilen erst einmal in der Welt, wird es in der Regel eng für den Betroffenen. Wenn es ihm dann nicht gelingt, die BILD zu isolieren und den Rest der Medien gegen das Schmuddelkind des Boulevardjournalismus hinter sich zu bringen, ist der Kampf schon verloren. Denn die BILD ist ein Leitmedium und andere Medien neigen oft dazu, sich dem Tenor ihrer Berichterstattung anzuschließen. So auch hier – einen Tag später zogen andere Boulevardmedien nach:

„Jetzt dreht er völlig durch!"[127](Hamburger Morgenpost)
„Dieser Betonkopf vermasselt uns die Mauer-Party"[128] (Berliner Kurier)

Auf der Titelseite der B.Z. sprang die Leser die Aufforderung an: „Wenn Sie Fragen oder Probleme haben, rufen Sie doch GDL-Chef Weselsky an: [es folgte seine Büronummer]".[129] Kommen wir zurück zur BILD. In einem weiteren Artikel legte sie nach:

„Er hat es ja nicht leicht: Oberlippenbart eines Karusselbremsers, Sachse und dann auch noch Chef einer Mini-Gewerkschaft, die alles lahmlegen kann – und davon ausführlich Gebrauch macht. Viel mehr kann nicht schiefgehen, wenn man in Deutschland Sympathieträger werden will."[130]

Tobias Rüther, stellvertretender Feuilleton-Ressortleiter der FAZ hat sich einmal die Mühe gemacht, die schlimmsten Auswüchse der Berichterstattung für die Frankfurter Allgemeine Sonntagszeitung zu sammeln. Hier einige Auszüge:

„'Irrlichternd bewegt sich Claus Weselsky durch die Welt, die für ihn eine Bühne ist – bei seinen öffentlichen Auftritten immer mehr ähnelnd jenem ‚großen Diktator' aus Charlie Chaplins Schwarzweißfilm – und riesigem Erfolg aus dem Jahre 1940. Irgendwie zum Lachen, aber bitter, sehr bitter. Verwurzelt ist der Chef der Loklenkergewerkschaft GDL natürlich nicht in der ersten Hälfte des 20. Jahrhunderts, sondern eher in den östlichen sechziger oder siebziger Jahren desselben. Was es damals an Streikrecht in der DDR nicht gab (brauchte ja auch keiner im Arbeiterparadies), will der Dresdner nun mit Gewalt nachholen. Wozu hat er all die politischen Seminare gemacht und die Kampfkraft der proletarischen Massen studiert? Da müsste doch nun im Westen mal mindestens der Ehrentitel des Größten Lokführers aller Zeiten herausspringen.' (Börse am Sonntag)"[131]

Damit war die Börse am Sonntag hart an der Grenze des guten Geschmacks – oder eigentlich schon darüber hinaus: Charlie Chaplin parodierte im „Großen

Diktator" Adolf Hitler und der Begriff „Größter Führer aller Zeiten" (Gröfaz), wurde nach der Schlacht bei Stalingrad als Spottname für Adolf Hitler genutzt.[132]

> „,Das System Weselsky: Mit vier Methoden knechtet der Bahn-Erpresser seine GDL' (Focus Online)"[133]

Der Begriff „Bahn-Erpresser" war keineswegs charmant gemeint, wie man es vielleicht mit einem Vergleich zu dem Karstadt-Erpresser „Dagobert" meinen könnte. Es handelte sich bei dem Original-Bahn-Erpresser um einen früheren Schlosser, der nach dreijähriger Fahndung gefasst werden konnte. Er hatte mit Anschlägen vom Ausmaß des ICE-Unglücks von Eschede mit 101 Toten gedroht.

> „,Ja, GDL-Chef Claus Weselsky ist in der Außendarstellung eine ziemliche Katastrophe. Wenn es darum geht, für die eigene Sache zu werben, ist Weselsky mit seinem beharrenden, sächsischen Funktionärssprech ungefähr so gut geeignet wie eine Pegida-Demonstration für die Völkerverständigung oder der Nordkoreaner Kim Jong Un für internationales Miteinander.' (tagesschau.de)"[134]

Weselsky spaltete die öffentliche Meinung in Deutschland. Der Pegida-Vergleich zur Völkerverständigung ist schon geschmacklos, mag aber noch durchgehen. Aber ein nordkoreanischer Diktator? Nur zur Erinnerung, mit wem der GDL-Chef hier verglichen wurde: Kim Jong Un hat zum Beispiel seinen Verteidigungsminister hinrichten lassen, weil dieser in Anwesenheit des Diktator eingeschlafen war. Muss man einen Gewerkschafter auf diese Art und Weise diffamieren?

> „,Der Mann hat es geschafft, innerhalb weniger Monate einen Sympathiewert zu erreichen, der irgendwo zwischen Darth Vader und dem griechischen Finanzminister pendelt. Sollte es seine Mission sein, als unbeliebtester Deutscher des neuen Jahrtausends prämiert zu werden, kommt der Mann mit dem sächsischen Dialekt gut voran. Es steckt eben eine Menge Esel in Weselsky. Ich wünsche ihm, dass er bald abgesetzt wird und nur noch daheim mit seiner Lego-Lok Streik spielen kann.' (Hamburger Morgenpost)"[135]

Die Anspielung auf Weselskys „sächsischen Dialekt" sollte beleidigend wirken und das Bild des dummen Ossis heraufbeschwören. Ein billiger Versuch auf Kosten einer Bevölkerungsgruppe einen Menschen zu diskreditieren. Hätte die Hamburger Morgenpost den Bezug zum „Esel" und den sächsischen Dialekt weggelassen, hätte das Zitat gerade noch als harte Kritik an der Person Claus Weselskys durchgehen können.

> „,GdL-Chef Claus Weselsky ist nicht einfach nur der Buhmann. Der Mann hat ein psychologisches Problem. Er braucht Hilfe.' (manager-magazin.de)"[136]

Also im Klartext: Er ist irre und durchgeknallt.

> „,Claus Weselsky, man muss das leider so krass sagen, führt sich auch im reichlich gesetzten Alter von 55 Jahren nicht wesentlich anders auf als das kleine Arschloch der großen Pause, dem es irgendwann gleichgültig zu sein scheint, dass ihn keiner mag. Er legt es regelrecht darauf an, zur Hassfigur Nummer eins der Republik zu werden. Mister 109 Stunden. Der Mann, der für seine Ziele die Republik stillstehen lässt. So etwas maßt sich sonst keiner an. Wahrscheinlich empfindet sich Weselsky als so etwas wie ein Freiheitskämpfer. Aber das tun die Salafisten auch.' (Stern.de)"[137]

Ein Gewerkschafter fühlt sich zumindest als Kämpfer seiner Mitglieder, für deren Interessen er eintritt. Übrigens: Der Deutsche Journalisten Verband und die IG Medien innerhalb der Gewerkschaft Ver.di setzen sich auch sehr vehement für die Interessen ihrer Mitglieder ein – nur sind es dann die Journalisten, die streiken. Und ja: Auch die salafistischen Attentäter des 11. September[138] waren – aus ihrer Sicht – Freiheitskämpfer. Hier schlug Stern.de so viele Bögen in kurzer Satzfolge, dass man kaum noch mitkommt. Weselsky also ein Terrorist? Ist es das, worauf es hinauslaufen soll? Und noch einmal Stern.de:

> „Der große Test: Wer ist die schlimmere Nervbacke? Der eine legt Deutschland lahm, der andere führt ganz Europa an der Nase herum. Wir lassen Claus Weselsky und Janis Varoufakis im Nervduell gegeneinander antreten."[139]

Naja. Das kann man so machen. Ob es lustig ist oder nicht, vermag ich nicht zu beurteilen. In der Fülle der hier aufgeführten Zitate kann das unter Umständen auch als bunte Geschichte durchgehen, bei der die User von Stern.de einmal Dampf ablassen konnten. Und wenn wir ehrlich sind: Der Bahnstreik und die Finanzkrise in Griechenland haben wirklich genervt. Jeden Tag dieselben Stories, immer wieder aufgewärmt und neu zusammengerührt. Da kann man schon einmal eine etwas schrägere Story drum herum stricken. Auf Twitter dagegen, dort, wo kein redaktionelles Korrektiv über eine Veröffentlichung schaut, bevor man sie online stellt, scheint es bei den persönlichen Accounts der Journalisten noch rustikaler zugegangen sein. Tobias Rüther hat gesammelt:

> „‚#Weselsky ist die ideale Kombination aus SED-Borniertheit und DGB-Hochmut. So findet im 25. Jahr der Einheit zusammen, was zusammengehört' (Jan Fleischhauer, Spiegel)
> ‚Würde den Herrn Weselsky ja gerne mal einem Waterboarding unterziehen — allerdings: Bei diesen Zugtoiletten ...' (Günter Klein, Münchner Merkur)
> ‚Seit 90 Minuten aufm Heimweg. Um es auf den Punkt zu bringen: dem #Weselsky haben sie ins Hirn geschi...!' (Florian Wittke, Bild)
> ‚Ich sag's ja nur ungern. Aber dem wahnsinnigen Weselsky sind jetzt alle Sicherungen durchgebrannt. Wer stoppt den gemeingefährlichen Irren?' (Christian Deutschländer, Münchner Merkur)
> ‚Erst Walter Ulbricht, jetzt Claus #Weselsky - welcher Sachse spaltet Deutschland als Nächstes?' (Robert Ide, Tagesspiegel)"

Wenn schon, denn schon: Walter Ulbricht formte die DDR maßgeblich zum sozialistischen Staat, verantwortete den Mauerbau zwischen den beiden deutschen Staaten und log zuvor: „Niemand hat die Absicht, eine Mauer zu errichten." Weselsky als Mauerbauer?

> „‚25 Jahre lang arbeiteten wir Sachsen an unserem Image. Dann kam Claus #Weselsky #GDL #Bahnstreik' (Martin Machowecz, ZEIT)"

Eine derartige Bemerkung oder Kritik müsste Weselsky aushalten. Als die Sachsen damit anfingen, ihr Image zu verbessern, war der ZEIT-Autor Machowecz übrigens gerade einmal zwei Jahre alt. Er hat also einen Großteil seines Lebens mit der Imagepolitur der Sachsen verbracht und scheint nun ein wenig enttäuscht zu sein, was als Ergebnis dabei herausgekommen ist.

> „‚Die Geißel des Landes (#GDL) schlägt heute wieder zu. Wer stoppt den Terror des Kommandos Claus #Weselsky? #Bahnstreik' (Franz W. Rother, WirtschaftsWoche)"

Rother ist stellvertretender Chefredakteur der WirtschaftsWoche. Er studierte Politologie und sollte den Deutschen Herbst mit dem Terror der RAF geschichtlich parat haben.

Solche Twitter-Beiträge zeigen natürlich, dass Journalisten auch verärgerte Bahnkunden sein können – aber wann ist die öffentliche Äußerung eines

Journalisten (zumal, wenn er in der Redaktion eine leitende Funktion inne hat) noch privat? Hier sollte man gut unterscheiden zwischen einer Aussage im „Freundeskreis" auf Facebook und einem öffentlichen Beitrag auf Twitter, den jeder Internetuser lesen kann. Ich bin der Auffassung: Wenn Journalisten sich öffentlich als Privatperson äußern, sollten sie das unter einem Nickname tun, denn ihre Äußerungen werden immer von den Lesern auch in Bezug zu dem Medium wahrgenommen, für das sie schreiben. Bin ich in meiner Funktion als Journalist unterwegs, stehe ich in gewissem Maße auch in der Öffentlichkeit. Deshalb tragen Artikel und andere Beiträge schließlich auch die Namen ihrer Autoren. Etwas mehr persönliche Zurückhaltung (gelingt mir auch nicht immer!) wäre da durchaus angebracht. Während ich mich als Medientrainer öffentlich gewissermaßen für mein eigenes Medium äußere - stehe ich als Gastautor bei den MeinungsMachern auf manager-magazin.de mit meinen Beiträgen gewissermaßen auch für das Magazin. Denn ein Leser würde auf den ersten Blick nicht unterscheiden zwischen dem Beitrag eines festen Redakteurs und dem eines gelegentlichen Gastautors. Es steht schließlich die Marke des Mediums oben auf der Webseite. Deshalb ist in solchen Fällen - ebenso wie bei namentlich gekennzeichneten Tweets - ein gesunder Balanceakt gefragt zwischen einer privaten Meinung und einer journalistisch publizierten Meinung. Daher unterscheidet sich beispielsweise mein privates Facebook-Profil auch in Stil und Art der Beiträge von meinem beruflichen Profil.

Unabhängig von der einen oder anderen Twitter-Peinlichkeit: Claus Weselsky ist für mich der klare Verlierer dieses Streiks - aus medialer Sicht. Das bedeutet im Umkehrschluss nicht, dass Rüdiger Grube fehlerfrei agierte. Auch bei ihm liegen Licht und Schatten erfolgreicher Kommunikation sehr eng beieinander und es fällt mir insgesamt leicht, in einem Medientraining auch Negativ-Beispiele gescheiterter Grube-Medienpräsenz zu zeigen. Aber im Bahnstreik lieferte Grube im Großen und Ganzen eine solide und erfolgreiche Kommunikation ab.

Ein von mir sehr geschätzter Kollege des WDR schrieb in einem halbprivaten Beitrag in einem sozialen Netzwerk, dass er Weselsky unsympathisch findet. Das kann man so sehen und auch öffentlich äußern. Aber muss ein Gewerkschaftsfunktionär in Zeiten eines Arbeitskampfes „sympathisch" sein?

Darum geht es nämlich an dieser Stelle und in dieser Funktion nicht. Er muss die Interessen seiner Mitglieder vertreten und dabei eine klar definierte Rolle spielen. Für seine zahlenden Gewerkschaftsmitglieder ebenso wie für die Medien, denn ohne die geht es nicht im Arbeitskampf. Ein Gewerkschafter, der sich nicht verhält wie ein Gewerkschafter, der ist unglaubwürdig und schwächt seine Wahrnehmung bei seinen zahlenden Mitgliedern, die ihn irgendwann einmal zu ihrem Vorsitzenden gewählt haben. Genau wie ein Vorstandsvorsitzender, der natürlich andere Vorgaben und Erwartungshaltungen zu bedienen hat in der Öffentlichkeit, muss er seine Rolle ausfüllen – sich also „artgerecht verhalten", weil es seiner Natur entspricht.

Grube dagegen will unser aller Geld als Bahnkunden. Er muss sein Unternehmen und dessen Dienstleistungen begehrenswert machen, sonst fährt niemand mehr mit der Bahn. Er musste also eher sympathisch wirken, als der Gewerkschafter. So sehr wir Grube und seine Bahn auch bei Verzögerungen und schlechtem Service auf den Mond wünschen – hier war er unser Fürsprecher: Denn höhere Löhne könnten ja schließlich auch höhere Fahrtkosten bedeuteten. Wir sind zwar gern solidarisch mit anderen Beschäftigten, die wenig Geld verdienen, aber wenn wir selbst dadurch etwas tiefer in die Tasche greifen sollen, dann verliert sich die Solidarität doch recht schnell.

Für die öffentliche Wahrnehmung eines Gewerkschafters wie Claus Weselsky gehört natürlich auch in öffentliche Zitate eine klare Kante, die der Kölner Express gerne verbreitete: „Der Bahnvorstand versäuft nur seine Boni und badet in Champagner."[140] Das war Klassen- und Arbeitskampf der alten Schule und erinnerte stark an den emotional geführten Arbeitskampf des DGB aus dem Jahr 1956 zur Einführung der 40-Stunden-Woche mit dem Slogan: „Samstags gehört Vati mir". In der schriftlichen Pressemitteilung der GDL wurde die Aussage etwas abgeschwächt und wirkte fast schon sachlich – aber im Arbeitskampf bei öffentlichen Auftritten auf den Marktplätzen der Republik gilt natürlich das gesprochene Wort. Unter der Überschrift „Champagner für den Vorstand – trocken Brot für das Zugpersonal" führte die GDL aus:

> „Hinhaltetaktik und nebulöse Ankündigungen führen zum erneuten Scheitern der Tarifverhandlungen. ‚Während der Vorstand von den üppigen Boni im Champagner

baden kann, verhandelt die DB in der 16. Tarifverhandlung rund 30 Stunden nach derselben Methode: Es kann nicht sein, was nicht sein darf', so der Bundesvorsitzende der Gewerkschaft Deutscher Lokomotivführer (GDL) Claus Weselsky. ‚Die DB will die Spaltung der Lokomotivführer mit aller Macht aufrechterhalten und versucht die GDL zu zwingen, die Lokrangierführer als billigen Jakob im Tarifvertrag zu verankern.' […] ‚Weil der DB-Vorstand beim Tarifabschluss mit der GDL streikt, müssen die GDL-Mitglieder erneut für bessere Arbeitszeiten, höheres Entgelt und Belastungssenkung in den Arbeitskampf ziehen' so Weselsky. ‚Für die Beibehaltung seiner Lieblingsmethode teile und herrsche ist dem DB-Vorstand jedes Mittel recht. Deshalb lässt er die Fahrgäste und Güterkunden verantwortungslos im Regen stehen.'" [141]

Ein verständlicher Versuch der GDL, der Bahn als Arbeitgeber den Schwarzen Peter zuzuschieben. Hier ließ also die Bahn die Kunden im Regen stehen – die Bahn selbst verbreitete, die GDL würde die Kunden im Regen stehen lassen. Das liest sich schon etwas anders und der Vorwurf, der Bahnvorstand sei nur eine verschworene Gemeinschaft von Säufern wurde nicht erhoben. Das Bild „in Champagner baden" ist weit weg von einer Beleidigung – aber die Formulierung der „Boni", die man „versäuft" überschritt diese Grenze deutlich. Dennoch profitierte die GDL genau von dieser Bandbreite der Zitate in der öffentlichen Wahrnehmung. Sie konnte die Tarifverhandlungen nur mit Druck über die Medien führen, denn sie brauchte zugleich die Solidarität der geschädigten Berufspendler, die auf die Bahn angewiesen sind. Nicht gut beraten war Bahn-Chef Rüdiger Grube, als er sich in der Stuttgarter Zeitung zu dieser Äußerung über seinen Verhandlungspartner hinreißen ließ: „Diese Person, deren Namen ich möglichst nicht in den Mund nehme."[142] Ja, es ist eine (grundsätzlich richtige) Taktik, den Namen eines Gegners möglichst selten bis gar nicht zu nennen und spätestens seit dem ersten TV-Duell zwischen Gerhard Schröder und Edmund Stoiber ist das kein Geheimnis mehr. Aber es war ein kapitaler Fehler Rüdiger Grubes, das auch auf diese Art und Weise zu artikulieren. Er muss den Namen Weselskys nicht in den Mund nehmen, aber er darf nicht in den Mund nehmen, dass er ihn nicht in den Mund nimmt. So wirkte eine starke oder zumindest funktionale Kommunikationstechnik plötzlich albern und schwach. Und so sagte sie mehr über die emotionale Verfassung des Bahn-Chefs aus, als ihm lieb gewesen sein dürfte. Medien lieben solche Zitate, weil sie das Klischee zweier aufeinander lospreschender Kontrahenten vorbildlich bedienen. Es hätte nur noch gefehlt, dass ein Journalist zu Weselsky gegangen wäre, ihm dieses Zitat unter die Nase gerieben und dann noch gefragt hätte: „Was sagen Sie dazu? Nehmen Sie den Namen ‚Rüdiger Grube' noch in den Mund?" – Bei Grube/Weselsky hätte man den Konflikt so vermutlich nicht noch weiter anheizen können. Bei B- und C-Promis funktioniert das dagegen ganz gut. Dann können die Medien ganz gut darüber berichten, wie die beiden sich öffentlich beharken. Oliver Pocher und Boris Becker waren da ein gutes Beispiel.[143]

In meinen Medientrainings verweise ich gelegentlich auf Mutter Natur. Das Beispiel lautet so: Stellen Sie sich vor, sie sehen ein Foto von einer Löwin, die ein Zebra reißt. Das Zebra lebt noch, sein Maul ist schmerzverzerrt und alles ist voller Blut. Unser erster Gedanke ist: „Das arme Zebra!" Schauen wir uns jetzt die Löwin an. Die hat fünf Junge zu ernähren und einen Partner zu Hause rumliegen, der zwar gut aussieht, aber nicht selbst jagen geht. Sie ist ein Raubtier und das Zebra ist ein Fluchttier. Aber offenbar eins, das zu langsam unterwegs war. So ist die Natur. Ende des Beispiels. In der Natur nennt man es also „artgerechtes Verhalten", wenn sich zum Beispiel ein Raubtier wie ein Raubtier verhält. Wäre es demnach nicht auch „artgerechtes Verhalten", wenn ein Gewerkschaftsführer zuweilen krawallig wird in der Auseinandersetzung und ein Unternehmensvorstand zunächst einmal mauert? Beide folgen doch nur ihrer natürlichen Rolle. Wieso tun wir in der Öffentlichkeit und in den Medien dann immer so erstaunt und empört? Für das Unternehmen gehört allerdings die Sachebene zum artgerechten Verhalten – der Gewerkschaft bleibt (fast schon als Monopolist) die Emotion vorbehalten. Schließlich werden Fahnen, Transparente und Trillerpfeifen dort verteilt – nicht im Bahnvorstand. Gewerkschaften und andere Nicht-Regierungs-Organisationen können im Umgang mit den Medien freier aufspielen. Sie unterliegen nicht den Kommunikationsvorschriften eines börsennotierten Unternehmens, sie haben nicht die Interessen der Anteilseigner oder Eigentümer zu berücksichtigen und sie können für die Medien in der Regel besser und leichter Bildmaterial inszenieren, als es das Unternehmen kann. Särge zum Beispiel dürfen auf keiner guten Demonstration fehlen. Irgendetwas kann man ja immer zu Grabe tragen: Die Gerechtigkeit, den Sozialstaat, die Arbeitnehmerrechte, die Rechte von Minderheiten, die Freiheit, die Demokratie … So interessiert es uns überhaupt nicht, wenn wir in Deutschland die Meldung lesen, dass 30 Mitarbeiter eines amerikanischen Freizeitparks für mehr Lohn gestreikt haben. Aber wenn wir die Schlagzeile lesen: „Schneewittchen ist verhaftet worden" und wir sehen dazu Bildmaterial, wie Polizisten mit dunklen Sonnenbrillen Mitarbeiter in Micky-Maus-, Peter Pan- und Schneewittchen-Kostümen abführen, dann ist das plötzlich eine erfolgreiche Klickstrecke.

Licht und Schatten lagen wie gesagt auch bei Bahn-Vorstandschef Rüdiger Grube und seinen Interviewzitaten eng beieinander. So unvorteilhaft seine Aussage über Weselsky war – die Ankündigung seines Tarifangebotes war umso geschickter platziert. Obwohl davon auszugehen ist, dass Grube der Vorschlag bereits vorlag, kündigte er auf der Bahn-Pressekonferenz zunächst nur ein kleines Appetit-Häppchen an:

> „Uns geht es, um es kurz zu sagen, um Deeskalation, und um die Befriedung der Gesamtsituation."[144]

Dieses Zitat ging bereits durch die Medien, noch bevor der Gewerkschafter seine Sicht der Dinge darstellen konnte. Ein geschickter Schachzug von Grube und seinem PR-Team, denn damit waren die Weichen schon gestellt, und die Bewertung des Bahn-Vorschlages fand zugunsten der Bahn in den Medien bereits statt: Die Bahn als Befriederin der Lage. Kein Wunder, dass Weselsky dann nur noch schäumen konnte:

> „Niemand sollte davon ausgehen, dass wir zum jetzigen Zeitpunkt aufgrund eines PR-Gags des Vorstandsvorsitzenden der Deutschen Bahn die Streikaktionen beenden."[145]

So weit, so gut. Eine sachliche Entgegnung. Aber dann konnte er wohl nicht anders, als die Erwartungshaltungen an einen Gewerkschafter zu bedienen und fuhr reichlich uninspiriert fort, dass man das Angebot noch nicht vorliegen habe, denn:

> „die Bahn manipuliert, wie es ihr nur so passt […] Vielleicht ist das Angebot der Bahn noch mit der Postkutsche unterwegs."[146]

Grube dagegen hielt sich konsequent an die Kommunikationsregel, als angegriffenes Unternehmen nicht emotional zu reagieren, sondern auf der Sachebene zu punkten. Wichtig zu diesem Zeitpunkt: Er musste sich weitere Verhandlungs- und auch Handlungsoptionen offen halten. Folglich konnte er das Angebot nicht als der Weisheit letzter Schluss verkaufen: „Die Lösung wird es nicht sein" sagte er also und sprach vom „gesunden Menschenverstand."[147] Auch das war eine geschickte Positionierung: Grube betonte seinen gesunden Menschenverstand, wodurch zwar der Vorwurf der Unsachlichkeit an seinen Verhandlungsgegner mitschwang, aber so subtil, dass er seine Wirkung voll entfalten konnte. Das war wesentlich besser als das polternde „diese Person, deren Namen ich möglichst nicht in den Mund nehme."

Das Magazin FOCUS ließ in dieser Auseinandersetzung den „Gewerkschaftsexperten Claus Schnabel" zu Wort kommen, einen Professor für Arbeitsmarkt und Regionalpolitik der Universität Erlangen-Nürnberg. Im Grunde genommen spekulierte Schnabel zwar nur, aber er beschädigte dabei Weselsky:

> „Weselsky kämpft längst um seinen eigenen Posten [...]. Er wüsste wohl selbst gern, wie er da wieder herauskommt"[148]

Kann ein Tarifexperte und Wissenschaftler wirklich wissen, was im Kopf eines anderen Menschen vor sich geht? Wohl kaum. Dennoch verstieg sich Professor Schnabel zu der Spekulation „Er wüsste wohl selbst gern ..." Eine für den Leser leicht versteckte Meinungsaussage unter Zuhilfenahme der scheinbaren Sichtweise des Betroffenen. Focus online garnierte diese Aussagen mit der Überschrift: „Tarifexperte erwartet Weselskys Sturz". Über die Angewohnheit von Medien, eher darüber zu schreiben, was andere sagen als selbst eigene Bewertungen anzustellen, hatte ich bereits mehrfach in diesem Buch geschrieben – aber sie hielt sich hartnäckig auch in diesem Fall. Schnabel fuhr jedenfalls fort, die „Deutsche Bahn sitzt wahrscheinlich am längeren Hebel" und blieb damit im Reich der Spekulationen und Wahrscheinlichkeiten. Mit seiner Absicherung „wahrscheinlich" hätte er nur 24 Stunden später das genaue Gegenteil verkünden können und wäre dennoch glaubwürdig geblieben. Dann begann er zu prognostizieren, dass „die Solidarität [...] bald einbrechen" werde. Hier fehlte im Grunde genommen die

Definition des Begriffes „bald". Die Bahn kommt ja auch nicht „bald" oder „sehr bald" in den Bahnhof eingefahren. Sondern innerhalb eines gewissen Zeitraumes. Wenn Schnabel gesagt hätte: „In den nächsten Tagen" oder „innerhalb von zwei Monaten", dann wären seine Aussagen wesentlich konkreter. Zwar hätte er sich damit festgelegt und eventuell eine Blöße gegeben, wenn er komplett daneben liegen sollte – aber dann hat er sich halt mal geirrt, oder die Lage hat sich wegen neuer Faktoren anders entwickelt.

Mit Experten ist das ein grundsätzliches Problem: Auf der einen Seite sollen sie ihre persönlichen Einschätzungen abgeben, damit die Medien etwas mehr Futter für die Berichterstattung haben. Sie sollen also eine individuelle Meinung vertreten und subjektiv Fakten analysieren. Andererseits dürfen sie sich aber auch nicht zu sehr von den anderen Experten in den Medien unterscheiden, weil die Redaktionen sonst Gefahr laufen, mit ihrer Darstellung und Bewertung eines Sachverhaltes plötzlich isoliert dazustehen. Folglich werden die unterschiedlichen Experten in der breiten Öffentlichkeit nur zaghaft Randpositionen vertreten und ansonsten auf den Mainstream abzielen, darüber hinaus erhalten die meisten dieser Experten von den Redaktionen für die Interviews Geld. Eigentlich ein Unding, denn Professoren an staatlichen Universitäten zum Beispiel werden bereits von öffentlichen Geldern bezahlt. Ihr Interesse müsste es folglich sein, ihre Forschungsergebnisse auch einer breiten Öffentlichkeit zur Verfügung zu stellen. Erhalten sie aber von Medien Geld für diese Auftritte und Interviews, kassieren sie gewissermaßen für dieselbe Arbeit gleich doppelt und dreifach. Damit haben die Experten auch ein Interesse, möglichst oft von Redaktionen interviewt zu werden. Und so verändert sich auch das Produkt „Meinung": Denn gerne werden dann Meinungen vertreten, die bei Redaktionen besonders gefragt sind, weil sie mehr Geld einbringen als Ansichten, die etwas abseits vom Mainstream liegen. Und dann dreht der Teufelskreis sich immer schneller: Immer mehr Experten vertreten gleiche oder ähnliche Meinungen, die Medien bekommen den Eindruck, dass man damit richtig liegt, weil ja ohnehin alle Experten einer Meinung sind – und dann ist durch die mediale Verbreitung tatsächlich die Öffentlichkeit dieser Meinung. Gewissermaßen nach der Logik der selbsterfüllenden Prophezeiung. Darüber hinaus hinterfragen Journalisten bei den zahlreichen privaten

Forschungsinstituten in Deutschland fast nie, wer diese Institute finanziert und welche Ziele man mit ihnen verfolgt. Der Begriff „Institut" ist nicht geschützt. Also: Gründe ich mit 500 Euro Startkapital das „Deutsche Institut für Medientraining und Krisenprophylaxe", ernenne mich zum „Direktor" und werde prompt zum gefragten Experten zu allen Themen rund um Krisen und Medientraining? Möglich wäre es. Ich werde in einer ruhigen Minute einmal ergebnisoffen darüber nachdenken... Aber in der Schnelllebigkeit des journalistischen Geschäftes (allein durch die Online-Medien hat sich der feste Redaktionsschluss gewissermaßen in Luft aufgelöst, da man hier 24/7 redaktionell aktualisieren kann) bleibt kaum noch Zeit zu recherchieren, wer die Hintermänner dieser Institute sind und welche Interessen sie damit vertreten. Schnell ein Anruf, ein Interviewpartner, ein paar Zitate – die Sendung oder der Beitrag sind schnell geschrieben. Man muss ja nur schreiben, dass XY vom „Institut für ABC" dieser oder jener Meinung ist. Dabei wäre es genau hier die Aufgabe der Medien, ihren Konsumenten eine verantwortungsvollere Sichtweise auf das ganze Expertentum zu geben. Der Tarifexperte Prof. Dr. Claus Schnabel bediente in seinem Focus-Interview die Bedürfnisse der Medien nach einschätzender Kommentierung. Durch sein Etikett „Gewerkschaftsexperte" erhielten seine Worte mehr Gewicht. Für Grube und Weselsky ging es zu diesem Zeitpunkt in der verbalen Auseinandersetzung über die Medien vor allem um zwei Dinge: Zum einen natürlich um ein akzeptables Verhandlungsergebnis und zum anderen darum, die eigene Person möglichst unbeschädigt aus der Angelegenheit heraus zu bekommen.

SWR-Interview zum Bahnstreik

SWR info hatte mich seinerzeit um ein Interview[149] zum Bahnstreik gebeten. Es war vereinbart, dass ich den Bahnstreik aus kommunikativer Sicht einer Zwischenbilanz unterziehe. Das Interview war für 7.05 Uhr – also direkt nach den Nachrichten geplant. In diesen Nachrichten lief die Eilmeldung, dass man sich darauf geeinigt habe, den Streik auszusetzen und in die Schlichtung zu gehen. Das Interview fand also live nur wenige Minuten nach der Eilmeldung statt. Es waren über den planenden Redakteur dieser Sendung zuvor zwar einige Fragen abgestimmt worden, die nun aber wegen der aktuellen Entwicklung komplett hinfällig waren. Sowohl der Moderator Andreas Böhnisch als auch ich mussten das Interview also komplett spontan führen, lediglich der grobe Rahmen: „Bahnstreik unter kommunikativen Gesichtspunkten" blieb natürlich erhalten. Bewerten Sie selbst, ob meine Kritik sachlich oder unsachlich war, fair oder unfair.

SWR: Das kommt überraschend jetzt, Sie haben es in den Nachrichten gerade gehört: Die GDL will den Lokführerstreik, die neunte Runde beenden. Darauf hat sie sich angeblich mit der Deutschen Bahn verständigt. Tom Buschardt ist Medientrainer und Experte für Krisenkommunikation. Er hat auch schon Gewerkschafter und diverse Bahnverkehrsunternehmen beraten, er ist jetzt am Telefon [gegenseitige Begrüßung] Gehen wir einmal davon aus, dass das stimmt, was wir gerade gehört haben – Wie bewerten Sie diese neue Entwicklung?

TB: Die Einigung ist gerade noch rechtzeitig gekommen für Claus Weselsky. Angesichts der Berichterstattung in den Medien und dem Image-Verlust, den er im Laufe dieses Streiks in Deutschland erlitten hat, stand er natürlich unter einem wahnsinnigen Druck, zu einem guten Abschluss für seine Gewerkschaftsmitglieder zu kommen. Weselsky wird mit Sicherheit nicht unbeschädigt aus diesem Streik heraus gehen. Es ist aber gerade noch rechtzeitig, um sich wahrscheinlich auch als Chef der Gewerkschaft noch halten zu können.

SWR: Schauen wir auf Claus Weselsky, den GDL-Vorsitzenden. Er hatte es nicht leicht, vor allen Dingen in den sozialen Netzwerken. Bei Twitter hat ein regelrechter Shitstorm getobt. Warum haben sich alle so auf ihn fokussiert?

TB: Das Problem, das Claus Weselsky hat, ist, dass er nicht eine Gewerkschaft vertritt, die Unterlegscheiben im Zulieferbetrieb für die Automobilindustrie herstellt, sondern, dass er eine Gewerkschaft vertritt, deren Streiks sich sofort auf alle Menschen in Deutschland auswirken, selbst wenn man die Bahn nicht als Kunde nutzt. Ich merke natürlich, dass die Autobahn morgens voller ist. Der Bahn ist es gelungen, es zu einer Auseinandersetzung zu machen, nicht mehr zwischen zwei „Bullen", die aufeinander zulaufen – also eine Auseinandersetzung zwischen Rüdiger Grube und Claus Weselsky, sondern zu einer Auseinandersetzung zwischen der Bahn als Unternehmen und der Person Weselsky.
Das ist ein sehr geschickter Schachzug. Rüdiger Grube ist auch jemand, bei dem Licht und Schatten sehr eng beieinander liegen, was seine Aussagen in den Medien betrifft. Rüdiger Grube hat auch Nerven gezeigt, in dem er von Weselsky gesprochen hat, als einer Person, deren Namen er nicht mehr in den Mund nehmen möchte. Das ist natürlich kleinkariert und albern.

Aber er hat es dann richtig gemacht, dass er im Laufe der Auseinandersetzung erkannt hat, wie die öffentliche Meinung sich wendet, dass die Solidarität der Berufspendler, die am Anfang noch sehr hoch war, sich gegen die GDL wendet. Weselsky hat sich nun einmal festgelegt. Er hat die GDL zum Synonym „Weselsky" gemacht und umgekehrt. Damit war das natürlich in der Kommunikation sehr eng miteinander verbunden.

Damit ist es der Bahn gelungen, Grube etwas aus der Schusslinie heraus zu bekommen, die Pressesprecher vorzuschicken und man hat dadurch Weselsky auch medial etwas abgewertet. Damit hat man gesagt, es ist jetzt nicht mehr unbedingt nötig, dass sich der höchste Chef der Bahn mit Herrn Weselsky über die Medien duelliert, sondern das kann auch der eine oder andere Pressesprecher machen. Das ist sicherlich auch von dem einen oder anderen Kommunikationsexperten kritisiert worden.

Ich halte das für die richtige Strategie, weil es dem Unternehmen die Möglichkeit gibt, in dieser Auseinandersetzung auch einmal eine Entspannungsphase herein zu bringen. Wogegen Weselsky die ganze Zeit unter dem Druck stand, die nächste Schlagzeile liefern zu müssen und endlich zum Erfolg zu kommen.

SWR: Es müssen jede Menge Scherben zusammen gekehrt werden. Das Vertrauen in die Zuverlässigkeit der Deutschen Bahn ist erst einmal wirklich deutlich gestört. Wer hat denn den größten Schaden aus diesem Tarifkonflikt, die GDL, die Lokführer oder die Deutsche Bahn?

TB: Die Lokführer wohl am wenigsten. Die Lokführer sind ja für ihre berechtigten Interessen eingetreten. Ich bin der Überzeugung, dass die GDL den größeren Schaden davon tragen wird. Der Bahn ist es auch gelungen, die Unzulänglichkeiten, die in der Bahn so oder so immer wieder mal passieren, jetzt auch auf Weselsky beziehungsweise auf den Streik und seine Auswirkungen zu schieben. Das wird nicht für die Ewigkeit so funktionieren können.

Aber die GDL hat sehr stark an Glaubwürdigkeit eingebüßt, wenn man sagt, „die Vorstände der Bahn baden im Champagner und versaufen da ihre Gehälter". Das ist eine Wortwahl, die gehört sich nicht mehr, wenn man wieder klar blicken kann. Auf der anderen Seite muss man auch sagen, wenn ein Hund bellt, weil er ein Hund ist, dann ist da ja nichts Ungewöhnliches. Man muss einem Gewerkschaftsführer natürlich zugestehen, dass das Poltern mit zu seiner Strategie gehört. Das gehört auch mit zu seiner Aufgabe. Vielleicht haben wir ja so eine Situation wie zwischen Rechtsanwälten, die sich im Gerichtssaal beharken können, aber anschließend auch wieder sachlich über den Fall diskutieren können und dann wieder zum Tagesgeschäft übergehen.[150]

Generalbundesanwalt – Allein auf weitem Flur

Journalisten bewegen sich zuweilen auf einem schmalen Grat – vor allem dann, wenn sie aus vertraulichen Dokumenten zitieren, deren Veröffentlichung sie für die Allgemeinheit als relevant erachten. Immer wieder kommt es deshalb auch zu juristischen Auseinandersetzungen, bei denen Journalisten im Fokus der Ermittlungen stehen. In der Regel erstattet der Geschädigte nach der Veröffentlichung eine Strafanzeige – und zwar gegen denjenigen, der Dienstgeheimnisse weitergegeben hat, nicht aber gegen die Journalisten. Denn in einer Demokratie ist es deren Aufgabe, Missstände aufzudecken und die Öffentlichkeit darüber zu informieren. Nicht zuletzt deshalb gibt es einen Informantenschutz. So sollte es sein. Manchmal kommt es jedoch anders und Journalisten rücken in den Fokus der Ermittlungen.

Ein Paradebeispiel dafür war die SPIEGEL-Affäre 1962, auf die sich vor allem der SPIEGEL selbst gern beruft um bis heute sein eigenes journalistisches Profil zu schärfen. 1962 wurden Mitarbeiter des Magazins wegen eines Artikels unter der Überschrift „Bedingt abwehrbereit" des Landesverrates beschuldigt. Es kam zu vorläufigen Festnahmen, die Polizei durchsuchte die SPIEGEL-Redaktion. Anlass waren Dokumente, die ein Oberst aus dem Führungsstab des Heeres an die Journalisten durchgereicht hatte und die Zweifel an der Einsatzfähigkeit der Bundeswehr im Rahmen der damals noch jungen NATO aufkommen ließen. In der innen- und außenpolitisch brisanten und fragilen Zeit der 1960er hatte Verteidigungsminister Franz-Josef Strauß (CSU) zum Angriff auf die Pressefreiheit geblasen. Es bedurfte schließlich des Rücktritts von fünf protestierenden FDP-Ministern im Kabinett Konrad Adenauers (CDU), um schließlich auch Strauß zum Rücktritt zu bewegen.

Und in der Gegenwart? Das Blog Netzpolitik.org hatte aus vertraulichen Dokumenten des Verfassungsschutzes zitiert, aus denen hervorging, wie das Amt das Internet künftig überwachen möchte. Verfassungsschutzpräsident Hans-Georg Maaßen erstattete Strafanzeige. Allerdings nicht nur wegen Geheimnisverrats gegen denjenigen, durch den die Dokumente an Netzpolitik.org gelangt waren, sondern auch wegen Landesverrats. Damit gerieten die Journalisten selbst als potenzielle Täter in den Fokus der Ermittlungen. Maaßen musste wie jedem Politiker und politischem Beamten klar gewesen sein, dass Strafanzeigen gegen Journalisten ein enormes Medienecho auslösen.

Die Vorgänge ähneln sich frappierend: 1962 legte das Bundesverteidigungsministerium ein Gutachten vor, das in der Gesamtbeurteilung das Fazit zog: „Ein gegnerischer Nachrichtendienst wird den SPIEGEL-Artikel grundsätzlich ernst nehmen."[151] Die Sowjetunion und ihre Verbündeten würden diesem Bericht enorme Bedeutung beimessen. Das Gutachten des Verfassungsschutzes 2015 kam zu dem Schluss, es handele sich um die Verbreitung eines Staatsgeheimnisses nach § 93 des Strafgesetzbuches und ausländische Geheimdienste würden „weitreichende Rückschlüsse auf die Fähigkeiten und Möglichkeiten des Verfassungsschutzes in sachlicher, finanzieller und personeller Hinsicht ziehen."[152]

Liegt ein Anfangsverdacht zur Verletzung von Staatsschutzinteressen vor, ist der Generalbundesanwalt verpflichtet, die Ermittlungen aufzunehmen. Damit ist zunächst einmal juristisch nichts weiter gesagt, denn Ermittlungen sind noch keine Anklage und eine Anklage noch keine Verurteilung. Man befindet sich mit der Aufnahme von Ermittlungen in einem sehr frühen Stadium. Weil Maaßen also Anzeige wegen Landesverrats erstattet hatte, musste Generalbundesanwalt Harald Range Ermittlungen aufnehmen. Denn die Veröffentlichung von Dienstgeheimnissen ist für Journalisten straffrei und für die strafrechtliche Verfolgung der Verletzung von Dienstgeheimnissen ist nicht der Generalbundesanwalt, sondern eine normale Staatsanwaltschaft zuständig. Dem Ermittlungsverfahren geht ein Prüfverfahren voraus. Im Falle des ausspionierten Kanzlerinnen-Handys blieb es dabei und obwohl vermutlich über das Telefon der Kanzlerin durchaus das eine oder andere Staatsgeheimnis herauszubekommen wäre, wurden keine Ermittlungen aufgenommen. Anders verhielt es sich bei Netzpolitik.org. Dort liefen die Ermittlungen bereits während des Prüfverfahrens. Der Aufschrei in den deutschen Medien war entsprechend groß und unabhängig von ihrer politischen Ausrichtung waren sich die Medienvertreter in ihrer Empörung einig. Denn ein solches Vorgehen würde über kurz oder lang jedes Medium in seinem Aktionsradius einschränken.

Unter dem Druck der Frage: „Wen lässt man dafür politisch über die Klinge springen?" wurden schnell erste Differenzen unter den Verantwortlichen deutlich – insbesondere zwischen Generalbundesanwalt Harald Range und seinem direktem Vorgesetzten Justizminister Heiko Maas. Der hatte öffentlich Zweifel am Vorwurf des Landesverrates geäußert, aber keine Weisung an den Generalbundesanwalt erteilt. Erste Medien berichteten dann wiederum über ein „ruhendes Ermittlungsverfahren" – was falsch ist, denn ein Ermittlungsverfahren läuft entweder oder es wurde eingestellt. In diesem Fall lief es weiter, da der Generalbundesanwalt ein eigenes Gutachten in Auftrag gegeben hatte. Darüber kam es dann zum Zerwürfnis zwischen Minister und Generalbundesanwalt.

Range geriet immer mehr mit dem Rücken zur Wand. Zunächst distanzierte sich sein Justizminister und schließlich auch die Kanzlerin, die ein gutes Gespür für öffentliche Stimmungen entwickelt hat. Dabei machte Range nur seinen Job – schließlich lag eine Anzeige des Verfassungsschutzchefs vor, der er nachzugehen hatte. Merkel schickte ihre Sprecherin Christiane Wirtz vor: „Es geht jetzt darum, in der Sache eine Klärung herbeizuführen. Das ist das, was für die Bundesregierung jetzt im Vordergrund steht", wobei man in Angelegenheiten der Pressefreiheit immer eine „besonders sensible Abwägung" vornehmen müsse.[153] Eine Solidaritätsadresse an einen Generalbundesanwalt, der im Rahmen einer unabhängigen Justiz arbeiten soll, klingt anders. Vor allem, weil die Kanzlerin fast im gleichen Atemzug ihrem Justizminister den Rücken stärkte. Merkel spielte hier gewissermaßen über Bande: Der Justizminister vertrat eine andere Meinung als sein Generalbundesanwalt und die Kanzlerin stellte sich hinter den Justizminister. Da steht man gut bei Wind und Wetter, wenn es etwas stürmischer wird.

Generalbundesanwalt Range geriet deshalb in eine Position, aus der ihn nur ein Befreiungsschlag herausholen konnte – auch wenn ihm wahrscheinlich klar war, dass der Justizminister ihn nach einem entsprechenden Statement entlassen würde. Vermutlich wählte Range das Motto: „Lieber aufrecht sterben, als kniend dienen" als Grundlage für sein Statement als er ohne Sprecher und ohne klares Setting vor die Mikrofone der TV-Teams hinaus auf den Flur trat. Seine Stimme hallte, im Hintergrund sah man Treppengeländer und Bürotüren und Range blickte während seiner Erklärung immer wieder für längere Passagen hinunter auf sein Blatt. Ein souveräner Auftritt sieht anders aus: Beispielsweise stünde dort im Hintergrund eine mit dem Logo des Generalbundesanwaltes versehene Interviewwand, ein Stehpult (wenn es keine Nachfragen wie auf einer Pressekonferenz geben soll) und es hätte eine Anmoderation durch einen Sprecher der Generalbundesanwaltschaft gegeben. Als Range seine Erklärung abgab stand bereits die Vermutung im Raum, dass es zwischen ihm und dem Justizminister zum Bruch kommen wird. Gerade deshalb wäre Range gut beraten gewesen, ein Setting zu wählen, dass ihn für die Fernsehzuschauer nicht so wirken lässt, als wäre er bereits auf dem Weg zum Parkplatz. Hier seine Erklärung im Wortlaut:

„Zur Wahrung und Sicherung der Objektivität der Ermittlungen habe ich am 19. Juni 2015 ein externes Gutachten in Auftrag gegeben. Der unabhängige Sachverständige sollte klären, ob es sich bei den veröffentlichten Dokumenten um ein Staatsgeheimnis handelt. Der Sachverständige teilte mir gestern mit, dass es sich – nach seiner vorläufigen Bewertung – bei den am 15. April 2015 veröffentlichten Dokumenten um ein Staatsgeheimnis handelt. Der Sachverständige hat damit die Rechtsauffassung der Bundesanwaltschaft und des Bundesamtes für Verfassungsschutz insoweit vorläufig bestätigt. Die Bewertung des unabhängigen Sachverständigen habe ich dem Bundesministerium der Justiz gestern unverzüglich mitgeteilt. Mir wurde die Weisung erteilt, das Gutachten sofort zu stoppen und den Gutachtenauftrag zurückzuziehen. Dieser Weisung habe ich Folge geleistet."[154]

Range lieferte damit nur auf den ersten Blick reine Fakten, denn mit der Einleitung „zur Wahrung und Sicherung der Objektivität der Ermittlungen" gab er bereits den Tenor zur Interpretation dieser Fakten vor. Derartige Sätze sind gerade bei solchen Statements enorm wichtig und sollten wohl dosiert angewendet werden. Absolut richtig versuchte Range mit diesem Satz bei seinen Zuhörern eine Emotion zu wecken: Das gemeinsame Interesse an einer unabhängigen Justiz, die frei von jeglicher Beeinflussung und Beeinträchtigung ermitteln kann und unbeirrt ihrer Arbeit nachgeht. Gerade in Deutschland gilt diese Unabhängigkeit angesichts der Justizverbrechen während der Zeit des Nationalsozialismus als besonders schützenswertes Gut. Indem Range diesen Satz voranstellte sorgte er dafür, dass jede weitere Aussage von seinen Zuhörern in diesem Zusammenhang wahrgenommen wurde. Darüber hinaus positionierte sich Range als loyaler Mitarbeiter, der das Gutachten „dem Bundesministerium der Justiz gestern unverzüglich" mitgeteilt und danach der klaren Weisung seines Ministers „Folge geleistet" habe. Damit traf er bis zu dieser Stelle die Kernaussage: Ich arbeite unverzüglich und gehorsam. Nach dieser Kernaussage pausierte er kurz, fuhr dann fort und sprach die Journalisten direkt an:

> „Meine Damen und Herren, die Presse- und Meinungsfreiheit ist ein hohes Gut. Dieses Freiheitsrecht gilt aber nicht – auch nicht im Internet – schrankenlos. Das entbindet die Journalisten nicht von der Einhaltung der Gesetze. Über die Einhaltung der Gesetze zu wachen, ist Aufgabe der Justiz. Diese Aufgabe kann sie nur erfüllen, wenn sie frei von politischer Einflussnahme ist. Daher ist die Unabhängigkeit der Justiz von der Verfassung ebenso geschützt wie die Presse- und Meinungsfreiheit."[155]

Auch hier stellte Range eine klare Aussage zur Interpretation der folgenden Sachargumente voran: „die Presse- und Meinungsfreiheit ist ein hohes Gut". Niemand in einer demokratischen Gesellschaft wird das jemals bestreiten. Anschließend versuchte Range, die Kurve zu bekommen: „Dieses Freiheitsrecht gilt aber nicht – auch nicht im Internet – schrankenlos", worin sich Journalisten und Generalbundesanwalt ebenso einig sind, wenn auch aus unterschiedlichen Gründen und eher bezogen auf die Gegenseite. Anschließend bediente sich Range eines rhetorischen Kniffs: Er stellt die Bedeutung der Pressefreiheit und die Unabhängigkeit der Justiz auf eine Stufe. Sie sind mit Sicherheit gleich wichtig – aber sie stehen auf unterschiedlichen Treppen: Die Justiz ist Sache des Staates, die Presse ist eine Angelegenheit der Gesellschaft. Während die Justiz nach Gesetzen und Vorschriften agieren muss, unterliegt die Presse zwar den Gesetzen, aber sie arbeitet mit Transparenz, Einschätzung, Wertungen, Relativierungen und vielen anderen weichen Faktoren, die sich je nach gesellschaftlicher Entwicklung schneller wandeln können, als es der Gesetzgeber mit seinen gesetzgebenden Verfahren kann. Am Ende dieser Passage erwähnte der Generalbundesanwalt wiederum eine unstrittige Tatsache: Die Unabhängigkeit der Justiz sei ebenso von der Verfassung geschützt, wie die Presse- und Meinungsfreiheit. Schauen wir doch mal ins Grundgesetz. Dort finden wir die Meinungsfreiheit bereits im Artikel 5 und die Unabhängigkeit der Richter erst in Artikel 97 (von insgesamt 146).

> „Auf Ermittlungen Einfluss zu nehmen, weil deren mögliches Ergebnis politisch nicht opportun erscheint, ist ein unerträglicher Eingriff in die Unabhängigkeit der Justiz. Mit Blick auf diese im Raum stehenden Vorwürfe und die anderen Vorwürfe, habe ich mich gehalten gesehen, die Öffentlichkeit hierüber zu informieren. Vielen Dank."[156]

Harald Range sagte nicht: „Der Justizminister behindert die Justiz". Er nutzte einen allgemein gültigen Satz zur Begründung seines kurzen Statements: „Auf Ermittlungen Einfluss zu nehmen, weil deren mögliches Ergebnis politisch nicht opportun erscheint, ist ein unerträglicher Eingriff in die Unabhängigkeit der Justiz." Allerdings kann man sich fragen, warum Range die Öffentlichkeit auf diese Art und Weise informierte. Hätte er nicht auch den Weg des Hintergrundgespräches oder den Weg als anonyme Quelle gehen können? Wenn man weiter im Amt bleiben will, würde man diesen Weg auf mittlerer Führungsebene – oder sogar als Behördenchef – durchaus so wählen. Aber der Generalbundesanwalt als Whistleblower? Das wäre dann wohl doch eine Nummer zu dick aufgetragen. Folglich blieben Range nur zwei Möglichkeiten: Entweder stillschweigend einzuknicken und die Kritik der Medien über sich ergehen zu lassen, oder den aufrechten Auftritt zu suchen – selbst, wenn er dann vom Justizminister entlassen werden muss. Range hat sich für den aufrechten Abgang entschieden – aber dabei das Setting leider zu schwach gewählt. Hier muss man nicht nur auf den Inhalt und die sprachlich korrekte und ausgesprochen effektive Wortwahl achten, sondern auch auf das entsprechende Drumherum. Und das ist für einen Generalbundesanwalt nicht das Treppenhaus, ohne die Ikonografie des Amtes und dessen staatstragende Würde. Range hätte für ein so brisantes Statement unbedingt einen ruhigen Hintergrund gebraucht, kein Treppenhaus oder einen Flur. Es ist ein Grundproblem vieler Juristen oder auch Führungskräfte mit juristischer Ausbildung: In der Sache sehr genau und gründlich zu kommunizieren, sich aber wenige Gedanken um die mediale Wirkung zu machen. Eine Ausnahme bildete hier Justizminister Heiko Maas, der vor seine Interviewwand trat und Range zeigte, wie man es medial richtig macht.

> „Der von Generalbundesanwalt Range heute vermittelte Eindruck, dass das Bundesministerium der Justiz und für Verbraucherschutz gestern nach Kenntnis der vorläufigen Bewertung eines externen Gutachters eine Anweisung erteilt hat, den

Gutachtenauftrag zurückzuziehen ist nicht zutreffend. Richtig ist vielmehr, dass bereits am vergangenen Freitag mit Generalbundesanwalt Range die Rücknahme des externen Gutachtenauftrages gemeinsam verabredet war, und zwar ohne Kenntnis eines möglichen Ergebnisses des Gutachtens.
Die Äußerungen und das von Generalbundesanwalt Range heute gewählte Vorgehen sind nicht nachvollziehbar und vermitteln der Öffentlichkeit einen falschen Eindruck. Ich habe Generalbundesanwalt Range mitgeteilt, dass mein Vertrauen in seine Amtsführung nachhaltig gestört ist und ich deshalb im Einvernehmen mit dem Bundeskanzleramt seine Versetzung in den Ruhestand noch heute beim Bundespräsidenten beantragen werde. Als Nachfolger für das Amt des Generalbundesanwaltes werde ich den Generalstaatsanwalt aus München, Herrn Dr. Peter Frank, vorschlagen. Danke."[157]

Dann trat Maas unverzüglich ab – keine Möglichkeit für Nachfragen. Im Nachgang zu seiner Entlassung legte Range noch einmal nach, um die Deutungshoheit über sein Handeln zurückzuerlangen. „Ich wollte nicht wie ein geprügelter Hund vom Hof schleichen, sondern aufrecht durchs Tor gehen – auch um mich nicht strafbar zu machen."[158] Damit machte Ruheständler Range deutlich: Die Sache ist noch nicht erledigt. Denn indem er sagte, er wolle sich „nicht strafbar machen", sendete er eine deutliche Anschuldigung in Richtung Justizminister. Hat dieser sich vermutlich strafbar gemacht? Sein Amt missbraucht?

Im Grunde genommen kann nur einer von beiden die Wahrheit sagen: Entweder gab es eine derartige Anweisung, oder es gab sie nicht. Range wird als Ex-Generalbundesanwalt stets den Vorteil haben, dass er scheinbar frei aufspielen kann. Journalisten werden seine Darstellung aus verschiedenen Gründen für plausibler halten: Er ist nicht mehr der Struktur des Justizministeriums unterworfen, Justizminister Heiko Maas hat dagegen noch etwas zu verlieren – nämlich sein Amt. Der Vorwurf der Beeinflussung eines laufenden Ermittlungsverfahrens wird für einen Justizminister schnell zum Rücktrittsgrund. Allerdings wäre noch eine weitere Variante denkbar: Im Gespräch glaubte Maas einen Konsens gefunden zu haben und Range empfand dies als Weisung. Es wäre nicht das erste Mal, dass der Wunsch eines Ministers als verbindliche Weisung interpretiert würde. Maas könnte dann von einem Missverständnis sprechen und versuchen, sich aus der Affäre zu ziehen.

Die feinen Veränderungen kann man durch genaue Beobachtung der Statements von Kanzlerin Merkel herausfinden. Wenn die Kanzlerin auf sanfte Distanz zu Maas geht, dann ist auch für den Justizminister der Zug abgefahren. Dann würde auch die feine Nuance eines Gespräches und dessen Neubewertung keine Rolle mehr spielen.

Junge Klassiker

Mertesacker und Büchler

Die meisten von uns werden sich vermutlich immer daran erinnern wo sie gerade waren, als Deutschland gegen Brasilien mit dem 7:1 Sieg bei der Fußball-Weltmeisterschaft Geschichte schrieb. Aber wo waren wir beim Algerien-Spiel? Keine Ahnung. Das haben wir vermutlich verdrängt – wie das Spiel selbst. Irgendwie wurde es knapp gewonnen, mit Algerien tat sich die deutsche Elf ein wenig schwer. Direkt nach dem Spiel gab Per Mertesacker, dem Experten zwar Spielintelligenz nachsagen, aber ihm auch immer wieder mit dem Vorwurf der Behäbigkeit oder gar Langsamkeit konfrontieren, dem ZDF ein Interview. Verschwitzt, außer Atem, also ganz so, wie man es als Sportreporter gerne hat: Authentisch, unverfälscht und noch nicht durch die Pressesprecher des DFB und deren PR-Versatzstücke weichgespült. Eine hervorragende Ausgangslage für kraftvolle O-Töne.

Sportreportern eilt der Ruf voraus, dass sie eigentlich keine Journalisten seien, sondern nur Fans, die es dank Presseausweis hinter die Absperrung geschafft haben. Damit tut man vielen Kollegen natürlich unrecht – aber dieser Ruf, in der Regel unkritisch zu sein, kommt ja auch nicht aus dem Nichts. Denn ihnen verdanken wir die Dokumentation so dankbarer und gehaltvoller O-Töne, wie sie zum Beispiel Lukas Podolski immer wieder zustande bringt: „Da hatte ich den Ball. Stand aber keiner frei. Da hab ich halt selbst geschossen und dann war er drin." Und so sind denn auch manche Sportreporter, insbesondere bei den sogenannten Seitenlinien-Interviews bemüht, eine scheinbar kritische Haltung einzunehmen, um ein wenig mehr Substanz zu Tage zu fördern und nicht als Mikrofonständer zu verkommen. Ein lobenswerter Ansatz.

Der ZDF-Kollege Boris Büchler hatte sich während des Spiels gegen Algerien offenbar durch ZDF-Kommentator Bela Rethy auf folgende Haltung einnorden lassen: Spielerisch ist das nicht das Niveau, das man von der deutschen Mannschaft erwarten kann. Sein Problem: Bela Rethy blieb mit seinen Ansichten schön in der sicheren Kommentatorenkabine sitzen, während Büchler diese Rethy-Thesen zu den Spielern trug, die bis dahin von Bela Rethys Analysen noch nichts mitbekommen hatten und sonst vermutlich direkt vom Platz auf die Pressetribüne gestürmt wären. Nun trafen kurz nach dem Spiel zwei Welten aufeinander, wie sie unterschiedlicher nicht sein könnten: Ein Mensch aus der Blut-Schweiß-Tränen-Welt und ein anderer aus der Welt der klimatisierten Presselounge mit Käsehäppchen und Aperol-Spritz, der offenbar vom Feldherrenhügel aus die Schlacht betrachtet hat, während da unten jemand mit dem Messer zwischen den Zähnen knietief im Kampfgetümmel gesteckt hat. Dazwischen kam natürlich die in der Vorberichterstattung immer wieder aufkommende Kommentierung zum Tragen: Wer ist schon Fußballzwerg Algerien im Vergleich zur führenden Mannschaft Europas? Eine gute Grundlage für Fehleinschätzungen und Überschätzung. Das bekam vor allem die deutsche Mannschaft zu spüren.

Mertesacker und Co. mussten auf dem Platz richtig ackern. Immer die Angst im Nacken, dass nur ein einziger Fehler eines einzelnen Spielers dazu führen könnte, dass ganz Deutschland aus dem Turnier ausscheidet und anschließend Hohn und Spott über der Mannschaft ausgeschüttet werden. Objektiv betrachtet: Algerien war schwerer zu spielen als gedacht. Und dann soll Mertesacker – ausgelaugt, aber noch voller Testosteron – sich anschließend rechtfertigen, warum der Pas de deux nicht mit dem Orchester harmonierte oder die Landung nach dem doppelten Rittberger etwas gewackelt hat? Mein erster Gedanke war: Soll Boris Büchler doch lieber von der rhythmischen Sportgymnastik berichten, da ist von Kampf nicht viel zu spüren. Im Fußball gibt es aber nun einmal Spiele, die hakt man hinterher besser ganz schnell ab und nimmt das Ergebnis mit in die nächste Runde. Mertesacker hat das einzig Richtige getan: Er hat zurückgekeilt. Das erleben wir bei Sportler-Interviews viel zu selten. In den ersten Kommentaren zu diesem Interview kam es erwartungsgemäß zum schnellen Schulterschluss unter Journalisten. Wenn einer von ihnen angegriffen wird, ist man schnell dabei, Korpsgeist und Solidaritätsadressen zu verbreiten. Im Prinzip richtig und verständlich – aber hat ein Interviewter immer Unrecht, wenn er sich wehrt? Andere würden sich mit etwas zeitlichem Abstand zu ihren eigenen Aussagen distanzieren, Mertesacker stand auch im Rückblick dankenswerterweise zu seinen Aussagen:

„Ich hab' in dieser Situation meinen Emotionen freien Lauf gelassen. Ich glaube, es steht jedem Sportler das Recht zu, so auf Fragen zu antworten, wie er es momentan fühlt."[159]

Genau das hat er getan. Sport ist Unterhaltung – Emotionen gehören dazu. Eine rein deskriptive Ergebnisberichterstattung bringt den Sport nicht voran. Aus der Distanz brachte auch Weltmeister Thomas Müller die Kritik nach dem Algerien-Spiel auf den Punkt, denn man habe „fast das Gefühl [gehabt], dass wir uns für das Weiterkommen ins Viertelfinale entschuldigen mussten."[160] So hört sich der gleiche Inhalt aus der Distanz an. Voller Adrenalin und wenige Minuten nach dem Spiel, froh überhaupt weitergekommen zu sein, hätte mit Sicherheit aber auch der sonst sehr medien-entspannte Thomas Müller anders reagiert. In der FAZ schrieb Frank Lübberding dem ZDF-Reporter Boris Büchler im Feuilleton ein großes Lob ins Poesiealbum:

„Nach professionellen Maßstäben hatte Büchler unfassbares Glück gehabt. Keine Floskeln, dafür ein Statement mit Erregungspotential. Was will er mehr in der Epoche der als Journalismus drapierten Aufmerksamkeitsökonomie? Mit seinen Fragen, so unsinnig dieses Format Spieler-Interview auch sein mag, hatte er beim Innenverteidiger einen wunden Punkt getroffen."[161]

Ja, das tröstet auch Reporter, die plötzlich Gegenstand der Berichterstattung geworden sind, weil ihr Interview ein wenig aus dem Ruder lief. Aber auch wenn man die Bewertung der FAZ sorgfältig liest: Es wird dort nichts darüber ausgesagt, ob Büchler nun seinen Job gut oder schlecht gemacht hat. Von „Glück" ist da die Rede. Ich würde es eine glückliche Fügung nennen, dass beide sich auf ihre Rollen bedacht haben: Mertesacker als Kämpfer für Deutschland, Büchler als Schöngeist für Deutschland. Nur, dass in solch kampfbetonten Spielen weniger Schöngeist als Kraft gefragt ist und Büchler offenbar nicht in der Lage war, auf die veränderte Wahrnehmung des Spiels bei Mertesacker einzugehen. Mertesacker ist sein Verhalten in dieser als Interview klassifizierten O-Ton-Abfrage keinesfalls vorzuwerfen. Und weil es so schön war, hier noch einmal zum Nachlesen:

Boris Büchler (BB): Per Mertesacker, Glückwunsch zum Einzug in die nächste Runde, ins Viertelfinale. Was hat das deutsche Spiel so schwerfällig und so anfällig gemacht?

Per Mertesacker (PM): Völlig wurscht. Wir sind unter den letzten acht und das zählt.

BB: Aber das kann ja nicht das Niveau sein, was Sie sich vorher ausgerechnet haben, wenn man jetzt ins Viertelfinale einzieht. Dass man sich noch steigern muss, denke ich, dürfte auch Ihnen klar sein.

PM: Was wollen Sie jetzt von mir? Was wollen Sie jetzt, so kurz nach dem Spiel? Kann ich nicht verstehen.

BB: Ich gratuliere erstmal zum Spiel und wollte dann fragen, warum es in der Defensive und beim Umschaltspiel nicht so gut gelaufen ist, wie man sich das vorgestellt hat. Nur so.

PM: Glauben Sie jetzt, unter den letzten 16 ist irgendwie 'ne Karnevalstruppe oder was? Sie haben das hier richtig schwer gemacht über 120 Minuten. Wir haben gekämpft bis zum Ende. Und haben überzeugt, besonders dann in der Verlängerung. Das war ein Auf und Ab, wir waren mutig, haben natürlich viel zugelassen. Aber trotzdem muss man lange Zeit die Null halten. Das haben wir geschafft. Und darüber hinaus haben wir zum Ende hin verdient gewonnen. Alles andere ... Ich leg' mich erst mal drei Tage in die Eistonne, und dann analysieren wir das Spiel, und dann sehen wir weiter.

BB: Absoluter Kraftakt, eine Energieleistung, glauben Sie, dass jetzt noch mal dieser Wow-Effekt kommt, so wie bei der WM 2010 zum Beispiel – dass es auch spielerisch besser läuft?

PM: Was wollen Sie? Wollen Sie 'ne erfolgreiche WM oder sollen wir wieder ausscheiden und haben schön gespielt? Ich versteh die ganze Fragerei nicht. Wir sind weitergekommen, sind super happy, haben heute alles gegeben und bereiten uns jetzt auf Frankreich vor."[162]

Gabriel und Slomka

„Wie fanden Sie denn das Interview von Marietta Slomka und Sigmar Gabriel im ZDF?" Ich muss überlegen. Meine Seminarteilnehmer legen nach: „Sie haben doch so viele Beispiele, da ist das doch sicher auch dabei." Nein, wirklich nicht. Ich halte es nicht für so außergewöhnlich und hatte es bis dahin bewusst aus meinen Seminaren herausgehalten. Aber es stimmt: Für Fernsehzuschauer war es wirklich etwas Besonderes, als Slomka und Gabriel sich verbal ineinander verbissen.[163]

Das Auffällige an diesem Interview ist, dass es nicht so weichgespült wirkt, wie andere Interviews die live (oder unter Live-Bedingungen vor der Sendung aufgezeichnet) in Informationssendungen von den Moderatorinnen und Moderatoren mit Politikern geführt werden. In der Regel sind es wenige Fragen (drei bis vier), die zuvor meist abgesprochen werden, weil es von den Antwortlängen auch ins Sendeformat passen muss. Für Nachfragen oder klassische Konfrontationsinterviews bleibt dort eigentlich wenig Zeit. Das wissen vor allem auch die Gesprächspartner, die gerne der Antwort bei unangenehmen Fragen ausweichen – wohl wissend, dass bei Nachfragen zum selben Themenpunkt dem Moderator die Zeit ausgeht, die er für sein Interview hat. So wichtig Nachrichten auch sein mögen – mindestens genauso wichtig ist es, dass der Spätfilm pünktlich beginnen kann, damit Zuschauer nicht zur Konkurrenz zappen.

Anlass des Gespräches war die anstehende SPD-Mitgliederbefragung zum Koalitionsvertrag. Somit mussten 470.000 SPD-Mitglieder über die Regierungsbildung mit der CDU/CSU mitentscheiden. 0,47 Millionen SPD-Mitglieder durften also über das Wahlergebnis von 32,6 Millionen bundesdeutschen Wählern befinden. Aus diesem Gedanken heraus kam der Aufbau der Interviewfragen Slomkas zustande. Slomka wählte den Ansatz, dass Juristen die Rechtmäßigkeit dieses Schrittes in Zweifel zogen. Als Journalist kann man sich dadurch inspirieren lassen für ein Interview, aber es muss einem auch bewusst sein, dass verschiedene Juristen unzählige Meinungen und Interpretationen liefern können – ohne dass der Sachverhalt sich ändert. Somit ist ein gewisses Restrisiko immer vorhanden, wenn man sich die juristische Argumentation Dritter als Vorlage für ein Interview wählt. Slomka ging dieses Risiko und scheiterte.

Gabriel reagierte zunächst noch recht jovial für seine Verhältnisse, denn inzwischen kann Gabriel auch ganz gut in Interviews austeilen. Slomka biss sich fest, getreu dem Motto: „Ich lasse mir von den Antworten doch nicht meine Position kaputt machen." Einen entscheidenden Ausschnitt hat Focus.de aus meiner Sicht gut wiedergegeben und kommentiert, weshalb ich ihn hier zitieren möchte:

> „‚Seien Sie mir nicht böse, Frau Slomka, aber ich kann Ihre Argumente nicht ernst nehmen', polterte der SPD-Chef. ‚Tun Sie mir einen Gefallen, lassen Sie uns den Quatsch beenden.' Slomka hielt dagegen: ‚Dieser Quatsch wird von sehr ernsthaften Verfassungsrechtlern diskutiert.' Dem könne man sich stellen. ‚Das mache ich doch gerade', antwortete Gabriel gereizt. Daraufhin die ZDF-Frau: ‚Sie sagen, das sei Quatsch. Das ist eine ganz besondere Form der Argumentation.' Letztlich resignierte Gabriel fast: ‚Ich habe versucht, Frau Slomka ... Es wird

ja auch nicht besser, wenn wir uns gegenseitig so behandeln.' ‚Ich behandle Sie doch gar nicht. Ich stelle nur meine Fragen', gab sie sich kühl. Und ließ auch seine nächste Attacke an sich abperlen: ‚Es ist nichts Neues, dass Sie in Interviews mit Sozialdemokraten nix anderes versuchen, als uns das Wort im Mund umzudrehen.' ‚Herr Gabriel, Sie werden mir jetzt bitte nichts unterstellen.' Seine Antwort: ‚Das machen Sie ja auch.'"[164]

Ob die Aussage „Ich kann Ihre Argumente nicht ernst nehmen" schon ein Poltern ist, möchte ich stark bestreiten. Warum muss man als Interviewter immer in diese passive Kommunikation rutschen, nur weil das Gegenüber von einem Leitmedium ist? Es fällt nur auf und in der weichgespülten Atmosphäre, in denen normalerweise derartige Interviews stattfinden, wirkt es fast schon wie ein Meilenstein des Interviews. Gabriel musste hier eine Erwartung bedienen und die Genossen, die sicher eine andere Vorstellung von der Wahl hatten, denn als Junior-Partner in eine große Koalition einzutreten, für ein „Ja" zum Koalitionsvertrag begeistern. Dazu musste er jeglichen Zweifel und Journalisten-Kritik von sich weisen, sonst hätte das für seine Partei eine knappe Sache werden können. Die von Marietta Slomka eingebrachten „sehr ernsthaften Verfassungsrechtler" hätten bei einfachen SPD-Mitgliedern zu Irritationen führen können. Also musste Gabriel als Parteivorsitzender hier gegenhalten.

Sachlich war der Irrtum von Slomka bereits nach etwa drei Minuten des Interviews geklärt. Sie hätte es dabei belassen können, aus dem Interview herausgehen und den nächsten Beitrag anmoderieren können. Aber wenn man doch schon mal dabei ist, möchte man vielleicht auch einmal als Journalistin eine weitere Duftmarke hinterlassen. Dabei hat Marietta Slomka das gar nicht nötig, denn sie ist eine gute Journalistin und wird auch so wahrgenommen. Vielleicht ging es ihr auch ein wenig an die Ehre, dass sie Gabriel nicht so leicht davonkommen lassen wollte und dann noch gut weitere vier Minuten nachlegen musste? Irgendwann kommt im Leben eines jeden Moderators der Augenblick, wo er sich hoffnungslos in einem Gesprächspartner verbeißt. Morten Freidel schrieb dazu in der FAZ: „In einer Lehrstunde für journalistisches Nebelkerzenzünden zeigen die ZDF-Reporter, wie man es nicht macht."[165] Und erwartungsgemäß formulierte die taz drastischer über Marietta Slomka: „Sie ist engagiert, aber dumm und schlecht vorbereitet"[166] Das bringt es auf den Punkt. Dumm zwar nicht, aber schlecht vorbereitet und dafür zu engagiert bei der Sache. Kann passieren. Kommt vor. Das heißt aber dann: Abhaken und das nächste Interview besser vorbereiten und besser durchführen. Auch ich habe Interviews als Moderator schon einmal schlecht vorbereitet und dann natürlich auch schlecht geführt – ich habe nur das Glück, dass die nicht auf YouTube stehen.

Der Schulterschluss der Journalisten kam aber diesmal nicht einheitlich: Während viele Medien neutral von einem „Eklat" zwischen SPD-Chef und ZDF-Moderatorin sprachen (Sie erinnern sich: Medien berichten oft, dieser sagte dieses und jener sagte etwas anderes!), bezogen andere klare Position:

„Mutter Courage – Vater Blamage" (WAZ)[167], „Paranoid, enttäuscht, hilflos" (taz)[168], „Rechthaberische Slomka nervt dünnhäutigen Gabriel" (WELT)[169], „Ein Stück Entertainment-Journalismus" (Frankfurter Rundschau)[170] und „Er bleibt cool" (FAZ)[171].

Interviews haben in der Regel eine Zweit- und Mehrfachverwertung. O-Töne aus Interviews werden für andere Sendungen und Beiträge aufbereitet, ausgeschnitten und recycelt. Kurzfassungen rutschen vom Fernsehprogramm ins Hörfunkprogramm der ARD-Sender (die sich auch beim ZDF bedienen dürfen), für das Internet gibt es noch einmal Videoclips, einen kurzen Soundbite per Twitter oder den kompletten Wortlaut in der Abschrift. Bei Gabriel/Slomka ging aber noch mehr. Da haben sie sich anschließend in Talkrunden drüber ausgelassen (Gabriel gelang es dabei, Marietta Slomka gewissermaßen als kurzfristig irregeleitete, aber grundsätzlich kompetente Journalistin darzustellen) und Horst Seehofer, in den letzten Jahren selbst von den Medien mit reichlich Wechselbädern versehen, suchte in Sigmar Gabriel einen Bruder im Leid. Seehofer sagte sogar den Auftritt im ZDF-Jahresrückblick ab, nachdem er für seine Kritik an Slomka und dem ZDF selbst Kritik einstecken musste.

Findet da noch jemand den eigentlichen Kern des Problems vor lauter Tortenschlacht um sieben Minuten öffentlich-rechtliches Fernsehen, in denen mal etwas daneben geriet, das Publikum aber gut unterhalten wurde? Ich bleibe dabei: Als gehaltvolles Beispiel für Medientrainings-Teilnehmer dient dieses Interview nicht. Aber in der Kaffeepause kann man es ja gerne mal auf Teilnehmerwunsch zeigen. Zur Unterhaltung. Es sorgt zumindest für ein wenig Heiterkeit in konzentrierter Arbeitsatmosphäre.

Gabriel und Greenpeace

Als ich bei RTL in der Nachrichtenredaktion arbeitete, erhielt ich vom Chef vom Dienst (CvD) eine klare Ansage: „Greenpeace hast Du gut zu finden – wir bekommen von denen gutes Bildmaterial und unsere Zuschauer finden Greenpeace auch gut." Das war – wie so vieles im Redaktionsalltag – zwar etwas barock formuliert und ließ den (falschen!) Schluss zu, dass man Greenpeace bei RTL absolut unkritisch gegenüber stand – aber es hatte schon einen wahren Kern. Schließlich bringen Menschen, die mit Plakaten von Schornsteinen herabhängen, gutes Bildmaterial in die Redaktionen. Ebenso schätzten wir als TV-Redakteure die spektakulären Schlauchboot-Einsätze gegen japanische Walfänger. Mich hatte die Ansage meines CvDs dennoch gefuchst, weil ich zu dieser Zeit mit der Kommunikation von Greenpeace als Journalist keine guten Erfahrungen gesammelt hatte. Dem eingereichten Material merkte man bereits nach einem oberflächlichen Faktencheck den manipulativen Ansatz an. Und bei Interviewanfragen wollten meine Gesprächspartner mir zu viele Bedingungen abringen, bevor es zu einem Gespräch kommen würde und so weiter, und so fort. Aber das wäre ein anderes Thema.

Später, als Medienberater für Unternehmen und Konzerne, hatte ich mich von Zeit zu Zeit immer wieder auf der Gegenseite von Greenpeace – und ähnlichen Organisationen – befunden und mir darüber eine etwas andere Meinung gebildet. Zumindest eine, die von der, die Medien in der Regel vermitteln, gewisse Abweichungen aufweist. Und so habe ich dann auch jene rhetorisch-brillante Sternstunde von Sigmar Gabriel genossen, in der er nach einer recht albernen Greenpeace-Aktion während seiner Rede – zwei Aktivisten hatten die Bühne mit dem Transparent „Herr Gabriel, Klimaschutz braucht Kohleausstieg" geentert – die Argumente seiner Gegner genüsslich zerpflückte. Gabriel war zu Gast bei einem Kongress der Deutschen Energieagentur (dena) im Berliner Congress Centrum am Alexanderplatz. In den Medienberichten zu diesem Auftritt, bei dem Gabriel eigentlich zu einem ganz anderen Thema sprechen sollte und dann in freier Rede die Argumente von Greenpeace auseinander nahm, sprachen die Kollegen der WELT von einer „Wutrede".[172] Gabriels Rede war jedoch alles andere als eine Wutrede, sondern ein gutes Beispiel für Gelassenheit, Souveränität, Strategie und Schlagfertigkeit. Dieses Beispiel zeigt sehr schön, dass ein Redner mit recht einfachen Mitteln seine Gegner kaltstellen kann, wenn er nur die Ruhe bewahrt. Im Internet gibt es eine Kurz- und eine Langfassung von der Greenpeace-Aktion. Für den schnellen, oberflächlichen Lacher genügt die Fassung von 85 Sekunden von N24[173] – als Basis für dieses Kapitel habe ich die 17-minütige Langfassung aus dem Video-Channel der WELT gewählt, weil sie für ein Medienfeedback wesentlich gehaltvoller ist.[174]

> „Herr Gabriel: Klimaschutz braucht Kohleausstieg! Greenpeace-Aktivisten demonstrieren bei Dena-Kongress gegen klimaschädliche Kohlepolitik."[175]

So feierte sich die Umweltschutzorganisation kurz nach der doch etwas peinlich verlaufenen Aktion – als Hüter deutscher Klimaziele. Doch mit der Pressemitteilung im Nachgang zu seiner Aktion hatte Greenpeace keine Chance gegen Gabriel und dessen Videoausschnitt der Rede und so fielen die Schlagzeilen der deutschen Medien deutlich pro Gabriel aus:

> „Charmant abserviert: So kanzelt Gabriel Greenpeace ab" (FAZ)[176], „Kohlekraftwerke: Siegmar Gabriel kontert Greenpeace-Aktivisten" (ZEIT)[177], „Sehr schlagfertig: So kontert Sigmar Gabriel gegen Greenpeace" (BILD)[178], „Ich hab das Mikro – Greenpeace-Aktivisten stürmen Bühne: Gabriel kontert schlagfertig" (FOCUS)[179], und etwas nachrichtlicher und neutral: „Greenpeace stört Rede von Sigmar Gabriel" (Berliner Zeitung)[180].

Schauen wir uns die Situation im Detail[181] an: Gabriel stand in einem klassischen Setting an einem Rednerpult mit zwei Mikrofonen links und rechts. Das bedeutet: Egal, wie er den Kopf und seinen Körper seitlich dreht, er ist immer exzellent zu verstehen. Spricht er grade nach vorne, bekommt seine Stimme maximale Wucht. Als der Mitschnitt beginnt, kam offenbar der erste von zwei Greenpeace-Aktivisten auf die Bühne. Er stellte sich artig links von Gabriel auf (aus der Publikumsperspektive beschrieben) und entrollte ein gelbes Transparent mit schwarzer Schrift. Eine gute Kombination für die TV-Kamera und Fotografen, denn Schwarz/Gelb ist ein maximaler Kontrast, stärker zum Beispiel als Schwarz und Weiß. Außerdem würde ein reines Weiß im künstlichen Licht für die TV-Kameras ungünstig strahlen und es bestünde die Gefahr des Überstrahlens, womit das Bild unbrauchbar zum Senden gewesen wäre. Da niemand wissen konnte, wie der Sicherheitsdienst reagiert, musste Greenpeace damit rechnen, dass man die Plakate nur kurz zeigen kann und in dieser Zeit maximale Wirkung – sprich: eindrucksvolle Bilder – entfalten muss. Eine klassische Quick-and-dirty-Aktion des Umweltprotestes. Dass daraus eine viertelstündige Blamage für Greenpeace werden würde, war für die Umweltschutzorganisation nicht abzusehen.

Die Erwartungshaltung von Greenpeace war also klar: Wir zeigen unsere Plakate, machen ein wenig Wirbel und halten sie so, dass die Fotografen ihr Material bekommen. Erfahrungsgemäß werden die Medienvertreter bei vielen dieser Aktionen – oder zumindest einige von ihnen – zuvor eingeweiht. Denn wenn es nicht gelingt, dieses Material in die Medien zu bekommen, hat die Aktion nicht stattgefunden für die Öffentlichkeit.

Aktivisten, die solche Aktionen mitmachen, sind in der Regel ehrenamtliche Freiwillige. Manche Organisationen bezahlen allerdings auch ein kleines Honorar für solche Einsätze, schließlich können auch ein Bußgeld und eine Anzeige wegen Hausfriedensbuchs drohen. Und: Solche Aktivisten sind in der Regel inhaltlich nicht sehr sattelfest. Eine klare Schwachstelle, die man als Redner nutzen könnte. Zwar reicht die Kompetenz für ein Plakat und eine schnelle Aktion aber das Schlimmste, was diesen Aktivisten passieren kann, ist ein „Opfer", das sich inhaltlich mit ihnen auseinander setzt, fachlich vermutlich ihrem recht oberflächlichem Wissen weit überlegen und dazu noch rhetorisch durch eine harte Schule gegangen ist. Und glauben Sie mir: Einen Mann wie Siegmar Gabriel, der in seinen Wahlkämpfen schon jahrzehntelang für seine Partei über die Marktplätze der Republik tingelt, bringt so schnell nichts aus der Ruhe. Auch andere Spitzenpolitiker zeigten zuweilen Nerven. Man erinnere sich nur an Helmut Kohl, der Konflikte gerne aussaß, bei einem Termin in Halle dann nach diversen Eierwürfen aber doch eine gewisse körperliche Beziehung zu den Demonstranten aufbaute.[182] Am Ende mussten die Sicherheitsbeamten die Demonstranten vor dem Kanzler schützen und nicht umgekehrt.

Gabriel schätzte die Situation zu Beginn des Protestes absolut richtig ein: Es bestand keine wirkliche Gefahr für ihn als Minister, denn Greenpeace ist dafür bekannt, die körperliche Unversehrtheit des politischen Gegners zu respektieren. Gabriel entschied sich für eine gute Taktik: Er nutzte seine Präsenz auf der Bühne und den Sachverstand zu dem von Greenpeace hier in die Veranstaltung hereingetragenem Thema, für einen inhaltlichen und rhetorisch exzellenten Auftritt. Zunächst einmal respektierte er die inhaltliche Verletzlichkeit der beiden Aktivisten und konfrontierte sie nicht mit seiner Sachkenntnis. Das war auch gut so, denn damit wäre Gabriel Gefahr gelaufen, jegliche Sympathie zu verspielen. Nach dem Motto: Da hat der Berufspolitiker und Vizekanzler der Bundesrepublik Deutschland zwei Studenten einmal gezeigt, wo Barthel den Most holt. Da Gabriel in Juso-Zeiten auch gern Politiker bei der Arbeit gestört hat, wäre das mit absoluter Gewissheit auf ihn zurückgefallen. Als dankbares Opfer bediente er sich eines weiteren Aktivisten, den er im Laufe seiner Improvisationsrede offenbar von früheren Begegnungen im Publikum sitzend wiedererkannte. Ihn sprach er auch immer wieder in seiner Rede an.

Der Mitschnitt beginnt mit dem Entrollen der Transparente. Offenbar wurde vom Veranstalter eine sogenannte Pool-Kamera genutzt. Das bedeutet, dass ein Kamerabild zentral erstellt wird und dann an alle TV-Sender verteilt wird, die das Material nutzen möchten. Da hier der Veranstalter die Bildregie führt, sind die Aktivisten nur dann im Bild, wenn es gar nicht anders geht und Gabriel sie anspricht. Sonst ignoriert die Kameraführung die Störer. Das ist nicht ungewöhnlich. Aus der Berichterstattung bei der Fußball-WM kennen Sie das. Dort werden sogenannte „Flitzer" in der Regel nicht gezeigt. Der Moderator sagt dann: „Wir haben einen Flitzer auf dem Platz" – aber wir sehen stattdessen nur Spieler herumstehen in einem Bereich, wo der Flitzer gerade nicht flitzt. Nur beim Abführen wird er in der Regel kurz gezeigt um die Situation bildlich aufzulösen und nicht in den Ruf zu kommen, das Bildmaterial zu sehr zu zensieren. Wir erinnern uns: Seit dem albernen „Nippelgate" von Sängerin Janet Jackson, die eine nur minimal verhüllte Brustwarze während ihrer Halbzeitshow des 38. Superbowls aufblitzen lies, werden Live-Sendungen zuweilen wenige Sekunden (etwa 10-20 Sekunden) zeitverzögert ausgestrahlt, damit die Senderegie die Zuschauer bei derartig schockierendem Bildmaterial mit einer weniger dramatischen Kameraeinstellung seelisch schützen kann. Bei TV-Shows wird diese Technik angewendet, um stets die passenden Zuschauerreaktionen einblenden zu können. Es wäre auch unschön, wenn der Comedian eine Pointe abfeuert und der Zwischenschnitt ins Publikum ausgerechnet in diesem Moment jemanden zeigt, der darüber so gar nicht lachen kann. Es ist also nicht ungewöhnlich, dass wir im Videomitschnitt von den Aktivisten nicht sehr viel zu sehen bekommen. Eine Protestaktion auf einer Veranstaltung, wo eine Pool-Kamera das zentrale TV-Bild kontrolliert birgt für Aktivisten immer das Risiko, dass am Ende des Tages nur die Besucher der Veranstaltung davon etwas mitbekommen haben. Für den Veranstalter ist es ein Schutz, dass solche Störer nicht mit seiner Veranstaltung in Verbindung gebracht werden und den Ruf ramponieren.

Anders verhält es sich bei Festakten, Staatsakten oder auch öffentlichen Trauerfeiern für die Toten einer Katastrophe oder eines Terroranschlages. Damit dort nicht Dutzende von TV-Teams ihre Kameras aufbauen und dadurch die Veranstaltung beeinträchtigen, einigen sich die Teams auf eine Pool-Berichterstattung. Hier werden dann Schwenks und Kameraeinstellungen genau vorab besprochen und man bemüht sich, zwischen den zuweilen unterschiedlichen Wünschen der TV-Teams einen Kompromiss zu finden. Oder der Veranstalter gibt nur bestimmte Bereiche für die Medien frei. Im politischen Medienleben kennen Journalisten das von jedem Gipfel: Klar definierte Bereiche für Fotografen und TV-Kameras, klare Angaben, wo gefilmt werden darf. Da macht man es subtiler: Man zensiert nicht das Bildmaterial, sondern man wählt die Location entsprechend aus und gibt – aus Sicherheitsgründen – den Medien nur Akkreditierungen für bestimmte Medien-Bereiche. Und wenn der US-Präsident vor Ort ist, kann man mit dem Argument der Sicherheit so ziemlich alles begründen. Der Bildausschnitt ergibt sich dann fast schon von ganz alleine, ohne weiteres Zutun von Pressesprechern und ihrem Verhandlungsgeschick.

Zu Sigmar Gabriel. Links (vom Zuschauer aus gesehen) entfaltete nun also ein Aktivist sein Transparent. Gabriel wandte sich ihm halb zu und unterbrach seine Rede:

"Jetzt kommt ein Kollege und sagt, dass ich doch ein paar Kohlekraftwerke stilllegen soll, nehme ich an. Was steht drauf? Zeigen sie es mir doch auch mal. [Pause] Herr Gabriel, Klimaschutz braucht Kohleausstieg! Greenpeace. [Lacher und Applaus]"

Mit der Aufforderung, ihm die Plakate auch einmal zu zeigen, brachte Gabriel sich aktiv in die Situation ein. Er erntete hier bereits die ersten Lacher und konnte sicher sein, dass das Publikum auch künftig höchstwahrscheinlich auf seiner Seite sein würde. Es sind erste Lacher, für die ein Comedian oder ein Kabarettist härter arbeiten muss, als Gabriel in dieser Rede. Er beschrieb nur das, was er sah und las das Plakat vor – eine derartig einfache Sache führt schon dazu, die Erwartungen des Publikums zu übertreffen und zu Heiterkeit zu bewegen. Er will nicht als Fotomotiv für eine Greenpeace-Aktion herhalten. Es wird hier schon klar: Gabriel nimmt den Fehdehandschuh auf.

"Dann will ich – ihr Einverständnis vorausgesetzt – darauf antworten. [Rechts neben ihm entfaltet nun eine weitere Aktivistin ein wortgleiches Transparent. Sie steht etwas abseits des Scheinwerferlichtes, die Kamera zoomt auf Gabriel.] Diejenigen, die das von uns fordern, dass wir zeitgleich aus dem Ausstieg der Atomenergie auch Kohlekraftwerke stilllegen sollen, finde ich, nehmen dabei relativ wenig Rücksicht, erstens auf die Entwicklung von Versorgungssicherheit, wir haben in Deutschland mit dem Ziel 2035 etwa 55 Prozent erneuerbare Energien am Strommarkt zu haben … [er unterbrach, offenbar gab es außerhalb der Kamera Bewegung im Saal] Nu regt Euch doch nicht auf. Nu lass die doch hier stehen. Stefan, setz Dich hin. [Lacher, Applaus] Die haben doch folgendes Problem: Hier machen die das, weil sie davon ausgehen, dass sie hier gesittet den Saal verlassen können. Ich bin nachher im Estrell mit den Betriebsräten von Vattenfall – mein Vorschlag ist, trauen Sie sich da auch mal rein [Lacher, Applaus]. In der Abteilung, die einen sind für das Gute zuständig und die anderen dürfen sich um 50.000 Arbeitsplätze kümmern, die in der Stein- und Braunkohle in Deutschland vorhanden sind, das finde ich, ist eine Arbeitsteilung, die – wie soll ich das sagen – ein bisschen antiquiert ist. Ich finde, wir müssen die Politik machen, in der wir die Klimaschutzziele erreichen da gibt es doch bei mir keinen Zweifel. Wir wollen die 40 Prozent 2020 erreichen Aber [Zwischenruf]… wir müssen… Passen Sie mal auf. Das Problem ist folgendes: Ich hab das Mikro. [Lacher] Das ist irgendwie blöde. Ich weiß. Aber so ist es nun mal. Und wenn Sie mir die Chance geben, ihre Argumente auseinander zu nehmen, lasse ich mir das nicht entgehen. Darauf können Sie sicher sein."

Es folgten eine ganze Reihe ruhig und sachlich vorgetragener Argumente für die Position Gabriels, dann bezog er direkte Position zu Greenpeace:

> „Das ist ja auch der Vorschlag von Greenpeace, dass wir aus der Kohle schnell aus und in Gaskraftwerke [Zwischenruf]. Natürlich. Also wenn ich das lese, das ist ja eine wenig differenzierende Forderung [er zeigte auf das Plakat und unterbrach kurz]."

Gabriel nutzte hier die schlechte Durchführung der Aktion zu seinen Gunsten. Auf einem Plakat, das maximal für ein Foto taugen soll um dann in der Kommunikation zum Nachgang der Aktion die Inhalte nachzuschieben, kann Greenpeace natürlich nicht Details aufführen und möglichst viele Variablen in der Energiepolitik darstellen. Darüber hinaus hatte der inhaltlich wohl etwas versiertere Greenpeace-Mitarbeiter den Platz im Publikum vorgezogen, während seine Helfer im Rampenlicht stehen durften. Dumm gelaufen: Oben stand niemand, der inhaltlich mithalten könnte – und im Publikum saß die eigene Kompetenz, aber ohne jegliche Wahrnehmung für TV-Kameras und damit die Öffentlichkeit. Denn nur in der Live-Situation kann die Organisation sicher sein, dass ihre Aussagen unverfälscht und unbearbeitet über die Medien Verbreitung finden. Gabriel nutzte das clever aus. Er bediente sich einer Schlagfertigkeits-Technik, die so simpel ist, dass die meisten sie nicht anwenden, weil sie sie vor lauter Einfachheit gar nicht mehr sehen: Er beschrieb nur das, was er gerade sah. Damit passierte im Publikum Folgendes: Man sieht, dass der Vizekanzler gestört wird. Die Erwartungshaltung: Gabriel regt sich auf. Machte er aber nicht, sondern blieb gelassen. Das Publikum war überrascht und begann, sich darüber zu amüsieren. Man hörte gespannt zu, was der Vizekanzler nun als nächstes machen würde.

> „[Der erste Aktivist wird von der Bühne geführt – es läuft gesittet ab] Also von mir aus können die da stehen bleiben. Ich habe da keine Probleme mit. Und vor allem: Wenn ich hier stehe – warum sollen die sich hinsetzen dürfen? [Die zweite Aktivistin wird mit sanftem Druck ebenfalls von der Bühne geführt. Lacher im Publikum.]"

Er beschrieb was er sah – und bekam natürlich recht, denn das Publikum sah ja dasselbe: Gabriel musste stehen und die jungen Menschen „durften" sich schon mal setzen. Das produzierte Lacher zu einer Pointe, die im Grunde genommen gar keine ist. So kann ein Redner das Publikum gut hinter sich bringen. Da das Publikum Gabriel zu diesem Zeitpunkt (seit Beginn der Störung waren gut dreieinhalb Minuten vergangen) emotional aber bereits folgte und ihm Sympathien entgegen brachte, war die Aufmerksamkeit extrem hoch. Gabriel hätte jetzt gelassen zu seinem Ursprungsthema zurückkommen können, aber er hat ein gutes Gespür für Stimmungen und den richtigen Riecher, dann auch die passenden Themen zu platzieren. Das Thema Kohlekraftwerke schien ihm wichtiger als sein eigentliches Thema und da ihm die Bühne nun auch ohne Plakat-Dekoration wieder gehörte, nutzte er die Aufmerksamkeit dafür, dieses Thema genüsslich noch weitere 14 Minuten zu platzieren. Da Gabriel sich mit diesem Thema schon länger beschäftigte und er ohnehin noch am selben Tag bei einer anderen Veranstaltung über dieses Thema sprechen wollte, war er gut vorbereitet und brauchte dafür kein Manuskript. Er wusste genau, wie seine Argumente aufgebaut sind und spulte diese routiniert ab. Am Rande gab es Unruhe. Er unterbrach:

„Jetzt legt sich der Sicherheitsbeamte noch hin. Gut. Also. Meiner Aufforderung, die hier stehen zu lassen sind sie nicht gefolgt. Gut. Spaß muss doch sein, Mensch. Wir sind in einer offenen Demokratie da darf man auch demonstrieren und ich meine, wenn ich mich daran erinnere, [Applaus] wenn ich mich daran erinnere, wie gerne ich in meiner Zeit wo ich kein Amt hatte, gerne Politiker geärgert habe, also ...Insofern ... Nein ich will jetzt ... man muss ... es gibt ja zwei Formen der Vergangenheitsbewältigung. Die einen rechtfertigen sich immer noch, die anderen sind schon stolz drauf. Ich habe für mich den zweiten Teil schon erreicht. Also von daher zurück zum Thema."

In den folgenden Minuten sprach Gabriel weiter über das Thema und glänzte mit exzellentem Faktenwissen, das er rhetorisch gut nutzte. Auch die Industrieproduktion und das darauf basierende gute Abschneiden Deutschlands in der Finanzkrise bemühte er nun als Argumente für niedrige Strompreise in Deutschland. Auch die Grünen bekamen so ihr Päckchen geschnürt, bis er dann schließlich wieder auf Greenpeace zu sprechen kam – denn offensichtlich war gerade wieder gestört worden:

„Also ich kann nix dafür ...[weitere Zwischenrufe] ... Nee ... Ich halte hier eine Rede und Ihr habt die Rede versucht zu stören und jetzt gehe ich auf Euch ein und dann können Sie sich nicht darüber beschweren. Dann müssen Sie mich woanders erwischen als bei einer Rede. Bei einer Diskussion zum Beispiel. Ist ja auch nicht das erste Mal, dass wir uns treffen. Sie machen eine Politik, die im Ergebnis dazu führt, dass Strompreise in Deutschland weiter steigen."

Gabriel wechselte hier vom Gruppen-Du („Ihr", „Euch") wieder zum förmlichen „Sie". Und das tat er sehr geschickt: Dort, wo es um die Proteste als solche ging, ließ er den Ex-Juso und das Genossen-Du heraushängen. In dem Augenblick, wo er wieder in die Rolle des Staatsmannes schlüpfte, war das „Sie" wieder die korrekte Ansprache für ein und dieselbe Person. Er wechselte damit gut die Ebenen und strahlte weitere Souveränität aus, weil er alle Ebenen zeitgleich zu bedienen vermochte. Er schlug einen guten Bogen vom Fracking über die Grundstoffindustrie zum Emissionshandel, bis er seine persönlichen Motive in dieser Frage offenlegte und dabei in einer passenden und unterstützenden emotionalen Geste die rechte Hand beim Thema „Grundstoffindustrie" zum Herzen führte, während er den Greenpeace-Mitarbeiter im Publikum geradeheraus anschaute:

„Wenn Sie die Grundstoffindustrie, in der Sie nicht beheimatet sind ... Das stimmt ... Aber wo zum Beispiel in meinem Wahlkreis tausende Menschen von leben. Wenn Sie die Grundstoffindustrie aus Deutschland vertreiben, dann vertreiben Sie nicht die Grundstoffindustrie, sondern ganze Wertschöpfungsketten der industriellen Wertschöpfung. Das Ergebnis ist nicht irgendwie böswillig von dem Chef der BASF als De-Industrialisierung bezeichnet worden, weil er was gegen Sie oder gegen Umweltschutz oder Klimaschutz hat. Sondern es ist die ökonomische Realität dieses Landes. Und wenn Sie das machen, wird dieses Land am Ende übrigens kein Geld haben, sich die Energiewende zu leisten."

Besser konnte er den Widerspruch zwischen theoretischen, ökologischen Denkmodellen und der Wirklichkeit nicht aufzeigen. Zumal sein Gegner nicht mit einem Mikrofon in einer Diskussionsrunde auf der Bühne saß, sondern wehrlos und stumm im abgedunkelten Publikum. Darüber hinaus fokussierte Gabriel seinen Gegner während seiner Argumentation mit festem Blick, wendete ihn aber geschickt vor der eigentlichen Schlussfolgerung wieder von ihm ab und drehte sich ins Publikum. Damit senkte er die Bereitschaft des Gegners, einen weiteren Zwischenruf zu platzieren. Hätte Gabriel bei der Pointe den Blick auf den Gegner gerichtet, hätte dieser es als Aufforderung zur Erwiderung interpretieren können. So aber hielt Gabriel seinen Gegner gut in Schach. Da sich dort seit Minuten akustisch nichts mehr rührte, stachelte er ihn wieder ein wenig an, um wieder auf dessen Kosten zu punkten:

„Tun Sie mir mal einen Gefallen. Machen Sie mal ein Plakat, und sagen: Herr Gabriel, wir möchten den Kohleausstieg bis zu folgendem Jahr haben. Das machen Sie natürlich nicht. Weil Sie natürlich damit eine differenzierte Botschaft in die Welt setzen würden und Differenzierungen passen nicht in Propaganda. Deswegen machen Sie das nicht."

Es kam keine Erwiderung, der Weckruf an seinen Gegner schien noch nicht zu funktionieren. Gabriel konzentrierte sich jetzt von seiner Blickrichtung und Körpersprache wieder etwas mehr in die Mitte. Sollte der Gegner schon die Segel streichen? Gabriel stichelte weiter:

„Das ist ja auch ne putzige Geschichte. Greenpeace und andere gehören ja mit zu den Erfindern des Emissionshandels [da ist endlich der nächste Zwischenruf!]. Doch, Sie fanden das immer gut, dass wir [Zwischenruf]. Na also ... jetzt distanziert euch doch davon, dass Ihr der Meinung wart ...[Gabriel lächelte jovial und zeigte auf die Ecke, in die vermutlich die weibliche Aktivistin abgeführt worden war] Jetzt sagen Sie doch wenigstens, dass das die Wahrheit ist ....[Zwischenruf] ... Greenpeace ... na komm ... Ihr habt immer – wie ich finde: zu recht – [er brach ab und kehrte zurück zum den Kosten des Klimawandels]"

Inzwischen waren knapp 16 Minuten vergangen.

„Er sagt, ich soll aufhören. Aber wenn ich schon mal darf, dann ... [Lacher, Applaus] ... Mein herzliche Bitte, ich weiß, ich hab da bei Ihnen keinen Erfolg für aber öffentlich werbe ich dafür."

Und jetzt nahm Gabriel den „Aufhören"-Ruf des Störers in seine Rede auf. Fest nach der PR-Regel Touch-Turn-Talk drehte er den Spieß herum. Aufhören – dieses Wort benutzte er nun in dieser Redepassage als Argument zur Bekämpfung seiner Gegner. Er verwendet eine sogenannte Anapher – denselben Satzanfang mehrfach zu nutzen. Das ist effektiver als Erstens, Zweitens, Drittens.

„Aufhören, die Dinge zu simplifizieren. Aufhören, den Leuten was vorzumachen über die Aufgabe, die wir vor uns haben. Und Aufhören ... Weil ständig Illusionen am Ende enttäuscht werden und dann natürlich alle Menschen sagen: Es funktioniert alles nicht. Wenn man so weiter macht, indem man Illusionen verbreitet und am Ende bei höheren Strompreisen landet – das ist die einzige Möglichkeit, die Energiewende noch zum Scheitern zu bringen. Das ist die einzige Möglichkeit. Und deswegen sage ich: Schluss mit Illusionen, und anfangen, über das zu reden, was wir wirklich machen können.

Und ich bin sicher: Wir erreichen auch die Klimaschutzziele. Aber wir müssen sie schon so erreichen, dass das ökonomisch in Deutschland irgendwie zusammen passt. Und: Das ist doch ein Erfolg in der Welt. Denn sonst haben wir es hier super hingekriegt, und keiner macht mit. Dann ist uns gar nicht geholfen. Und deshalb finde ich, dass man damit etwas anders umgehen muss als mit dem Hochhalten von zwei Transparenten.
Aber ich weiß, dass Ziel ist, morgen in der Zeitung zu sein. Ich bin mal gespannt, ob die nur die Bilder bringen oder auch ein bisschen von dem, was ich gesagt habe. Aber wenn nicht, ist halt auch egal [er lacht, das Publikum auch]."[183]

Ich gebe zu, dass ich in meinen Videobeispielen zur Unterfütterung meiner Medientrainings auch gerne Negativ-Material von Sigmar Gabriel zeige, in dem er Journalisten auf das Übelste abbügelt. Als Gabriel-Fan gelte ich dann wirklich nicht. Aber bei *diesem* Auftritt – Chapeau, Siggi Pop!

Merkel und zu Guttenberg

Die Kanzlerin hatte unter PR-Gesichtspunkten nur versucht, einen guten Job abzuliefern als sie sich redlich mühte, ihren Verteidigungsminister vor Angriffen aus dem wissenschaftlichen Inland zu verteidigen. Aber es musste gründlich schief gehen, weil die Grundannahmen des Falles zu Guttenbergs zu den medialen Auswirkungen bereits zu Beginn an fehlerhaft waren.

Im Rahmen einer genaueren Beleuchtung der Doktorarbeit von Karl-Theodor zu Guttenberg, wurden Unregelmäßigkeiten bei der Angabe wissenschaftlicher Quellen festgestellt und in ersten Medienberichten kommentiert. Es war abzusehen, dass hier auf zu Guttenberg über einen vermutlich längeren Zeitraum negative Berichterstattung hereinbrechen würde. Zu diesem Zeitpunkt hätte nur zu Guttenberg selbst verlässlich Auskunft darüber geben können, wie sehr er bei seiner wissenschaftlichen Arbeit Texte ungenannter Quellen übernommen (Plagiat), oder wie sehr er mit den Fußnoten und Quellenangaben geschlampt hatte. Karl-Theodor zu Guttenberg war für die CDU/CSU so etwas wie ein Popstar, den man aufbaute. Derartige Popstars laufen im politischen Betrieb zwar stets Gefahr, zu dicht an die Sonne zu fliegen und dann abzustürzen, aber einen

Versuch war es wert, ihn zu halten. Zu Guttenberg kam auf Seehofers Geheiß in das Kabinett Merkel und seine Frau Stephanie zu Guttenberg, die sich privat über viele Jahre unter anderem auch in der privaten Vereinigung *Innocence in Danger* gegen sexuellen Missbrauch von Kindern engagierte, stand als Co-Moderatorin in der RTL2-Sendung „Tatort Internet – Schützt endlich unsere Kinder" im Fokus der Öffentlichkeit. Die Sendung polarisierte: Die Redaktion lockte an Kindern sexuell interessierte Männer zu einem Treffen und konfrontierte sie vor laufender Kamera mit ihren Neigungen. Eine Sendung, ganz nach dem Herzen der Volksseele. Die Medien waren voller Homestories über die zu Guttenbergs, denn eine Frau, die sich gegen Kinderschänder engagierte und deren Gatte eine Armee befehligte – das hatte es in Deutschland noch nicht gegeben. Eine absolut gelungene Kombination, aus der die Medien gerne ihren Nektar saugten. Darüber hinaus wussten sich die zu Guttenbergs auch als politisches Paar gut in Szene zu setzen. Stephanie zu Guttenberg flog gemeinsam mit ihrem Mann, dem Verteidigungsminister, auf eigene Kosten zu einem Truppenbesuch nach Afghanistan. Damit war sie die erste Ministergattin, die ihren Mann in ein Kriegsgebiet begleitete. Es schien, als habe die CDU/CSU endlich ein deutsches Pendant zu Brad Pitt und Angelina Jolie gefunden.

Aber es sollte so ganz anders kommen, als gedacht. Gehen wir deshalb sechs PR-Annahmen zum Beginn der Plagiatsaffäre durch.

1. Ein solch nützliches und gut funktionierendes Juwel konservativer Politik in Deutschland lässt man unter PR-Gesichtspunkten nicht leichtfertig fallen. Richtig.
2. Ein paar Fußnoten oder Quellenangaben sind nicht so staatstragend, wie uns einige in der Öffentlichkeit weißmachen wollen. Falsch.
3. Akademiker und Wissenschaftler werden diesem Fall keine weitere Bedeutung beimessen. Falsch.
4. Was der Doktorand Karl-Theodor zu Guttenberg an der Universität Bayreuth 2006/2007 getan hat, steht in keinem Zusammenhang mit seiner Rolle als ehemaliger Bundesminister für Wirtschaft und Technologie (2009) oder gar als amtierender Verteidigungsminister. Falsch.

5. Es wird uns gelingen, die Plagiatsvorwürfe in der Öffentlichkeit als Petitesse darzustellen und/oder die Lichtgestalt zu Guttenberg als Verteidigungsminister wird das kompensieren. Falsch.
6. Das Voranbringen der Bundeswehrreform ist auch für die Medien wichtiger als Plagiatsvorwürfe. Falsch.

Damit stand es 1:5 zugunsten falscher Einschätzungen. Dabei wäre es im Prinzip so einfach gewesen, die Weichen von Angela Merkels Kommunikation direkt richtig zu stellen: CDU/CSU profitierten zu diesem Zeitpunkt – trotz gelegentlicher Kritik in der Öffentlichkeit – im Großen und Ganzen von der enormen medialen Wirkung der zu Guttenbergs. Für die Öffentlichkeit war der private Anteil in der Berichterstattung über den Verteidigungsminister durchaus eine Grundlage, die politischen Ergebnisse zu Guttenbergs einzuschätzen und zu bewerten. Wir hatten beinahe amerikanische Verhältnisse. Aber aus den USA lernen wir auch immer wieder, dass private Verfehlungen der politischen Spitze eine besonders destruktive Dynamik bekommen. Da mochte ein Präsidentschaftskandidat in Florida ruhig verhindern, dass alle Stimmen korrekt auszählt wurden und er dadurch die Wahlen gewinnen konnte – viel schlimmer wog offenbar die Lüge eines Ehemannes, er habe zu einer bestimmten Praktikantin keine sexuelle Beziehung unterhalten. Erfahrungsgemäß durchleben Politiker dann das, was man bei einer Aktie als „Bodenbildung" bezeichnet: Der Abstieg zum Tiefpunkt und dann der (langsame) Wiederaufstieg zu alten oder neuen Höhenwerten.

Angela Merkel und ihre Berater gewichteten offenbar die Annahme 1 besonders stark und vernachlässigten die Risiken der anderen fünf. So schlitterte die Kanzlerin in eine unglückliche Abfolge öffentlicher Äußerungen. Ihre Widersprüche wurden mehr als deutlich – was Thierse schließlich zu seiner medizinischen Ferndiagnose verleitete, die Kanzlerin leide unter Schizophrenie (siehe dazu das folgende Kapitel „Thierse und die Bundeskanzler"). Wir erinnern uns: Die Kanzlerin promovierte über die Berechnung von Geschwindigkeitskonstanten von Reaktionen einfacher Kohlenwasserstoffe. Sie ist verheiratet mit dem Quantenchemiker Professor Joachim Sauer, den sie von der Akademie der Wissenschaften kennt und der als Professor an der Humboldt-Universität arbeitet. Eine gewisse Sensibilität für akademische Themen kann also bei der Kanzlerin vorausgesetzt werden. Die Kanzlerin legte sich fest:

„Mir geht es um die Arbeit als Bundesverteidigungsminister, und die erfüllt er hervorragend. Und das ist, was für mich zählt."[184]

Eine Woche später schickte sie ihren Regierungssprecher vor. Steffen Seibert teilte im Namen der Kanzlerin mit, sie könne die Erregung, Empörung und die verletzten Gefühle in der wissenschaftlichen Welt durchaus verstehen.[185] Es ist wieder die alte, bewährte Technik von Politikern, auf die ich in *Feedback* schon des Öfteren zu sprechen kam: Man sagt nicht, dass man etwas bedauert, sondern man bedauert die Aufregung der Anderen. Genau das setzte Angela Merkel hier als Schutzschild ein. Sie äußerte nur Verständnis für diejenigen, die sich aufregten und glaubte dabei zu suggerieren, dass es noch wichtigere Dinge zu tun gibt, als alte Doktorarbeiten auf Plagiate zu überprüfen. Aber genau solche Verhaltensweisen weckten nur den Jagdtrieb derer, die gerade die Fährte aufgenommen hatten. Der Regierungssprecher wurde im weiteren Verlauf mit der Aussage zitiert, die Kanzlerin „teile aber nicht die Schlussfolgerung, dass es sich dabei um eine Missachtung der Wissenschaft gehandelt habe"[186]. Das war angesichts von Merkels akademischem Hintergrund wirklich schwer nachzuvollziehen. Tatsächlich tat Angela Merkel alles, um zu Guttenberg auf irgendeine Art und Weise halten zu können und warf sich sogar selbst in die politische Waagschale, als sie sagte: „Ich stehe zu der Person und zu der Arbeit, die er macht."[187] Ferner adelte sie ihn mit den Worten „hervorragend" und bekräftigte, sie habe zu Guttenberg als Minister bestellt „und nicht als wissenschaftlichen Assistenten". Sie schenke ihm ihr „volles Vertrauen".[188]

Fünf Tage vorher hatte sich Merkel allerdings abgesichert, versucht die Prüfung der Arbeit als normalen Vorgang darzustellen und sich zugleich von der Affäre – und ihrem Verteidigungsminister zu distanzieren: „Ich denke, der Verteidigungsminister und die Uni Bayreuth werden die Dinge klären."[189] Hier sprach Merkel nicht mehr vom Privatmann Karl-Theodor zu Guttenberg, sondern vom Amtsträger „Verteidigungsminister". Entweder war es ein Lapsus, der ihr hier unterlief, oder sie passte sich der allgemeinen Sprachregelung der Medien an, oder sie bereitete hier – zwölf Tage vor seiner Rücktrittserklärung – schon einmal alles für den großen Zapfenstreich vor. Auf jeden Fall zog sie sich mit solchen Aussagen aus der Affäre und derem Mittelpunkt. Interessanterweise stellte sie im selben Interview auch einen Vergleich zu ihrer Doktorarbeit her, denn auch ihre „Promotionsarbeit wurde schon begutachtet, beleuchtet, Experten vorgelegt, und damit muss man leben" und es sei „gut und richtig", dass in der Öffentlichkeit stehende Persönlichkeiten „näher angeschaut werden".[190] Das war ein vergifteter Satz, denn wie wir wissen, hat Angela Merkel ihren Doktortitel noch und es gab auch keinerlei öffentliche Debatte über die Qualität ihrer wissenschaftlichen Arbeit. Indem Merkel hier sehr deutlich zwischen sich und zu Guttenberg verglich, machte sie vor allem den Unterschied zwischen ihnen beiden deutlich: Er flog auf – sie hatte weiterhin eine weiße Weste.

Darüber hinaus hatte zu Guttenberg zu diesem Zeitpunkt bereits einige größere und kleinere Affären in den Medien zu überstehen gehabt: Die Zustände auf der Gorch Fock nach dem Tod einer Kadettin; einen tödlichen Schießunfall in Nord-Afghanistan, bei dem zu Guttenberg einräumen musste, das Parlament nur unzureichend informiert zu haben sowie geöffnete Feldpostbriefe von Soldaten. Alle drei Skandale waren darüber hinaus mit zahlreichen Informationspannen des Verteidigungsministeriums verbunden. Keine gute Grundlage, um eine Plagiatsaffäre in den Medien gut zu überstehen. Und nicht zu vergessen: Die umstrittene Entlassung des Generalinspekteurs und eines Staatssekretärs gleich zu Beginn seiner Amtszeit, weil er sich von ihnen in der Kunduz-Affäre[191] nicht ausreichend informiert gefühlt hatte. Wenn ein Minister bereits zugeben musste, das Parlament unzureichend informiert zu haben – wie hoch ist dann wohl die Wahrscheinlichkeit, dass sich eine Verbindung zu unsauberen Quellenangaben einer Doktorarbeit und dem Amt des Verteidigungsministers herstellen lässt? Für einen guten Journalisten ist das eine der leichtesten Übungen.

Die Aussagen Karl-Theodor zu Guttenbergs aus den letzten beiden Wochen vor seinem Rücktritt geben einen guten Eindruck von der Eigendynamik der Affäre wieder:

> 15. Februar (Strategie: Unschuld): „Ich habe die Arbeit nach bestem Wissen und Gewissen angefertigt."[192]
> 16. Februar (Strategie: Relativierung, Bagatellisierung): „Der Vorwurf, meine Doktorarbeit sei ein Plagiat, ist abstrus. Ich bin gerne bereit zu prüfen, ob bei über 1.200 Fußnoten und 475 Seiten vereinzelt Fußnoten nicht oder nicht korrekt gesetzt

sein sollten und würde dies bei einer Neuauflage berücksichtigen."[193]

18. Februar (Strategie: Vorwurf der Absurdität, der Hexenjagd): „Meine von mir verfasste Dissertation ist kein Plagiat, und den Vorwurf weise ich mit allem Nachdruck von mir. Sie ist über etwa sieben Jahre neben meiner Berufsabgeordnetentätigkeit als junger Familienvater in mühevollster Kleinarbeit entstanden und sie enthält fraglos Fehler. [...] Es wurde allerdings zu keinem Zeitpunkt bewusst getäuscht oder bewusst die Urheberschaft nicht kenntlich gemacht."[194]

Die mühevolle Kleinarbeit als Bundestagsabgeordneter zeichnete sich allerdings auch dadurch aus, dass zu Guttenberg bei den Wissenschaftlichen Diensten des Deutschen Bundestages Ausarbeitungen erstellen ließ, die er größtenteils unverändert in seine Doktorarbeit übernahm. Von einer notwendigen Quellenangabe mal ganz zu schweigen. Das klang schon eher nach „Vorteilsnahme im Amt". Übrigens: Ein Journalist der WELT musste vor Gericht darauf klagen, dass er diese Ausarbeitungen der Wissenschaftlichen Dienste einsehen durfte. Das Urteil wurde knapp viereinhalb Jahre nach dem Rücktritt zu Guttenbergs gesprochen.[195]

21. Februar (Strategie: persönliche Überforderung, Teilrückzug durch Titel-Verzicht): „Und nach dieser Beschäftigung habe ich auch festgestellt, wie richtig es war, dass ich am Freitag gesagt habe, dass ich den Doktortitel nicht führen werde. Ich sage das ganz bewusst, weil ich am Wochenende, auch nachdem ich diese Arbeit mir intensiv noch einmal angesehen habe, feststellen musste, dass ich gravierende Fehler gemacht habe. Gravierende Fehler, die den wissenschaftlichen Kodex, den man so ansetzt, nicht erfüllen. Ich habe diese Fehler nicht bewusst gemacht. Ich habe auch nicht bewusst oder absichtlich in irgendeiner Form getäuscht und musste mich natürlich auch selbst fragen: Wie konnte das geschehen, wie konnte das passieren? So ist es, dass man den Blick dann zurückwirft und feststellt, man hat sechs, sieben Jahre an einer solchen Arbeit geschrieben und hat in diesen sechs, sieben Jahren möglicherweise an der ein oder anderen Stelle, an der ein oder anderen Stelle auch zuviel, auch teilweise den Überblick über die Quellen verloren. [...] Ich sage ebenso, dass ich mich von Herzen bei all jenen entschuldige, die ich mit Blick auf die Bearbeitung dieser Doktorarbeit verletzt habe. Die Entscheidung, einen Doktortitel nicht zu führen, schmerzt, insbesondere, wenn man sechs, sieben Jahre seines Lebens daran gearbeitet hat."[196]

Das war der letzte ernsthafte Versuch, nur das abzugeben, was unvermeidlich schien: Den Titel. Interessant ist, dass Kanzlerin Merkel noch an diesem Tag auch mit ihrer Aussage zitiert wurde, nach der alleine die Arbeit zu Guttenbergs als

Verteidigungsminister für sie zähle, und die mache er hervorragend. Und das, obwohl sie nur fünf Tage vorher im NDR-Interview schon Zweifel gestreut hatte, indem sie Vergleiche zwischen ihrer und Guttenbergs Doktorarbeit gezogen hatte.

> 23. Februar (Strategie: Selbsterkenntnis): „Ich war sicher so hochmütig zu glauben, dass mir die Quadratur des Kreises gelingt – und zwar, politische Leidenschaft und Arbeit sowie wissenschaftliche und intellektuelle Herausforderungen als junger Familienvater miteinander in Einklang zu bringen. Für mich stellte das offenbar eine Überlastung dar."[197]

Offenbar war es auch zu Guttenbergs Strategie, sich in Privatperson und Minister zu teilen und durch den Verzicht auf den Doktortitel wenigstens das Amt des Verteidigungsministers behalten zu können. Das Amt des Verteidigungsministers ist immer schon ein Schleudersitz gewesen. Es kann aber auch – und das zeichnete sich bei zu Guttenberg parteiintern bereits ab – als Karrieresprung dienen. Gerade auch deshalb musste zu Guttenberg alles dafür tun, dieses Amt und auch dessen Renommee über die Zeit seiner Affäre zu retten. Am 1. März erfolgte dann jedoch auch der Rücktritt vom Amt des Verteidigungsministers. Das Problem der Plagiatsaffäre kann man im Prinzip auf drei wesentliche Fragen eingrenzen:

1. Ist es ehrenhaft, bei einer Doktorarbeit zu schummeln?
2. Ist ein Verteidigungsminister noch integer, wenn er schon bei einer Doktorarbeit schummelt?
3. Sind Fußnoten-Versäumnisse ein einmaliger Ausrutscher in seiner Karriere, wenn er bereits als Verteidigungsminister zugeben musste, angesichts der Tötung eines Soldaten das Parlament unzureichend informiert zu haben?

Die Antwort lautet dreimal „Nein". Dabei war nicht die Frage entscheidend, ob zu Guttenberg ein guter Verteidigungsminister war. Vor allem, wenn man vorher beim Aufbau der politischen Karriere die öffentliche Wahrnehmung mit Hilfe der Medien zu Gunsten der politischen Laufbahn selbst massiv beeinflusst hatte. Hier muss jetzt dringend Goethe her: Die ich rief, die Geister, werd' ich nun nicht los. Zu Guttenberg brachte in Punkto Wahrheit aber noch eine Vorgeschichte aus seiner Zeit als Wirtschaftsminister mit, die ihn dann während Plagiatgate einholte. Er sagte damals öffentlich, er

„habe vor dem Eintritt in die Politik in der freien Wirtschaft gearbeitet, war dort tätig, habe dort Verantwortung im eigenen Familienunternehmen getragen."[198]

Das klang gut und seriös. Aber es handelte sich dabei um die Guttenberg GmbH, die mit immerhin drei Mitarbeitern einen Jahresumsatz von 25.000 Euro erzielte. Ferner gab er die Tätigkeit als Aufsichtsrat in der Rhön-Klinikum AG an. Allerdings hielt seine Familie damals 26,5 Prozent der Aktien und war allein schon deshalb im Aufsichtsrat vertreten. Er aber stellte es damals so dar, als habe er den Börsengang der Rhön-Klinikum AG maßgeblich begleitet:

> „Ich durfte im Zuge dessen mit teilnehmen an einem Gang, den die Familie mit begleitet hat und zwar federführend mit begleitet hat eines großen Konzerns, der an die Börse geführt wurde und der ein M-Dax Unternehmen wurde. Ihnen werden die Rhön Kliniken etwas sagen."[199]

Als die Rhön-Kliniken an die Börse gingen, so recherchierten es die Fernsehjournalisten von der ARD, war Karl-Theodor zu Guttenberg gerade einmal knapp 18 Jahre alt. Große unternehmerische Erfahrung sieht anders aus. Auch bei der WELT wollte zu Guttenberg gearbeitet haben. Zumindest behauptete er es in einem Lebenslauf, den er inzwischen aus dem Internet gelöscht hat. Beim Axel-Springer-Verlag konnte man sich sehr wohl an ihn als Praktikanten erinnern. Und die Frankfurter Allgemeine berichtete in ihrer Sonntagsausgabe, dass aus zwei Praktika zu Studentenzeiten „berufliche Stationen in Frankfurt und New York"[200] wurden. Das ist inhaltlich ja nicht verkehrt – aber für einen Minister sieht es schon reichlich poliert aus. Nach diesem Muster könnte man auch jeden Urlaub als „private Weiterbildung im Ausland" in den Lebenslauf schreiben. Ich habe einmal in 30 Berufsjahren mit meiner Stimme Teile eines Computer-Spiels eingesprochen, dessen Namen ich noch nicht einmal kenne. Nach der Guttenberg-Formel könnte ich mich nun „Synchronsprecher für Multimediaanwendungen" nennen. Ich werde es wohlwollend überdenken.

Sehr wohl konnte man also bei zu Guttenberg ein Schema erkennen, nachdem er seinen Lebenslauf aufhübschte und ihm mehr Inhalt gab. Er platzierte Informationen, ohne diese in ihrer Vollständigkeit zu veröffentlichen, wie es sich für einen Minister gehören würde. Argumentiert auf diese Art nicht auch jemand, der es mit den eigenen Fußnoten und Quellenangaben nicht so genau nahm?

Und ist dadurch nicht auch ein Schema erkennbar im Umgang mit Krisenthemen als Verteidigungsminister?

Schließlich gelang es zu Guttenberg mit einer ausgesprochen unüberlegten Aktion die gesamten Korrespondenten der Hauptstadt gegen sich aufzubringen. Am 18. Februar, dem Tag, an dem er die gegen ihn erhobenen Vorwürfe ins Absonderliche verlagern wollte, hielt er vor ausgewählten Medienvertretern ein völlig fahriges Statement ab, in dem er schließlich vollkommen den Faden verlor und im laufenden Satz abbrach: „Können wir noch mal? [Pause] Ist das Live gewesen, jetzt gerade? Nein? Entschuldigung."[201] Seinen Sprecher hatte er zuvor als Ablenkungsmanöver vor die Bundespressekonferenz geschickt. Dort erwarteten die Hauptstadt-Korrespondenten aber natürlich den Verteidigungsminister und die Pressekonferenz wurde nach zehn Minuten letztlich abgebrochen. Spätestens jetzt musste jedem Akteur in Berlin klar geworden sein: Zu Guttenberg war nicht mehr zu halten. In den Medien wurde der Verteidigungsminister nun offen verspottet. Das gelang mehr oder weniger originell. Intellektuell war DIE ZEIT, die ihn einen „Lügenbaron"[202] schimpfte – das passte für den Freiherr zwar nicht ganz vom Adelstitel, jedoch war Münchhausen schließlich derjenige, der auf einer Kanonenkugel ritt. Wie passend, für einen Verteidigungsminister. Die taz wiederum nannte ihn ein wenig plump: „Karl-Theodor zu Googleberg"[203].

Zu Guttenbergs Doktorarbeit war ein Pilotprojekt. Danach folgten noch zahlreiche andere Spitzenpolitiker, deren Doktorarbeiten man kritisch unter die Lupe nahm. So verlor beispielsweise Silvana Koch-Mehrin (FDP) ihren Doktortitel und Annette Schavan (CDU) unterlag schließlich sogar vor Gericht und erhielt ihren Doktortitel aberkannt. Annette Schavan war übrigens Bildungsministerin und da wiegt eine plagiierte Dissertation noch schwerer, als bei einem Verteidigungsminister oder einer Europaabgeordneten. Die Doktoren-Jagd funktionierte so lange, bis man in der öffentlichen Wahrnehmung dieser Geschichten überdrüssig wurde und die Medien das Interesse daran verloren. Das bedeutet, dass künftig vielleicht doch noch der eine oder andere über seine Fußnoten stolpert, sollte dieses Interesse zurückkehren.

Zur Erinnerung: Nur zu Guttenberg wusste zu Beginn der Vorwürfe, wieviel Wahrheitsgehalt darin steckte. Anzunehmen, dass bei einer öffentlich einsehbaren

Doktorarbeit solche Verfehlungen nicht ans Tageslicht kommen würden, war absolut fahrlässig. Gegenüber sich – aber auch gegenüber seinen Parteifreunden. Somit hätte zu Guttenberg zu einem wesentlich früheren Zeitpunkt schneller und konsequenter agieren müssen. Wenn es am Ende ohnehin darauf hinausläuft, den Doktortitel zu verlieren, dann hätte er diesen Schritt aktiver und früher selbst einleiten müssen um wenigstens die Chance zu haben, seinen Gegnern den Wind aus den Segeln zu nehmen. Man braucht keinen Doktortitel, um ein guter Verteidigungsminister zu sein. Aber wenn man sich, wie zu Guttenberg, den Doktortitel Fußnote um Fußnote scheibchenweise in der Öffentlichkeit abnehmen lassen musste, dann kratzte das auch an der Integrität eines Verteidigungsministers.

Erwartungsgemäß erging sich die politische Opposition in den üblichen Begriffen von der Kategorie „Riesenblamage" oder „beschädigter Glaubwürdigkeit", aber aus den eigenen politischen Reihen orakelte Baden-Württembergs Wissenschaftsminister Peter Frangenberg bereits „er wird eine politische Zukunft haben" in die Mikrofone.[204] Und Hessens Ministerpräsident Volker Bouffier (CDU) rollte ihm bereits für die Zukunft den roten Teppich aus:

> „Seine hohe Beliebtheit in der Bevölkerung ist ein Ausweis dafür, dass es ihm gelungen ist, in der Politik Themen so anzusprechen, dass viele Menschen sich in ihm wiedergefunden haben. [...] Ich kann nur sagen, es ist eine ganz außergewöhnliche politische Begabung. [...] Wenn man zwei Dinge mal trennt, seine politische Arbeit und das ganze Drumherum um seine Promotion, dann würde ich persönlich mich freuen, wenn es eine Gelegenheit gäbe, wo er seine Begabungen wieder einsetzen kann."[205]

Solchen Zitaten ist ganz deutlich anzumerken, dass die Unionsparteien sich des Markenwertes eines Karl-Theodor zu Guttenberg durchaus noch bewusst sind. Oder um es mit einem geflügelten Wort von Paulchen Panther zu sagen: „Stimmt es, dass es sein muss: Ist für heute wirklich Schluss? ‚Heute' ist nicht ‚alle Tage'. Ich komm wieder, keine Frage."

Thierse und die Bundeskanzler

Mit dem ehemaligen (Vize-)Präsidenten des Deutschen Bundestages, Wolfgang Thierse und konservativen Bundeskanzlern war es zuweilen in der Medienkommunikation ein wenig schwierig. Nicht zuletzt weil er Angela Merkel angesichts ihres Umgangs mit ihrem Verteidigungsminister Karl-Theodor zu Guttenberg und seiner Doktorarbeit öffentlich unterstellte, an einer schweren Geisteskrankheit zu leiden,[206] lohnt es auch die O-Ton-Historie Wolfgang Thierses einer genaueren Anamnese zu unterziehen.

Über das Privatleben von Ex-Bundeskanzler Helmut Kohl und seiner Frau Hannelore, die an einer Lichtallergie litt und sich im Jahr 2001 das Leben nahm, sprach Thierse etwa mit der Leipziger Volkszeitung und lieferte einen beispiellosen Umgang mit der sogenannten Autorisierung von Interviews ab. Die Leipziger Volkszeitung zitierte ihn mit den Worten:

> „Seine Frau im Dunkeln in Ludwigshafen sitzen zu lassen, wie es Helmut Kohl gemacht hat, ist kein Ideal."[207]

Damit revanchierte sich Thierse vermutlich für ein Zitat Helmut Kohls. Thierse hatte in seiner Eigenschaft als Bundestagspräsident der CDU wegen schwarzer Kassen die Rekordstrafe von über 21 Millionen Euro aufgebürdet, was Kohl laut eines Medienberichtes im kleinen Kreis mit den Worten kommentierte: „Das ist der schlimmste Präsident seit Hermann Göring."[208] Thierse wiederum regte das verständlicherweise noch mehr auf. In einem Telefonat mit SPIEGEL-Redakteuren sagte er dazu: „Ich bin mir sicher, diesen Göring-Vergleich kann Kohl gar nicht mehr überbieten" und attestierte Kohl, dass dessen Wut „etwas sehr Stabiles" zu sein scheine.[209] Dem wiederum war eine etwas harmlosere Bemerkung Helmut Kohls vorangegangen, in der er Thierse angesichts von dessen Darstellung über den Zusammenbruch des SED-Regimes als den „mit der Kerze, der Rauschebart, der sich durch die Geschichte lügt, dass es eine Schande ist" beschrieb.[210]

Man konnte also nicht davon ausgehen, dass das Verhältnis zwischen Kohl und Thierse von gegenseitigem Respekt und Achtung geprägt war. Mit der Aussage

Thierses, Kohl habe seine Frau angesichts ihres Leidens vernachlässigt, hatte er aber zweifelsohne eine Grenze überschritten, die dem Göring-Vergleich Helmut Kohls absolut ebenbürtig war. Er geriet – auch von Angela Merkel, die ihm in der BILD in ungewohnter Schärfe und Härte „Niedertracht"[211] vorwarf – zunehmend unter öffentlichen Druck. Im Laufe seiner Entschuldigungsversuche behauptete Thierse im geschützten SPD-Biotop der taz beharrlich: „Ich hatte nie die Absicht, Kritik an Kohl zu üben."[212] So macht man das: Frau Merkel spricht mit der BILD, Herr Thierse mit der taz. So agieren beide auf sehr geschütztem Terrain.

Ferner begründete Thierse in einem Entschuldigungsschreiben an Helmut Kohl diese Veröffentlichung in der Leipziger Volkszeitung mit der Tatsache, es „habe sich um die arg verkürzte und nicht autorisierte Fassung eines Gesprächs"[213] gehandelt. Bedeutet das also: Wenn es nicht autorisiert wurde, dann wurde es so nicht gesagt? Ein billiger Versuch, die Tragweite seiner Äußerung auf die Journalisten abzuwälzen, die das Interview geführt haben. Man sollte sich gut überlegen, was man *vor* der Autorisierung eines Interviews im Gespräch sagt und wie man seine Positionen vorbereitet und artikuliert. In der Regel erkennen erfahrene Journalisten sehr wohl, was einem Gesprächspartner versehentlich herausgerutscht ist und was tatsächlich seiner Haltung entspricht. Die Autorisierung ist zwar ein Schutzmechanismus für den Interviewgeber im Zusammenspiel mit Journalisten – aber sie ist kein Freibrief zur Fahrlässigkeit. Angesichts der massiven öffentlichen Kritik, der sich Thierse auch aus den eigenen Reihen ausgesetzt sah, konnte Helmut Kohl dessen Entschuldigung generös akzeptieren.

Im Fall zu Guttenbergs bediente Thierse sich einer ähnlich barocken Kommentierung in Bezug auf Angela Merkel. Erlauben Sie mir bitte, kurz noch einmal auf Angela Merkels geschickte Formulierung zu Wolfgang Thierses verbaler Entgleisung über Helmut Kohl und dessen Frau hinzuweisen. Merkel sagte nicht: „Wolfgang Thierse, Sie sind niederträchtig." Nein. Sie sagte in voller Länge:

> „Die Äußerungen von Herrn Thierse sind für mich menschlich zutiefst unverständlich. Sie grenzen für mich an Niedertracht. Wenn er noch einen Funken von Größe hat, muss seinem halben Bedauern umgehend eine wirkliche Entschuldigung folgen."[214]

Die Kanzlerin agierte hier ausgesprochen geschickt und elegant. Sie nannte ihn nicht niederträchtig, sondern sie äußerte eine persönliche Meinung, die ihr niemand streitig machen kann – egal wie der Sachverhalt sich tatsächlich darstellen mag, oder wie er sich im Laufe der Zeit verändern würde: „sind für mich [sic!] menschlich zutiefst unverständlich" – Niemand kann ihr da widersprechen. Und dieselbe Technik verwendete sie weiter: „grenzen für mich an Niedertracht" – es grenzt nur und dann aber auch wiederum nur in der persönlichen Empfindung des Menschen Angela Merkel. Dass die BILD daraus die Schlagzeile machte: „Merkel wirft Thierse Niedertracht vor" – ist nur allzu verständlich. Jeder weiß ja schließlich, dass sie es so gemeint hat. Und die BILD gab mit ihrer griffiger formulierten Schlagzeile den Tenor der folgenden Berichterstattung vor.

Merkels Wandel in ihren Aussagen im Laufe der Plagiatsaffäre ihres Verteidigungsministers Karl-Theodor zu Guttenberg bot reichlich Potenzial für Kritik. Thierse suchte die medial griffige Überspitzung und griff beherzt zu. Angela Merkel versuchte gerade den Balanceakt, zu Guttenberg als Minister und als Privatperson in der öffentlichen Debatte voneinander zu trennen. Das war schon ziemlich gewagt und Thierse nahm den Ball im Hamburger Abendblatt dankbar auf:

> „Die Bundeskanzlerin macht einen großen Fehler, wenn sie glaubt, dass Guttenbergs Betrug und sein geistiger Diebstahl nicht das öffentliche Amt des Verteidigungsministers berühren. Merkel teilt Guttenberg in die Privatperson einerseits und den Minister andererseits. Diese Art von Schizophrenie ist absolut unzulässig."[215]

Nun ist Schizophrenie als Krankheitsbild mit einem breiten Spektrum versehen: Das reicht von Antriebslosigkeit, motorischen Störungen bis hin zu Wahnvorstellungen, bei denen die Betroffenen nicht mehr zwischen Realität und Wahn unterscheiden können. Zuweilen hören sie auch imaginäre Stimmen, oft spricht man von Persönlichkeitsspaltung. Wir können davon ausgehen, dass es eher die drastischeren Krankheitssymptome waren, die Wolfgang Thierse durch seine Aussagen in Bezug auf die Wahrnehmung der Kanzlerin in der Öffentlichkeit suggerieren wollte. Obwohl Thierse hier ziemlich konkret wurde, musste er sich nicht offen dafür entschuldigen. Warum? Es liegt in der Wahrnehmung der Wahrscheinlichkeiten in der Öffentlichkeit: Wir halten es für unwahrscheinlicher, dass die Kanzlerin tatsächlich schizophren ist, als dass Helmut Kohl seine kranke Frau vernachlässigt haben könnte. Deswegen wirkte der Vorwurf Kohl/kranke Frau in der Öffentlichkeit stärker, als die Äußerung Merkel/Schizophrenie.

Dinge, die niemals funktionieren werden!

Es gibt eine ganze Reihe von Dingen, die im Umgang mit Journalisten und damit der Öffentlichkeit niemals funktionieren. Ein ganz besonders prägnantes Beispiel dafür ist eine Rede Papst Benedikts XVI. vor Studierenden in Regensburg. Dabei sorgte Benedikt mit einem von den Medien aus dem Kontext gerissenen Mohammed-Zitat weltweit für Aufregung und gewaltsame Proteste sowohl unter Muslimen als auch Christen. Und auch die Medien zeigten sich relativ verständnislos für die Worte Benedikts. So schrieb beispielsweise der SPIEGEL zwar kommentierend aber dennoch sehr nah am Original-Kontext:

> „Um zu untermauern, dass Glaube und Schwert nicht miteinander zu vereinbaren sind, beruft er sich ausgerechnet auf einen byzantinischen Kaiser aus dem 14. Jahrhundert und dessen schroffe Polemik gegen den Propheten Mohammed. Der habe nur ‚Schlechtes und Inhumanes' gebracht, ‚wie dies, dass er vorgeschrieben hat, den Glauben, den er predigte, durch das Schwert zu verbreiten'. Was den Ex-Professor Ratzinger geritten hat, ausgerechnet auf Mohammed zurückzugreifen, um die Unvereinbarkeit von Religion und Gewalt zu erläutern, bleibt sein Geheimnis."[216]

In der Folge der weltweiten Berichterstattung, die weniger sorgfältig und detailliert war, kam es weltweit zu Ausschreitungen, in deren Verlauf in Somalia eine katholische Nonne ermordet wurde. Einige weitere Folgen des Papst-Zitates: Der Iran bestellte den Botschafter des Vatikans ins Außenministerium ein, Marokko rief seinen Botschafter aus dem Vatikan zurück und in der Türkei kritisierte Ali Bardakoğlu, Chef der türkischen Religionsbehörde, den Papst massiv und sprach von „Kreuzfahrermentalität" und einer „feindseligen Haltung" des Papstes.[217] Eine Kritik, die natürlich weitere Proteste heraufbeschwor, die oftmals in offene Gewalt umschlugen. Später räumt Bardakoğlu gegenüber der Tageszeitung Hürriyet ein, dass er den Wortlaut der Rede nicht gekannt habe und seine Kritik nach Bekanntwerden erster Medienberichte formuliert habe.[218] Was er also nicht kannte, waren diese Worte Ratzingers:

> „Dass es auch solch radikaler Skepsis gegenüber notwendig und vernünftig bleibt, mit der Vernunft nach Gott zu fragen und es im Zusammenhang der

Überlieferung des christlichen Glaubens zu tun, war im Ganzen der Universität unbestritten. All dies ist mir wieder in den Sinn gekommen, als ich kürzlich den von Professor Theodore Khoury herausgegebenen Teil des Dialogs las, den der gelehrte byzantinische Kaiser Manuel II. Palaeologos […] mit einem gebildeten Perser über Christentum und Islam und beider Wahrheit führte. […] In der […] Gesprächsrunde kommt der Kaiser auf das Thema des Dschihad zu sprechen. Der Kaiser wusste sicher, dass in Sure 2, 256 steht: Kein Zwang in Glaubenssachen – es ist eine der frühen Suren aus der Zeit, in der Mohammed selbst noch machtlos und bedroht war. Aber der Kaiser kannte natürlich auch die im Koran niedergelegten – später entstandenen – Bestimmungen über den heiligen Krieg. Ohne sich auf Einzelheiten […] einzulassen, wendet er sich in erstaunlich schroffer Form ganz einfach mit der zentralen Frage nach dem Verhältnis von Religion und Gewalt […] an seinen Gesprächspartner. Er sagt: ‚Zeig mir doch, was Mohammed Neues gebracht hat, und da wirst du nur Schlechtes und Inhumanes finden wie dies, dass er vorgeschrieben hat, den Glauben, den er predigte, durch das Schwert zu verbreiten.' Der Kaiser begründet dann eingehend, warum Glaubensverbreitung durch Gewalt widersinnig ist. Sie steht im Widerspruch zum Wesen Gottes und zum Wesen der Seele […]."[219]

In der verkürzten Darstellung vieler Medien wurde das Zitat des Kaisers, das Papst Benedikt XVI. in seiner Rede zitierte, zu einem Zitat des Papstes selbst. Das war nicht nur journalistisch unprofessionell, sondern politisch extrem gefährlich. Denn wenn auf der Welt Menschen religiös motiviert gegen Karikaturen auf die Straße gehen, die sie selbst gar nicht kennen, sondern nur den durch ihre Medien verbreiteten Informationen und Zitaten vertrauen, kommt Medien beim sorgfältigen Umgang mit Zitaten eine besondere Verantwortung zu. Besondere Verantwortung kommt aber auch all denjenigen zu, die sich der öffentlichen Wirkung ihrer zuweilen missverständlichen Aussagen offenbar gar nicht bewusst sind. Schauen wir uns ein paar bundesdeutsche Beispiele dazu einmal an, die wir irgendwie noch im Hinterkopf haben, deren genaue Zusammenhänge wir im Laufe der Zeit aber vergessen haben. Philipp Jenningers denkwürdige Rede zum Jahrestag der November-Pogrome (die sogenannte „Jenninger-Rede") vor dem Deutschen Bundestag ist so ein Beispiel. Selbst der renommierte Historiker Wolfgang Benz schrieb für die Bundeszentrale für Politische Bildung zu der in den Medien zum Skandal stilisierten Rede: „Inhaltlich war an der Rede wenig zu beanstanden, doch das komplizierte Manuskript überforderte den Politiker."[220]

Doch das Manuskript überforderte auch Jenningers Publikum, von dem sicher auch einige nur mit halbem Ohr zuhörten, denn Gedenkreden im Deutschen Bundestag zählen für die Abgeordneten nicht zwingend zu den Höhepunkten der parlamentarischen Debatte oder zu historischen Sternstunden der Demokratie. Überzeugen Sie sich anhand einiger Jenninger-Passagen selbst. In der schriftlichen Version kann man dem gerade noch so folgen – doch dann lesen Sie diese Passagen einmal laut vor. Aber verzichten Sie dabei bitte auf Publikum. Es kann nur schief gehen!

> „Für die Deutschen, die die Weimarer Republik überwiegend als eine Abfolge außenpolitischer Demütigungen empfunden hatten, musste dies alles [die Erfolge Hitlers] wie ein Wunder erscheinen. Und nicht genug damit: Aus Massenarbeitslosigkeit war Vollbeschäftigung, aus Massenelend so etwas wie Wohlstand für breiteste Schichten geworden. Statt Verzweiflung und Hoffnungslosigkeit herrschten Optimismus und Selbstvertrauen. Machte nicht Hitler wahr, was Wilhelm II. nur versprochen hatte, nämlich die Deutschen herrlichen Zeiten entgegenzuführen? War er nicht wirklich von der Vorsehung auserwählt, ein Führer, wie er einem Volk nur einmal in tausend Jahren geschenkt wird?"[221]

Und später:

> „Und was die Juden anging: Hatten sie sich nicht in der Vergangenheit doch eine Rolle angemaßt – so hieß es damals –, die ihnen nicht zukam? Mussten sie nicht endlich einmal Einschränkungen in Kauf nehmen? Hatten sie es nicht vielleicht sogar verdient, in ihre Schranken gewiesen zu werden? Und vor allem: Entsprach die Propaganda – abgesehen von wilden, nicht ernstzunehmenden Übertreibungen – nicht doch in wesentlichen Punkten eigenen Mutmaßungen und Überzeugungen?"[222]

Die erlebte Rede, in der man sich der Sichtweise eines Anderen bedient, ist für die Kommunikation in elektronischen Medien denkbar ungeeignet. Und dieses Stilmittel bei einem solchen Anlass zu wählen ist eine törichte und verantwortungslose Entscheidung! Versuchen Sie es gar nicht erst – lassen Sie in jedem Fall die Finger davon. Ich habe es an anderer Stelle selbst erlebt. Für einen ARD-Sender musste ich im Rahmen einer Serie von Deutschland-Reportagen ein Feature über die Reeperbahn machen. Die Sendung war gut bestückt mit O-Tönen: Heilsarmee, Davidwache, alt eingesessene Bewohner von St. Pauli, Prostituierte, Sozialarbeiter, Drogenberatungsstelle, Prostituierten-Hilfsorganisation – nur ein

Zuhälter fehlte mir noch, um die Geschichte abzurunden. Sie hätte auch ohne ihn funktioniert, aber als Journalist wollte ich unbedingt einen im Interview haben. An einen Zuhälter versuchte ich über einen Rechtsanwalt und Strafverteidiger heranzukommen, von dem ich wusste, dass er Mandantschaft auf dem Kiez hatte und der mir von jemandem empfohlen worden war. Zu diesem Zeitpunkt fand in Hamburg wieder ein aufsehenerregender Prozess im Rotlichtmilieu statt. An ein Interview mit einer Bordellgröße war also nicht zu denken. Selbst die aus einschlägigen TV-Formaten bekannten halbseidenen Gesellen tauchten ab. Folglich erklärte der Anwalt sich selbst bereit, mir das Interview zu geben. Besser als nichts, dachte ich mir, auch wenn dies nur O-Töne aus zweiter Reihe wären. Aber man kann sich ja mal mit ihm unterhalten. Im Rahmen eines 45-minütgen Interviews verstieg sich mein Gesprächspartner darauf, sich der Denkweise eines Zuhälters zu bedienen und sprach mir ins Mikrofon:

> „Jemandem, der nicht bereit ist, für mich Geld zu verdienen, dem muss ich natürlich auch klar machen, dass er künftig bereit dazu ist. Und ist er nicht willig, so brauch ich Gewalt."[223]

Und auf die Bitte, eine szene-typische Geschichte vor Gericht zu schildern, berichtete er:

> „Da wurde jemand vor Gericht gefragt, warum er die ihm dienende Dame noch ein zweites Mal zusammengeschlagen habe und er hat gesagt: ,Die lag da auf dem Boden und blutete und dann hat sie sich bei mir entschuldigt, die Schlampe, und mir dabei noch einen Blutfleck aufs Hemd gemacht als sie auf mich zukam. Da musste ich ihr dann leider die Nase brechen, denn meine Kumpels waren im Raum und da geht das nicht, dass die Alte mir auch noch einen Fleck aufs Hemd macht.'
> – Als ich das hörte habe ich mir gedacht, da kommt die menschliche Komponente wohl ein wenig zu kurz."[224]

Ich wusste über diesen Anwalt, dass er nur eine verschwindend geringe Zahl von Kiez-Mandanten hatte (in der Regel Pflichtverteidigungen) und er für eine gut bürgerliche Partei in einer Kleinstadt in der Nähe von Hamburg im Stadtparlament saß. Seine kriminellste Eigenschaft bestand darin, gelegentlich ohne Helm Motorrad zu fahren. Konfrontiere ich meine Seminarteilnehmer mit diesem (anonymisierten) Interviewausschnitt (reines Audio-Material, so dass die Erzählung für sich steht und keine visuellen Reize wie Gestik, Mimik oder Körpersprache

Interpretationshilfen liefern), so erhalte ich Charakterisierungen wie: „Der ist ja selbst eine Kiez-Größe", „Der ist Teil des Systems", „Der schlägt vermutlich auch seine Frau" – das Gegenteil ist der Fall. Aber er wollte mir bei diesem Interview lediglich einen Gefallen tun, damit ich nicht mit leeren Händen nach Hause gehe. Und was er dort als Charakterisierung von Zuhältern ins Mikrofon sagte – darauf können wir auch von selbst kommen, wenn wir versuchen uns in jemanden aus diesem Gewerbe hineinzudenken. Dadurch, dass ich seinen Hintergrund kannte, ist mir bei der Bearbeitung des Interviews die Gefahr für ihn bewusst geworden. Mit solchen Aussagen – über den ARD-Hörfunk und das Internet verbreitet – hätte er anschließend als Stadtverordneter reichlich Erklärungsnotstand über seine tatsächliche Haltung zu derartigen Vorgängen gehabt. Ich habe ihm diese Passage am Telefon vorgespielt und ihn auf die Gefahren hingewiesen, die mit einer Veröffentlichung verbunden wären und er bei derartigen Aussagen gegenüber Journalisten die ihn nicht kennen, besonders vorsichtig sein müsse. Unsere Vereinbarung lautete dann wie folgt: Ich verzichte darauf, diese Passage zu senden, durfte sie aber zu Schulungszwecken anonym in meinen Seminaren verwenden. Dabei ist es dann auch geblieben.

Als ich eine andere Geschichte recherchierte, in der ein Angeklagter zuvor mit einer illegal besessenen Waffe auf einen Polizisten geschossen hatte und einen Freispruch erster Klasse erhielt, bekam ich nicht nur umfangreichen Einblick in die ungeschwärzte Ermittlungsakte inklusive aller Adressen und Klarnamen von Zeugen und ermittelnden Beamten,[225] sondern auch ein wenig Ironie eines am Prozess beteiligten Rechtsanwaltes gleich frei Haus mitgeliefert:

> „Natürlich hat man in solchen Kreisen eine Waffe zu Hause. Mindestens eine. Haben Sie denn keine Waffen bei sich zu Hause? Und abgesägt muss die natürlich auch noch sein, wegen der Streuwirkung, sonst macht das ja alles keinen Sinn."[226]

Glauben Sie mir: Ironie funktioniert nur auf der Bühne oder wenn Ihnen bereits die Berufsbezeichnung Kabarettist oder wenigstens Comedian zuzuordnen ist funktioniert es meinetwegen auch im Fernsehen. In Interviews und anderen eher förmlichen Zusammenhängen kann das nur schief gehen!

Da wir gerade bei den Rechtsanwälten sind, können wir jetzt mit Herta Däubler-Gmelin die Serie der Peinlichkeiten fortsetzen, die als Justizministerin zurücktreten musste, weil sie den US-Präsidenten und Adolf Hitler innerhalb von drei kurzen Sätzen überflüssigerweise aneinander reihte. Bei einer lokalen Wahlkampfveranstaltung im schwäbischen Derendingen mit knapp 6.000 Einwohnern, von denen vermutlich nur ein Bruchteil bei der Rede anwesend war, sagte sie laut Lokalzeitung:

> „Bush will von seinen innenpolitischen Schwierigkeiten ablenken. Das ist eine beliebte Methode. Das hat auch Hitler schon gemacht."[227]

Mag ja sein. Und alle deutschen Kanzler haben das ebenso wie die derzeitige Amtsinhaberin auch schon gemacht. Nicht unbedingt mit einem Militäreinsatz im Ausland, aber dass man zumindest auf politischem Parkett im Ausland Anerkennung sucht, die in Deutschland gute Schlagzeilen produziert, ist naheliegend. Gerade deshalb sind Staatsbesuche im Ausland so beliebt und Außenminister einer der begehrtesten Posten im Kabinett. Es klingt zu gewollt, Bush Junior als Diktator öffentlich darzustellen. Sicher hat Hitler auch einmal Sätze gesagt wie „schönes Wetter heute" oder seinen Hund gestreichelt. Aber musste Herta Däubler-Gmelin in ihrer Rede mit Hitler und Bush eine neue Achse des Bösen heraufbeschwören? Mit Sicherheit nicht!

Ein weiteres Beispiel ist EU-Kommissar Günther Oettinger, der nicht ohne Grund auf Wunsch der Kanzlerin von Baden-Württemberg nach Brüssel umzog. Oettinger hatte Hans Karl Filbinger, ehemaliges NSDAP-Mitglied und außerdem NS-Marinerichter, in seiner Trauerrede als „Gegner des Nationalsozialismus" gewürdigt. Zwar war Filbinger auch CDU-Ministerpräsident des Landes Baden-Württemberg, dem Oettinger zum Zeitpunkt seiner Trauerrede als Ministerpräsident vorstand. Aber Filbinger musste nach Bekanntwerden seiner Mitwirkung an vier Todesurteilen und seiner Reaktion auf diese Veröffentlichung zurücktreten.[228] Darüber hinaus gründete er das als rechtskonservativ geltende Studienzentrum Weikersheim, in dem auch Günther Oettinger Mitglied war. Hier die strittige Passage in einem etwas umfangreicheren Auszug:

„Anders als in einigen Nachrufen zu lesen, gilt es festzuhalten: Hans Filbinger war kein Nationalsozialist. Im Gegenteil: Er war ein Gegner des NS-Regimes. Allerdings konnte er sich den Zwängen des Regimes ebenso wenig entziehen wie Millionen andere. Wenn wir als Nachgeborene über Soldaten von damals urteilen, dann dürfen wir nie vergessen: Die Menschen lebten damals unter einer brutalen und schlimmen Diktatur. Hans Filbinger wurde – gegen seinen Willen – zum Ende des Krieges als Marinerichter nach Norwegen abkommandiert. Er musste sich wegen seiner Beteiligung an Verfahren der Militärjustiz immer wieder gegen Anschuldigungen erwehren. Es bleibt festzuhalten: Es gibt kein Urteil von Hans Filbinger, durch das ein Mensch sein Leben verloren hätte. Und bei den Urteilen, die ihm angelastet werden, hatte er entweder nicht die Entscheidungsmacht oder aber nicht die Entscheidungsfreiheit, die viele ihm unterstellen."*229*

Ich persönlich teile die Auffassung Oettingers in Bezug auf Filbinger nicht – aber damit Oettinger mit seiner Argumentation überhaupt eine Chance hätte haben können, hätte man den Kontext bewerten müssen, mit dem Oettinger seine These untermauern wollte. Aber für solche Nuancen gibt es – gerade in Deutschland – keinen Freiraum. Denn nach dem Satz: „Er war ein Gegner des NS-Regimes" fällt bei allen Zuhörern sofort die Klappe und Bewertung wie Kommentierung setzen unvermittelt ein. Oettinger und/oder seine Redenschreiber bauen die Rede streng nach den Regeln der Nachrichtenpyramide auf. Die Top-News stehen vorne, im Laufe des Textes kommt immer mehr Hintergrund und damit auch die Begründung und Herleitung des zuvor gesagten. Nun heißt es aber auch: Gute Texte kann man von hinten kürzen. Wenn es also in einem solch sensiblen Bereich zwingend der Begründung einer These bedarf, dann kann es kein guter Text mehr sein, wenn man die Oettinger-Rede von hinten kürzt. Nach dem zentralen Satz hört nämlich niemand mehr richtig zu, sondern vergewissert sich vermutlich bei seinem Sitznachbarn: „Hat er das tatsächlich gerade so gesagt?" In diesem Fall hätte man die Zuhörer vorsichtig auf die Aussage „Er war ein Gegner des NS-Regimes" hinführen müssen, um sie nicht komplett zu verwirren und gegen sich aufzubringen. Da nutzt auch kein an die Journalisten verteiltes Redemanuskript mehr um den Schaden zu minimieren, oder den Gesamtzusammenhang aufzuklären. „Es gilt das gesprochene Wort" – so steht es in der Regel auf den Redemanuskripten, die zuvor verteilt werden. Aber in der Wirkung bei den Zuhörern gilt leider nicht das gesprochene, sondern das gehörte, das empfundene Wort.

Die Deutschen und ihre NS-Vergangenheit – das ist ein Minenfeld, in dem eine sachliche, nuancierte Auseinandersetzung in Vergleichen und Analysen bei öffentlichen Auftritten nur scheitern kann. Am besten, man lässt es direkt und sucht nach anderen Vergleichen, wo immer es geht. Sie sehen, wenn man derartige Themen ungeschickt und leichtfertig anpackt, dann haben Sie – wenn die Medienmaschine einmal richtig angelaufen ist – genau so wenig Kontrolle über das, was mit Ihnen passiert, wie eine Flipperkugel, die mit gutem Lauf zwischen die Bumper gerät. Anders wiederum nutzen Gruppierungen wie zum Beispiel der Hells Angels MC gerne den öffentlichen Vergleich mit Opfern des NS-Regimes. Wenn beispielsweise die BILD in einer Kolumne hart mit den Hells Angels umspringt, dann zieht deren Pressesprecher gerne einen Vergleich zur Propaganda des NS-Regimes und setzt den BILD-Kolumnisten mit Goebbels gleich.[230] Das ist natürlich eine Form der Kommunikation, die dann eher die Bedürfnisse der eigenen Reihen und Zielgruppe bedient, als dass man damit noch viele Menschen in der öffentlichen Meinung und Wahrnehmung bekehren könnte. Aber es schließt den Zusammenhalt der eigenen Reihen.

Berührt ein Sachverhalt die emotional empfindlichste Stelle einer Zielgruppe, dann ist den sich daraus ergebenen Medienproblemen mit sachlicher Nuancierung nicht mehr beizukommen, wenn die Schlagzeilenproduktion erst einmal angelaufen ist. Das funktionierte auch weltweit mit einer bewusst platzierten Falschmeldung in den Medien durch eine von der kuweitischen Exilregierung bezahlte PR-Agentur im Vorfeld eines internationalen Bündnisses zum Einmarsch in den Irak. Hier ging es um irakische Invasoren in Kuweit, die angeblich Säuglinge aus den Brutkästen nahmen und auf dem Boden sterben ließen (auch bekannt als „Brutkastenlüge").[231] Die damals 15jährige Tochter eines kuweitischen Botschafters fungierte unter Tränen als angebliche Augenzeugin.[232] Obwohl die Geschichte inzwischen für jedermann mit nur wenigen Klicks im Internet anhand kompetenter Originalquellen als Lüge zu entlarven ist, hält sie sich hartnäckig als eine der Gräueltaten der irakischen Besatzer.

Im Zweifel bleibt halt immer etwas hängen: Da war doch mal was ...

Medientrainer unter Druck – Femen und RTL

Anfrage eines Abendmagazins von RTL. Als Medienexperte soll ich mich zum Thema „Femen" äußern. Damit schrillen bereits zum ersten Mal meine Alarmglocken: RTL und halbnackte Frauen im politischen Protest – da heißt es wachsam sein, damit nicht etwas ganz anderes hinterher gesendet wird. Die Redakteurin, eine sehr erfahrene Kollegin, und ich haben gemeinsame Bekannte aus alten Zeiten, wie wir bereits im ersten Telefonat herausfanden. Wir haben zu unterschiedlichen Zeiträumen beispielsweise die gleiche Redaktion durchlaufen, damit auch dieselben Chefs gehabt und tauschten die ersten Anekdoten aus. Man hatte schnell eine gemeinsame Basis, wechselte zum „Du" – zumindest außerhalb der Interviewsituation. Die Stimmung war konstruktiv: Wir beide wollten scheinbar dasselbe. Um keine Missverständnisse aufkommen zu lassen, umschrieb ich am Telefon und später per E-Mail meine klar umrissene Position, die ich hier wie folgt zusammenfasse:

> „Femen hatte seinen berechtigten Ursprung vor und während der Europameisterschaft in Polen und der Ukraine. Damals ging es bei den Protesten darum, mit Nacktheit zu provozieren und auf Zwangsprostitution im Umfeld der Fußball-Europameisterschaft hinzuweisen. Da hatte diese Form des Protestes ihren Sinn. Inzwischen geht es nur noch darum, für die Medien Bilder mit Nacktheit zu generieren und der Inhalt der Botschaften bleibt dabei vollständig auf der Strecke."

Diese These schien der Redakteurin interessant und außergewöhnlich genug, um an mir als O-Ton-Geber für ihren Beitrag festzuhalten. Zur Sicherheit wies ich mehrfach (auch schriftlich) darauf hin, dass ich mich nicht auf die optische Bewertung der Femen-Aktivistinnen einlassen würde. Wir erzielten darüber einen Konsens. Darüber hinaus wies ich die Redakteurin noch auf das eindrucksvolle Werk von Eugène Delacroix „Die Freiheit führt das Volk" aus dem Jahr 1830 hin, das den Bezug zur Julirevolution herstellt und mit französischer Fahne eine barbusige Marianne zeigt, die den Aufständischen voraneilt. Es hängt in über 2 x 3 Metern Größe im Louvre und ist spätestens dadurch formal wie inhaltlich geadelt. Die Redakteurin wollte das Bild in den Beitrag einbauen und redaktionell eine Verbindung zu Femen herstellen. Ich halte diese Idee nach wie vor für einen sehr guten Ansatz. Ein wenig gehobene Kunstgeschichte mit aktuellem politischem Bezug kann im Fernsehen ja nicht schaden.

Die Dreharbeiten mussten aus terminlichen und logistischen Gründen an einem Samstag in meinem Büro stattfinden. Deshalb hier kurz einige Informationen zum Setting, das immer ungünstiger wurde für mich: Ich hatte an diesem Wochenende meinen beiden Jungs (zu diesem Zeitpunkt 10 und 8 Jahre alt) bei mir, die es anfangs noch ganz spannend fanden, Papa bei Dreharbeiten zu begleiten. Nach 30 Minuten (der gesamte Dreh dauerte mit Auf- und Abbau etwa zweieinhalb Stunden) begannen sie unruhig zu werden und wollten lieber auf Firmenrechnern die Webseite der „Sendung mit der Maus" durchklicken. Kinder am Firmen-PC ohne Aufsicht. Keine gute Voraussetzung, um als Interviewter konzentriert bei der Sache zu sein. Fehler Nummer eins!

Ferner hatte ich eine Volontärin dazu gebeten, damit sie vom Dreh noch Eindrücke für ihre Ausbildung mitnahm. Dass ich mir damit weiteren Druck in das Set geholt hatte, wurde mir erst später bewusst, als es nicht so lief wie ich es mir vorgestellt hatte und sie dieses sanfte, milde Lächeln auf dem Gesicht hatte. Ein definitiv inhaltlich interpretierbares Lächeln. Klar: Der Chef vor der Kamera – da wollen wir doch einmal sehen, ob er das auch wirklich alles richtig macht, wie er es in den Seminaren immer schult. Fehler Nummer zwei!

Was mir nicht gepasst hatte – und was das TV-Team erst während des Aufbaus kommunizierte – war die Tatsache, dass hinter mir eine Greenbox aufgebaut wurde. Eine Greenbox ist eine grüne Wand, auf deren Fläche später digitales Bildmaterial eingespielt wird. Die Farbe Grün wird dann am Computer mit Stand- oder Bewegtbildern ersetzt. Ich bat darum, mir das Material vorab zu zeigen, unter dem Vorwand, dass ich dann wüsste, in welchem Kontext ich zu sehen sein wäre und meine Antworten darauf abstellen würde. Unwillkürlich schossen mir Bilder von Hugo Egon Balder und seinem Tutti-Frutti-TV durch den Kopf. Nein, so wollte ich im TV nicht gezeigt werden. Man könne mir das Material leider nicht zeigen, weil es noch aus dem Archiv herausgesucht werden müsse, hieß es. Fehler Nummer drei!

Das ist dann der Moment, wo ich in meinen Medientrainings empfehle, auf einem anderen Setting zu bestehen um (ungewollte) Manipulationen zu vermeiden. Zuschauer verstehen in der Regel nicht, dass man während des Interviews in einer grünen, neutralen Kulisse saß und die anderen Bilder ohne Kenntnis des Interviewten später einmontiert wurden. In diesem Fall ließ ich mich aber überreden. Die Redakteurin wirkte integer. Ich vertraute ihr – wollte ihr auch unbedingt vertrauen, damit es hier langsam mal weiter ging. Die Jungs waren außerhalb meines Blickfeldes inzwischen verdächtig still geworden.

Dazu kamen noch die Bitten des RTL-Teams nach sogenannten Antext- und Schnittbildern. Also jenem Bildmaterial, das den Interviewten in einigen anderen Situationen zeigt, damit die Redaktion beim Schnitt des Beitrags auch Zwischensequenzen nutzen kann. Der Beitrag wird dadurch etwas zuschauerfreundlicher, die Informationen kommen gefälliger und etwas leichter daher. Hier kam der nächste Fallstrick für mich: Die Redakteurin hatte ihren Tablet-PC mitgebracht, auf dem zwar einige Femen-Fotos von Protestaktionen zu sehen waren, die aber noch nicht final mit der Redaktion abgestimmt seien. Dafür gab es einen Hintergrund in Grasgrün – also mit demselben Effekt wie die Greenbox. Ich sollte mit der Hand Wischbewegungen machen, als ob ich mir Fotos anschauen würde. Diese – Sie ahnen es vermutlich schon – sollten später beim Schnitt dazu gemischt werden. Ich war alles andere als begeistert und begann ein wenig herum zu zicken.

Als Medienberater wäre ich hier meinem Auftraggeber zur Seite gesprungen und hätte massiv interveniert, das zu unterlassen. Ich bin als Medientrainer ein Anhänger des Spiels über Bande zwischen Geschäftsleitung und Pressesprecher: Good Cop & Bad Cop. Die unangenehmen Verhandlungen und Interventionen übernimmt dabei der Bad Cop (Pressesprecher, PR-Agentur oder der Medienberater). Deshalb lautet eine meiner Empfehlungen: „Gehen Sie nie alleine in eine Interviewsituation, sondern nehmen Sie immer einen Pressesprecher oder jemand vergleichbaren mit!" Ich hatte eine Volontärin dabei – und das konnte aus drei Gründen nur schiefgehen für mich: Ihr fehlte damals die Erfahrung auf der anderen Seite des Interviews (der des Interviewten), ich war ihr Chef und dem fährt man nicht in die Parade und – das war wohl das Schlimmste: Der Chef ist ja auch noch Medientrainer. Dann wird er schon alles richtig machen.

Ich saß in der Falle – und von nebenan hörten wir so ziemlich alles andere, nur nicht den Sound, den die Website „Sendung mit der Maus" normalerweise macht, wenn Kinder sie vorschriftsmäßig handhaben. In einer Mischung aus väterlicher Autorität und einigen noch vorhandenen Eisvorräten der Kollegen im Bürokühlschrank, konnte ich einigermaßen Ruhe und Konzentration für mich herstellen.

Das Interview begann wie abgesprochen. Ich sagte meine Inhalte auf wie angekündigt und war ganz zufrieden mit mir. Dann kam die Logik des Fernsehens zum Vorschein: Alle sind zufrieden, aber wir machen es zur Sicherheit noch einmal. Und noch einmal. Und noch einmal. Inzwischen kamen erste formale und inhaltliche Korrekturen durch die RTL-Kollegin in die Nähe meiner Antworten. Sie begann mit der formalen Bitte, dass ich den Haussender RTL in meinem O-Ton nicht erwähnen solle. Ich hatte nach zahlreichen Wiederholungen der Interviewantworten inzwischen eine leichte Medienkritik eingebaut in die Richtung „Sender wie RTL springen dann auf derartiges Bildmaterial natürlich sehr schnell an." Nicht ohne persönlichen Hintergrund, denn ich hatte aus meiner Zeit in der Nachrichtenredaktion gelernt, dass in den ersten Sekunden eines Mallorca-Stückes in den News eine Frau „mit oben ohne" ins Bild kommen müsse wegen der Quote. Wir nannten das damals scherzhaft „journalistisch relevante Brüste mit Informationsgehalt". Auch die Kolleginnen nannten das „nackte Tatsachen" oder „pure Fakten". Meine Medienkritik-light an RTL sollte also aus dem O-Ton raus. Geschenkt. Kann man machen, schließlich will ich hier fertig werden und noch etwas von dem Samstag mit meinen Jungs haben.

Ich blieb konsequent bei meiner Aussage, die ich oben bereits skizziert habe: „Damals hatte Femen und die Art des Protestes seine Berechtigung – jetzt geht es nur noch um spektakuläre Bilder." Inzwischen war auch über die Medien längst verbreitet und nachgewiesen, dass erste Femen-Aktivistinnen (ausgerechnet von einem Mann!) gecastet worden waren. Jetzt kam die zweite Agenda der RTL-Kollegin zum Vorschein, die im Prinzip darauf hinauslief zu bewerten, ob nun ein A-Körbchen für politischen Protest ausreicht, es ein B-Körbchen oder mindestens ein C-Körbchen oder besser noch etwas mehr sein müsse. Ich saß genau dort, wo ich auf keinen Fall hinein geraten durfte als Medientrainer: Der Busen-Falle von RTL! Ich versuchte, bei meiner Kernbotschaft zu bleiben. Genauso, wie ich es in den Medientrainings immer mit einem Vergleich zur Standhaftigkeit der deutschen Eiche vermittle: „Bleiben Sie auf jeden Fall bei den zuvor festgelegten Inhalten und Kernbotschaften und lassen Sie sich nicht vom Journalisten davon abbringen während der Interviewaufzeichnung!" Die Stimmung drohte zu kippen. Da saß mir also eine attraktive und sympathische Kollegin gegenüber, die sich redlich Mühe gab, mich mit Femen-Kopfkino zu versorgen: „Aber wenn man sich doch mal die Bilder mit all den Brüsten anschaut ...", „... aber wenn Sie die Brüste sehen in den Medien ...", „...denken sie doch mal an die Brüste ...". Natürlich verändert sich durch visuelle Irritation die Konzentration.

In den kurzen Drehpausen musste ich noch einmal einen Blick auf die Recherche-Femen-Nacktheit werfen, „um wieder etwas besser ins Thema zu finden" wie meine Interviewerin mir reichlich Brücken baute. Leider keine Brücken zu den Aussagen, die ich ursprünglich tätigen wollte. Ich muss zugeben, das Bildmaterial, das ich in der Nachrichtenredaktion über Kriegsmassaker sichten musste (und das wir mit Rücksicht auf die Zuschauer niemals unzensiert gesendet haben) war deutlich unangenehmer. Doch nicht die Nacktheit auf den Fotos war mir unangenehm und damit mein Problem, sondern der unbändige Wunsch, jetzt endlich fertig zu werden. Vielleicht auch, um einer im Prinzip freundlichen und sympathischen Kollegin einen Gefallen zu tun, damit wir alle hier fertig werden können. Auch Kameramann und Beleuchter waren genervt, meine Kinder unruhig, ich war genervt und die Volontärin hätte auch schon längst wieder weggemusst wegen eines privaten Termins. Es lag nur an mir, dass alle Anwesenden schlechte Laune bekamen.

In meinen Medientrainings nenne ich es manchmal „Guantanamo-Effekt", wenn die Trainingsteilnehmer eine etwas drastischere Sprache vertragen. Gemeint ist der Augenblick, in dem auch ein Unschuldiger nach Folter alles gesteht, nur damit man ihn wieder mag und in Ruhe lässt. Natürlich ist der Vergleich etwas überspitzt und der Interview-Situation nicht wirklich nahe, was die körperlichen und psychischen Strapazen der Folter betrifft. Es wird zumindest der menschenverachtenden Folter nicht wirklich gerecht. Aber den Wunsch, endlich fertig zu werden und sei es auch um den Preis, dass man etwas macht, was man gar nicht will, ist schon sehr ausgeprägt in solchen Momenten. Als interviewender Journalist habe ich diese Momente bei zahlreichen Gesprächspartnern bewusst herbeigeführt um dann doch mit einer anderen Story als der ursprünglich vereinbarten (die nur eine Köder-Vereinbarung war) zurück in die Redaktion zu kommen. Man kann auch erfahrene Gesprächspartner damit irre machen und zu Aussagen verleiten, die sie sonst niemals gemacht hätten. Letztlich hat es etwas mit Demokratie zu tun, denn es ist Aufgabe der Medien, Dinge sichtbar zu machen, an die Normalbürger ohne derartige Kniffe nicht herankommen würden. Aber es ist immer noch etwas anderes, wenn man selbst auf diesem Stuhl im Scheinwerferlicht sitzt und nur noch fertig werden möchte.

Ich hatte also die Wahl: Entweder ich ändere jetzt meine Aussagen ein wenig in die vom Sender gewünschte Richtung ab, oder ich gehe als bockig in den Redaktionsalltag von RTL ein und schaffe mir hier ein paar weitere Menschen in meinem Leben, die mich nicht mögen werden. Es ging also darum, blitzschnell das Für und Wider abzuwägen. Was wäre, wenn ich mich auf das gewünschte Busen-Memory einlassen würde? Ich würde sehr gerne von RTL gesendet, mein O-Ton wäre auch für andere Formate des Senders brauchbar und würde in zahlreichen Wiederholungen gewissermaßen in einer Endlosschleife laufen. Aber könnte ich dann als Medientrainer noch unbelastet vor Vorstände und Politiker treten, ohne dass man in mir den „Busenexperten von RTL" sehen würde? War das Risiko wirklich ein paar Minuten Ruhm als Gegenleistung wert, die mir ein solcher Beitrag verschaffen würde? Ich habe mich dagegen entschieden und bin auch in der x-ten Wiederholung bei meiner Kernaussage geblieben. Neue Freunde habe ich an dem Tag nicht hinzugewonnen.

Haben Sie das Interview vielleicht gesehen? Dann schicken Sie mir doch bitte eine Kopie davon. Denn gesendet wurde es bis heute nicht. Das hat wohl seinen Grund. Auch zu Schulungszwecken kam ich nicht über andere Kanäle an dieses Material heran. Es verschwand im Sender – unerreichbar für mich.

Warum ich dieses Kapitel noch in dieses Buch aufgenommen habe? Zum Ergebnis eines erfolgreichen Medientrainings gehört es auch, zu erkennen, wann man seine deutsche Eiche nicht verlässt und lieber das Risiko eingeht, dass kein Material gesendet wird, obwohl man seine Arbeitszeit oder Freizeit für die

Dreharbeiten aufgewendet hat. Oder Kollegen darüber spotten könnten, dass man wohl doch nicht wichtig genug gewesen sei für den Beitrag. Bin ich aber 40 Sekunden als Busen-Experte und bei der Bewertung politischer Kompetenz unterschiedlicher Körbchengrößen im Fernsehen zu sehen, dann verrate ich meinen Markenkern und darf mich nicht wundern, dass beruflich negative Spätfolgen für mich eintreten. Aus dem gleichen Grund habe ich TV-Anfragen als Körpersprache-Experte im Kachelmann-Prozess über jene wenigen Sekunden Bildmaterial von Kachelmanns Gang vom Gefängnis in den Gefangenentransporter abgelehnt. Das lief dann so ab:

> Sender: „Wir bräuchten Sie als Experte für die Körpersprache von Jörg Kachelmann."
> Ich (scherzhaft): „Was soll denn als Ergebnis rauskommen?"
> Sender (ernsthaft): „Schuldig. Weil [Magazin-Name] hat schon jemanden der ist für unschuldig und wir wollen dem etwas entgegen setzen in der Berichterstattung".

Als Wikileaks mit der Veröffentlichung diplomatischer Depeschen weltweit Regierungen und ihre Botschaftsangehörigen in Verlegenheit brachte, häuften sich ebenfalls die Interviewanfragen bei den Experten. Zahlreiche Botschafter waren diskreditiert, weil sie sich in internen Dokumenten zu ehrlich und unverblümt über Marotten und Charakterzüge ihrer Gesprächspartner ausgelassen hatten. So erfuhr die Öffentlichkeit, was die zurückhaltenden Diplomaten dachten, wenn sie ihre political correctness für einen Augenblick abgelegt hatten. Interessanterweise veröffentlichten die Medien zunächst die trivialeren Informationen, bevor man dann in den weiteren Veröffentlichungen an die inhaltlich brisanteren Materialien ging. Medien mögen den Blick hinter die Kulissen – und so ergaben sich auch Interviewanfragen öffentlich-rechtlicher Sender, wie Presse-Attachés ausgebildet werden, wie man sie für den öffentlichen Auftritt trainiert und wie der Umgang mit Krisenkommunikation geübt wird. Derartige Interviewanfragen lehnt man als Medientrainer ebenfalls ab.

Fernsehpräsenz ist sicher attraktiv und kann das Geschäft beflügeln. Auch und gerade in der Dienstleistungsbranche sowie der Konsumgüterindustrie. Aber man muss stets die eigene Agenda klar im Blick haben, eventuelle Spätfolgen direkt erkennen und dementsprechend handeln. Ruhm ist vergänglich – negative Schlagzeilen sind für die Ewigkeit. Niemand möchte eines Tages als Beispiel für den heiteren Teil eines Trainings auf den Festplatten der Medientrainer landen. Ich auch nicht. Aber jedes Interview und jeder Experten-Kontakt nach außen – auch dieses Buch – tragen dieses Risiko in sich.

Ich wünsche Ihnen, dass Sie stets gut vorbereitet sind.

Wenn Sie dazu Fragen haben, rufen Sie mich bitte an oder schicken mir eine E-Mail.

Anmerkungen

Den Kapiteln „FIFA – Blatters Rückzug auf Raten", „Germanwings – Krisenkommunikation im Schockzustand" und „Bahnstreik – Kommunikation Zug um Zug" liegen Beiträge von mir für die Online-Ausgabe des Manager Magazins zugrunde, die hier wesentlich erweitert und überarbeitet wurden. Alle hier zitierten Links wurden im Juli 2015 letztmalig geprüft.

1 Ahrens, Peter (2015): Fifa-Affäre in Zürich: Schönreden für Profis. Online unter: http://www.spiegel.de/sport/fussball/walter-de-gregorio-versucht-fifa-boss-joseph-blatter-reinzuwaschen-a-1035781.html.
2 Süddeutsche Zeitung (2015): „Wir sind die geschädigte Partei." Online unter: http:/ www.sueddeutsche.de/sport/fifa-pressekonferenz-in-zuerich-wir-sind-die-geschaedigte-partei-1.2496276.
3 Ebd.
4 Ebd.
5 Ahrens (2015): Fifa-Affäre in Zürich.
6 De Gregorio, Walter (2010): Ich gebe, damit Du gibst. Online unter: http://www.weltwoche.ch/ausgaben/2010-42/artikel-2010-42-sport-walter-de-gregorio.html.
7 FIFA (2015): Stellungnahme von FIFA Präsident Blatter. Online unter: http://de.fifa.com/about-fifa/news/y=2015/m=5/news=statement-by-fifa-president-blatter-2609360-2609388.html.
8 RP Online (2015): Reaktionen zum Fifa-Skandal. Online unter: http://www.rp-online.de/sport/fussball/international/fifa-skandal-schockierend-und-schaedlich-fuer-den-fussball-iid-1.5120238.
9 Süddeutsche (2015): „Wir sind die geschädigte Partei."
10 Frankfurter Allgemeine (2002): „Diesen Vorwurf kann ich nicht entkräften." Online unter: http://www.faz.net/aktuell/politik/ruecktrittserklaerung-diesen-vorwurf-kann-ich-nicht-entkraeften-171988.html.
11 Hoeren, Dirk; Kleine, Rolf; Meyer, Jan (2008): Wird aus Graf Rotz jetzt eine sanfte Clementine? Online unter: http://www.bild.de/politik/2008/graf-rotz-entschuldigt-sich-bei-spd-5400644.bild.html.
12 FIFA (2015): Stellungnahme von FIFA Präsident Blatter.
13 RP Online (2015): Reaktionen zum Fifa-Skandal.
14 n-tv (2015): „Der Weltfußballverband steht am Abgrund." Online unter: http://www.n-tv.de/sport/fussball/Der-Weltfussballverband-steht-am-Abgrund-article15180966.html.
15 manager magazin (2015): Fifa-Skandal bringt Großbanken ins Visier der Ermittler. Online unter: http://www.manager-magazin.de/unternehmen/artikel/fifa-skandal-bringt-grossbanken-ins-visier-der-ermittler-a-1035927.html.
16 bild.de (2015): Maas fordert umfassende Aufklärung des FIFA-Skandals. Online unter: http://www.bild.de/bildlive/2015/13-maas-fifa-41113994.bild.html.
17 wallstreet online (2015): Maas fordert umfassende Aufklärung des Fifa-Skandals. Online unter: http://www.wallstreet-online.de/nachricht/7670323-maas-umfassende-aufklaerung-fifa-skandals.

18 sternTV (2015): FIFA-Skandal: Norbert Blüm ruft live bei stern TV zum Boykott der WM in Katar auf. Online unter: http://www.presseportal.de/pm/6514/3032540.
19 Ebd.
20 manager magazin (2015): Fifa-Skandal bringt Großbanken ins Visier der Ermittler.
21 Ebd.
22 Ebd.
23 Ebd.
24 tagesschau.de (2015): „Die richtige Entscheidung." Reaktionen auf Blatter-Rücktritt. Online unter: https://www.tagesschau.de/sport/reaktionen-blatter-ruecktritt-101.html.
25 Kops, Calle (2015): FIFA-Präsident Blatter gibt auf. Online unter: http://www.dw.de/fifa-pr%C3%A4sident-blatter-gibt-auf/a-18492928 .
26 tagesschau.de (2015): „Die richtige Entscheidung."
27 Ebd.
28 BILD vom 28.05.2015, Titelseite.
29 Libération vom 28.05.2015, Titelseite.
30 taz, 28.05.2015, Titelseite.
31 Kops (2015): FIFA-Präsident Blatter gibt auf.
32 Blatter verkündete seinen Abschied auf Französisch– für einen Schweizer nichts Außergewöhnliches. In deutschen Medien gibt es je nach genutzter Übersetzung gewisse Abweichungen in Details seiner Aussagen, wobei der Grundtenor der von mir verglichenen Zitate identisch ist. Ich beziehe mich auf: tagesschau.de (2015): „Ich liebe die FIFA." Blatter-Rücktritt im Wortlaut. Online unter: http://www.tagesschau.de/ausland/blatter-ruecktritt-erklaerung-101.html.
33 Buschardt, Tom (2015): Warum die Krisen-Kommunikation der Fifa scheitern wird. Online unter: http://www.manager-magazin.de/unternehmen/artikel/lehren-aus-der-krisenkommunikation-im-fifa-skandal-a-1036004.html.
34 tagesschau.de (2015): „Ich liebe die FIFA."
35 Schmitz, Arno; Wiermer, Christian (2015): „Beben von Zürich": Handschellen klickten im Morgengrauen. Online unter: http://www.mopo.de/fussball/groesster-fifa-skandal-aller-zeiten--beben-von-zuerich---handschellen-klickten-im-morgengrauen,5067054,30804058.html.
36 tagesschau.de (2015): „Ich liebe die FIFA."
37 Ebd.
38 Lobo, Sascha (2015): Die verlogene Welt beim Posten. Online unter: http://www.spiegel.de/netzwelt/web/germanwings-absturz-sascha-lobo-ueber-die-medienreaktionen-a-1025466.html.
39 Bayerischer Rundfunk (2015): Germanwings-Statement. Online unter: http://www.br.de/mediathek/video/sendungen/nachrichten/germanwings-absturz-wagner-geschaeftsfuehrer-100.html#&time=.
40 Reuters (2015): Germanwings confirms airbus crash. Online unter: https://www.youtube.com/watch?v=VOtvd1qGSuE.
41 Phoenix (2015): Absturz Germanwings A320. Online unter: https://www.youtube.com/watch?v=8-dbcgikwDY.
42 Phoenix (2015): Flugzeugabsturz: Statement von Carsten Spohr nach Gespräch mit Angehörigen. Online unter: https://www.youtube.com/watch?v=JA9aM6R4feQ.

43 Stuber, André (2004): Wissenschaft als Schlagzeile: Der Columbia-Absturz. Online unter: http://www.fachjournalist.de/PDF-Dateien/2012/05/FJ_10_2004-Wissenschaft-als-Schlagzeile_Der-Columbia-Absturz.pdf.

44 n-tv (2015): „Es wirkt wie ein kontrollierter Sinkflug". Online unter: http://www.n-tv.de/mediathek/videos/panorama/Es-wirkt-wie-ein-kontrollierter-Sinkflug-article14766446.html.

45 RT Deutsch (2015): LIVE: Germanwings-Pressekonferenz zum Flugzeugabsturz in Frankreich. Online unter: https://www.youtube.com/watch?v=RMraf6FtsAU.

46 RT Deutsch (2015): Germanwings-Geschäftsführer Oliver Wagner gibt in Köln PK zu Hintergründen des Absturzes. Online unter: https://www.youtube.com/watch?v=xWCIjyodY8Y (ab Minute 21).

47 Dieses sowie alle folgenden Zitate aus der GÜNTHER JAUCH-Sendung vom 29.03.2015 stützen sich auf folgende Quelle: Das Erste (2015): Flug 4U9525 - wie können wir mit dieser Katastrophe umgehen? Günther Jauch vom 29.03.2015. Online unter: http://mediathek.daserste.de/G%C3%BCnther-Jauch/Flug-4U9525-wie-k%C3%B6nnen-wir-mit-dieser-/Das-Erste/Video?documentId=27377758.

48 Germanwings (2015): Bombendrohung auf Germanwings-Flug von Köln/Bonn nach Mailand / Suche nach gefährlichen Gegenständen verlief ohne Ergebnis. Online unter: https://www.germanwings.com/de/4u/unternehmen/presse/archiv/bombendrohung-auf-germanwings-flug-von-koeln-bonn-nach-mailand.html.

49 Die Höhe der Geldauflage richtet sich nach den Einkünften des Angeklagten, ist innerhalb von vier Wochen zu zahlen und betrug in Edathys Fall 5.000 Euro. Mit Eingang der Zahlung wurde der Beschluss des Gerichtes rechtskräftig.

50 Ramelsberger, Annette (2015): Reue wider Willen. Online unter: http://www.sueddeutsche.de/politik/edathy-prozess-reue-wider-willen-1.2373744.

51 Edathy, Sebastian(2015): Facebook-Post vom 02.03.2015. Online unter: https://www.facebook.com/edathy/posts/889535514442550?pnref=story

52 tagesschau.de (2015): Geständnis zweiter Klasse? Online unter: https://www.tagesschau.de/inland/edathy-221.html.

53 Khan, Musharraf Naveed (2014): So sich das als Wahrheit herausstellt, ist das eine Riesenschweinerei: SPD-Bundespolitiker soll Kinderpornos besitzen! Online unter: http://www.wgvdl.com/forum3/index.php?id=37529

54 N24 (2014): Sebastian Edathy weist Kinderpornographie-Verdacht zurück. Online unter: http://www.n24.de/n24/Nachrichten/Politik/d/4263112/sebastian-edathy-weist-kinderpornographie-verdacht-zurueck.html.

55 Ebd.

56 Ebd.

57 Nelles, Roland; Medick, Veit (2014): Ich bin verfemt. Online unter: http://www.spiegel.de/spiegel/print/d-125966631.html.

58 Ebd.

59 Klormann, Sibylle (2014): Edathy-Interview löst Irritation und Wut aus. Online unter: http://www.zeit.de/politik/deutschland/2014-03/sebastian-edathy-interview-paedophilie-reaktionen.

60 Neuerer, Dietmar (2014): Merkel-Sprecher handelt sich Ärger wegen Edathy ein. Online unter: http://www.handelsblatt.com/politik/deutschland/widerlich-hoch-drei-merkel-sprecher-handelt-sich-aerger-wegen-edathy-ein/9625656-all.html.

61 Middelhoff, Paul (2015): „Er hätte umgehend Reue zeigen müssen". Online unter: http://www.tagesspiegel.de/themen/causa/sebastian-edathy-er-haette-umgehend-reue-zeigen-muessen/11906166.html.
62 Nelles, Medick (2014): Ich bin verfehmt.
63 Ebd.
64 Kleine, Rolf (2014): Edathy verblüfft mit Gaga-Gedicht. Online unter: http://www.bild.de/politik/inland/sebastian-edathy/gaga-gedicht-des-untergetauchten-spd-politikers-36842906.bild.html.
65 Ebd.
66 Ebd.
67 Middelhoff (2015): „Er hätte umgehen Reue zeigen müssen".
68 Decker, Markus (2014): Friedrich kommt davon, Online unter: http://www.fr-online.de/politik/edathy-affaere-friedrich-kommt--davon-,1472596,28345670.html.
69 Hawranek, Dietmar (2015): Ein Satz und seine Folgen. In: SPIEGEL 17/2015, 56–58, hier 56.
70 DIE WELT (2015): Schockwellen bei VW. Online unter: http://www.welt.de/print/die_welt/wirtschaft/article139401481/Schockwellen-bei-VW.html.
71 Süddeutsche Zeitung (2015): Der große Kampf ist eröffnet. Online unter: http://www.sueddeutsche.de/wirtschaft/volkswagen-der-grosse-kampf-ist-eroeffnet-1.2432160.
72 ZEIT ONLINE (2009): Piëch serviert Porsche-Chef Wiedeking ab. Online unter: http://www.zeit.de/online/2009/20/piech-porsche-wiedeking-vw-fusion.
73 Frankfurter Allgemeine (2015): Was treibt Ferdinand Piëch? Online unter: http://www.faz.net/aktuell/wirtschaft/unternehmen/machtkampf-bei-vw-was-treibt-ferdinand-Piëch-13533697.html.
74 Handelsblatt (200/): Piech: Pischetsrieder war der Falsche. Online unter: http://www.handelsblatt.com/unternehmen/industrie/vw-hauptversammlung-Piëch-pischetsrieder-war-der-falsche/2797654.html.
75 Piëch, Ferdinand (2002): Auto.Biographie. Hamburg: Hoffmann und Campe, 229.
76 Kein Scherz: So nannte sich das Team um den spanischen Manager tatsächlich.
77 Hawranek (2015):: Ein Satz und seine Folgen, 56.
78 FAZ (2015): Was treibt Ferdinand Piëch?
79 Stern.de (2015): Winterkorn: Machtkampf hat „mich schon sehr getroffen." Online unter: http://www.stern.de/wirtschaft/news/winterkorn--machtkampf-hat--mich-schon-sehr-getroffen--6322666.html.
80 Ebd.
81 Backhaus, Michael; Benner, Sissi; Starnick, Niels (2014): Frauen sind häufig die besseren Männer. Online unter: http://www.bild.de/geld/wirtschaft/martin-winterkorn/frauen-sind-haeufig-die-besseren-maenner-38585374.bild.html.
82 Ebd.
83 Hawranek (2015): Ein Satz und seine Folgen, 58.
84 Bild am Sonntag vom 28.06.2015. Online unter: http://vorab.bams.de/winterkorn-zum-machtkampf-mit-piech-das-hat-mich-schon-sehr-getroffen/.
85 SPIEGEL ONLINE (2003): Berlusconis Eklat im Europaparlament. Online unter: http://www.spiegel.de/politik/ausland/berlusconis-eklat-im-europaparlament-ich-schlage-sie-fuer-die-rolle-des-lagerfuehrers-vor-a-255508.html.

86 Süddeutsche Zeitung (2010): „Ein Volk, ein Reich, ein Führer". Online unter: http://www.sueddeutsche.de/politik/nazi-eklat-im-eu-parlament-ein-volk-ein-reich-ein-fuehrer-1.1027830.
87 SPIEGEL ONLINE (2003): Berlusconis Eklat im Europaparlament.
88 Frankfurter Allgemeine (1999): Hilmar Kopper, banker. FAZ-Anzeigenmotiv 1999. Online unter: http://page-online.de/wp-content/uploads/2010/08/33_Hilmar_Kopper_Januar_1999_b-1880x1242.jpg
89 Welp, Cornelius (2015): Das ABC einer Affäre. Online unter: http://www.wiwo.de/unternehmen/banken/deutsche-bank-im-kirch-verfahren-das-abc-einer-affaere/11494848.html.
90 Altenbockum, Jasper von (2006): Das Victory-Zeichen – Karriere einer Ablichtung. Online unter: http://www.faz.net/aktuell/politik/harte-bretter/zum-abschied-von-josef-ackermann-das-victory-zeichen-karriere-einer-ablichtung-1383297.html.
91 SPIEGEL (2010): Ackermann will Vertrag erfüllen. Online unter: http://www.spiegel.de/spiegel/print/d-70940376.html.
92 SPIEGEL ONLINE (2012): Telefonat mit Bouffier: Empörung über Anruf des Deutsche-Bank-Chefs . Online unter: http://www.spiegel.de/wirtschaft/unternehmen/anruf-bei-bouffier-cdu-knoepft-sich-deutsche-bank-vor-a-873263.html
93 Ebd.
94 Deutsche Bank (2015): Deutsche Bank ernennt John Cryan zum Nachfolger von Jürgen Fitschen und Anshu Jain. Online unter: https://www.deutsche-bank.de/medien/de/content/5060_5197.htm.
95 Reuters Deutschland (2015): Achleitner vermeidet Bekenntnis zu Deutsche-Bank-Chefs. Online unter: http://de.reuters.com/article/companiesNews/idDEKBN0NY1TW20150513.
96 Ertinger, Sebastian (2012): Der Neue hält sich noch zurück. Online unter: http://www.handelsblatt.com/unternehmen/banken-versicherungen/bankenlobbyist-fitschen-der-neue-haelt-sich-noch-zurueck/7439132.html.
97 Demling, Alexander (2013): Deutsche Bank: „Wer die neuen Werte nicht respektiert, kann gehen." Online unter: http://www.spiegel.de/wirtschaft/unternehmen/deutsche-bank-fitschen-droht-mit-kulturwandel-a-880701.html
98 Der Tagesspiegel (2012): Banker tun Buße: Fitschen und Jain versprechen Kulturwandel. Online unter: http://www.tagesspiegel.de/wirtschaft/deutsche-bank-banker-tun-busse-fitschen-und-jain-versprechen-kulturwandel/7558056.html.
99 Vogel, Hannes (2012): Deutsche Bank wird bescheiden (2012). Online unter: http://www.n-tv.de/wirtschaft/Kulturrevolution-bei-der-Deutschen-Bank-Jain-und-Fitschen-leiten-Kurswechsel-ein-article7187026.html. Bitte beachten Sie die geänderte Schlagzeile zur ursprünglichen Bezeichnung hier im Link!
100 n-tv (2013): Fitschen meint es ernst. Online unter: http://www.n-tv.de/wirtschaft/Fitschen-meint-es-ernst-article10043506.html.
101 Deutsche Bank (2015): Deutsche Bank ernennt John Cryan zum Nachfolger von Jürgen Fitschen und Anshu Jain.
102 Ebd.
103 Ebd.
104 N24 (2015): Buhrufe für Jürgen Fitschen bei Hauptversammlung. Online unter: http://www.n24.de/n24/Mediathek/videos/d/6674136/buhrufe-fuer-juergen-fitschen-bei-hauptversammlung.html.

105 Vollständiges Skript der Reden von Anshu Jain und Jürgen Fitschen: https://www.deutsche-bank.de/medien/de/downloads/Rede_dt._21.5.2015.pdf.
106 manager magazin (2015): Jain verzichtet auf Millionen. Online unter: http://www.manager-magazin.de/unternehmen/banken/deutsche-bank-anshu-jain-verzichtet-auf-abfindung-a-1038725.html.
107 Kaiser, Stefan (2015): Deutsche-Bank-Chef Fitschen: Der Banker von der traurigen Gestalt. Online unter: http://www.spiegel.de/wirtschaft/unternehmen/deutsche-bank-juergen-fitschen-nach-ruecktritt-vor-gericht-a-1037995.html
108 Ebd.
109 Ebd.
110 Schmale, Holger (2008): Helmut Schmidt foult Lafontaine. Online unter: http://www.berliner-zeitung.de/archiv/altkanzler-nennt-linke-chef-und-hitler-in-einem-zug-helmut-schmidt-foult-lafontaine,10810590,10586690.html.
111 Amirkhizi, Mehrdad (2012): Pro Concept Marketing und Brand Galaxy Group droht die Pleite (2012) Online unter: http://www.horizont.net/agenturen/nachrichten/-Pro-Concept-Marketing-und-Brand-Galaxy-Group-droht-die-Pleite-111549.
112 Casdorff, Stephan-Andreas; Jahberg, Heike; Neuhaus, Carla (2014): „Vom Wohlstand dürfen nicht nur Reiche profitieren". Online unter: http://www.tagesspiegel.de/wirtschaft/juergen-fitschen-chef-der-deutschen-bank-vom-wohlstand-duerfen-nicht-nur-reiche-profitieren/10860498.html.
113 Mortsiefer, Henrik (2014): Politik wundert sich über den Chef der Deutschen Bank. Online unter: http://www.tagesspiegel.de/wirtschaft/reaktionen-auf-fitschen-interview-politik-wundert-sich-ueber-den-chef-der-deutschen-bank/10864444.html.
114 Casdorff; Jahberg; Neuhaus (2014): „Vom Wohlstand dürfen nicht nur Reiche profitieren."
115 Das Erste (2015): Kohle und Klimapolitik: Gabriel unter Hochdruck – 26.04.2015 – Bericht aus Berlin. Online unter: https://www.youtube.com/watch?v=ksVwzCA4aJA#t=16m35s.
116 Ebd.
117 Hecking, Claus (2013): NSA-Spionage: EU-Kommission droht USA mit Ende des Swift-Abkommens. Online unter: http://www.spiegel.de/netzwelt/netzpolitik/eu-kommission-droht-usa-mit-ende-des-swift-abkommens-a-922131.html.
118 Eine ausführlichere Analyse dieses Falls finden Sie in meinem Blog: http://www.buschardtblog.de/2013/09/18/nsa-vs-eu-wenn-malmstroem-denkt-dann-droht-uns-was/.
119 Gebauer, Matthias; Medick, Veit; Schindler, Jörg (2015): BND-Affäre: Regierung machte falsche Angaben zur NSA-Spionage. Online unter: http://www.spiegel.de/politik/deutschland/bnd-affaere-kanzleramt-soll-nsa-selektoren-offen-legen-a-1031092.html.
120 Ebd.
121 n-tv (2015): Athen redet wieder mit der Ex-Troika. Online unter: http://www.n-tv.de/wirtschaft/Athen-redet-wieder-mit-der-Ex-Troika-article14510556.html.
122 Volmer, Hubertus (2015): Varoufakis erklärt Troika für abgeschafft. Online unter: http://www.n-tv.de/politik/Varoufakis-erklaert-Troika-fuer-abgeschafft-article14593996.html.
123 Scholz, Christian (2015): Wie Varoufakis uns zum Weiterzahlen zwingen will. Online unter: http://www.manager-magazin.de/politik/meinungen/wie-yanis-varoufakis-denkt-michael-porter-und-spieltheorie-a-1041154.html.
124 Menschen, die vorübergehend aufgrund eines Ereignisses in den Fokus des öffentlichen Interesses geraten (z. B. Augenzeugen von Katastrophen, Überlebende eines Unglücks).

125 Menschen, die aufgrund ihrer Funktion oder Tätigkeit unbefristet im Fokus des öffentlichen Interesses stehen (z. B. politische Amtsträger, Künstler aber auch Massenmörder).
126 bild.de (2014): Der Größen-Bahnsinnige. Online unter: http://www.bild.de/geld/wirtschaft/weselsky-claus/der-groessen-bahnsinnige-38430494.bild.html.
127 Morgenpost vom 05.11.2014, Titelseite.
128 Berliner Kurier vom 05.11. 2014, Titelseite.
129 B.Z. vom 05.11. 2014, Titelseite.
130 Schönauer, Mats (2015): Skandal! Weselsky ist Bartträger! Und Sachse! Online unter: http://www.bildblog.de/date/2015/05/06/.
131 Tobias Rüther (2015): „Ein gefährlicher Irrer, im Ernst jetzt." Wenn es um Lokführerchef Claus Weselsky geht, sind deutsche Journalisten nicht zimperlich: Ein Ausnahmezustand in Tweets und Zitaten. In: FAS vom 24.05.2015, 44.
132 Die Bezeichnung geht auf ein Zitat von Generalfeldmarschall Wilhelm Keitel zurück, der nach der Eroberung der Benelux-Staaten und Teilen Frankreichs gesagt haben soll: „Mein Führer, Sie sind er größte Feldherr aller Zeiten."
133 Rüther (2015): „Ein gefährlicher Irrer, im Ernst jetzt."
134 Ebd.
135 Ebd.
136 Ebd.
137 Ebd.
138 Süddeutsche Zeitung (2012): Im Auftrag des Herrn. Online unter: http://www.sueddeutsche.de/politik/radikal-islamische-missionierung-im-auftrag-des-herrn-1.1328178.
139 Rüther (2015): „Ein gefährlicher Irrer, im Ernst jetzt."
140 Ebel, Bastian; Hilger, Maternus; Sennekamp, Dennis (2015): Am Kölner Hauptbahnhof: Claus Weselskys irre Wut-Rede. Online unter: http://www.express.de/politik-wirtschaft/gdl-boss-beleidigt-die-bahnvorstaende-am-koelner-hauptbahnhof--claus-weselskys-irre-wut-rede,2184,30635840.html.
141 GDL (2015): Champagner für den Vorstand, trocken Brot für das Zugpersonal. Online unter: http://www.gdl.de/Aktuell-2015/Pressemitteilung-1429285418.
142 Schiermeyer, Matthias (2015): Grube will „nächste Stufe zünden." Online unter: http://www.stuttgarter-zeitung.de/inhalt.bahntarifstreit-grube-will-naechste-stufe-zuenden.8681f3d7-e580-4753-a613-414e90db62e0.html.
143 SPIEGEL ONLINE (2013): Boris Becker vs. Oliver Pocher: „Tweef" in den Morgenstunden. Online unter: http://www.spiegel.de/panorama/leute/boris-becker-und-oliver-pocher-liefern-sich-schlagabtausch-bei-twitter-a-925240.html
144 Salmen, Ingo (2015) Bahnstreik: GDL-Chef Claus Weselsky bleibt hart. Online unter: http://www.tagesspiegel.de/berlin/liveticker-berlin-am-morgen-bahnstreik-gdl-chef-claus-weselsky-bleibt-hart/11734738.html.
145 FAZ: Weselsky wettert gegen „PR-Gag" der Bahn (2015) Online unter: http://www.faz.net/aktuell/wirtschaft/streiks-bei-bahn-und-lufthansa/bahnstreik-claus-weselsky-wettert-gegen-grubes-pr-gag-13577808.html
146 Express (2015): Im Ticker! Weselsky: „Bahn-Vorstände versaufen ihre Boni." Online unter: http://www.express.de/koeln/der-gdl-chef-am-hauptbahnhof-im-ticker--weselsky---bahn-vorstaende-versaufen-ihre-boni-,2856,30630558.html.

147 Siegener Zeitung (2015): Lokführer streiken bis Sonntag durch. Online unter: http://www.siegener-zeitung.de/siegener-zeitung/Zeitung-Bahn-Chef-kuendigt-Plan-B-an-3ea045b0-f4f3-4887-bd1e-78a20f888ca3-ds.
148 Weber, Herbert (2015): Tarifexperte erwartet Weselskys Sturz. Online unter: http://www.focus.de/magazin/archiv/lokfuehrerstreik-tarifexperte-erwartet-weselskys-sturz_id_4667461.html.
149 SWR info (2015): „Die GDL hat den größeren Schaden." Online unter: http://www.swr.de/swrinfo/bahnstreik-die-gdl-hat-den-groesseren-schaden/-/id=7612/did=15558068/nid=7612/u1m2wz/. Die hier abgedruckte Abschrift des Interviews stammt von der Online-Redaktion des SWR (Peter Mühlfeit und Sonja Linder). Für dieses Interview habe ich weder ein Honorar erhalten noch verlangt.
150 Ebd.
151 Leyendecker, Hans; Mascolo Georg (2015): Dieses dünne Gutachten überzeugte Range. Online unter: http://www.sueddeutsche.de/politik/unfreiwillig-komisch-herr-mueller-vom-verfassungsschutz-1.2595802.
152 Ebd.
153 DIE WELT (2015): Merkel geht auf Distanz zu Generalbundesanwalt. Online unter: http://www.welt.de/newsticker/news1/article144754925/Merkel-geht-auf-Distanz-zu-Generalbundesanwalt.html.
154 Frankfurter Allgemein (2015): Harald Range greift Justizminister Maas an. Online unter: http://www.faz.net/aktuell/politik/ermittlung-zu-netzpolitik-org-harald-range-greift-justizminister-maas-an-13733775.html.
155 Ebd.
156 Ebd.
157 DIE WELT (2015): Maas wegen „eklatanten Versagens" in der Kritik. Online unter: http://www.welt.de/politik/deutschland/article144828115/Maas-wegen-eklatanten-Versagens-in-der-Kritik.html.
158 Frankfurter Allgemeine (2015): „Wollte nicht vom Hof schleichen": Range wehrt sich. Online unter: http://www.faz.net/agenturmeldungen/dpa/wollte-nicht-vom-hof-schleichen-range-wehrt-sich-13738866.html.
159 Frankfurter Allgemeine (2014): „Diese Reaktion war absolut nicht kalkuliert." Online unter: http://www.faz.net/aktuell/sport/fussball-wm/deutsches-team/per-mertesacker-spricht-ueber-sein-zdf-interview-13027417.html
160 Ebd.
161 Lübberding, Frank (2014): Herzlichen Glückwunsch, Boris Büchler! Online unter: http://www.faz.net/aktuell/feuilleton/medien/mertesacker-interview-herzlichen-glueckwunsch-boris-buechler-13020438.html.
162 YouTube-Channel von Paul Heyman (2014): FIFA WM 2014 - Per Mertesacker im ZDF-Interview nach dem Algerien-Spiel (30.06.2014). Online unter: https://www.youtube.com/watch?v=imOcy4w30lg.
163 YouTube-Channel von fuerstenplatz (2013): Sigmar Gabriel (SPD) mag Marietta Slomka vom ZDF „Heute Journal" nicht wirklich. Online unter: https://www.youtube.com/watch?v=Ow-36rH-nY8.

164 FOCUS ONLINE (2013): Eklat zwischen SPD-Chef und Moderatorin beim „heute journal". Online unter: http://www.focus.de/politik/deutschland/bundestagswahl-2013/sigmar-gabriel-und-marietta-slomka-zicken-sich-an-eklat-zwischen-spd-chef-und-moderatorin-beim-heute-journal_id_3441302.html.

165 Freidel, Morten (2013): Er bleibt cool. Online unter: http://www.faz.net/aktuell/feuilleton/medien/gabriel-slomka-interview-er-bleibt-cool-12691774.html.

166 Hannemann, Uli (2013):: Paranoid, enttäuscht, hilflos. Online unter: http://www.taz.de/!5053779/.

167 Overkott, Jürgen (2013): Das Gabriel-Interview – Mutter Courage, Vater Blamage? Online unter: http://www.derwesten.de/panorama/das-gabriel-interview-mutter-courage-vater-blamage-id8718209.html.

168 Hannemann (2013): Paranoid, enttäuscht, hilflos.

169 Exner, Ulrich (2013): Rechthaberische Slomka nervt dünnhäutigen Gabriel. Online unter: http://www.welt.de/politik/deutschland/article122376456/Rechthaberische-Slomka-nervt-duennhaeutigen-Gabriel.html.

170 Hebel, Stephan (2013): Ein Stück Entertainment-Journalismus. Online unter: http://www.fr-online.de/medien/marietta-slomka-interviewt-sigmar-gabriel-ein-stueck-entertainment-journalismus,1473342,25485104.html.

171 Freidel (2013): Er bleibt cool.

172 YouTube-Channel DIE WELT (2014): Sigmar Gabriel wettert gegen Greenpeace. Online unter: https://www.youtube.com/watch?v=f4AlPVTa2Q8

173 N24 (2014): Greenpeace stört Rede von Sigmar Gabriel – Gabriel stört zurück (dena-Kongress). Online unter: https://www.youtube.com/watch?v=hZ2neQo7BMM

174 DIE WELT (2014): Sigmar Gabriel wettert gegen Greenpeace.

175 Greenpeace (2014): Herr Gabriel: Klimaschutz braucht Kohleausstieg! Greenpeace-Aktivisten demonstrieren bei Dena-Kongress gegen klimaschädliche Kohlepolitik. Online unter: http://www.presseportal.de/pm/6343/2877508.

176 Frankfurter Allgemeine (2014): So kanzelt Gabriel Greenpeace ab. Online unter: http://www.faz.net/aktuell/wirtschaft/wirtschaftspolitik/wie-sigmar-gabriel-die-greenpeace-stoerer-stoert-13261688.html.

177 ZEIT ONLINE (2014): Sigmar Gabriel kontert Greenpeace-Aktivisten. Online unter: http://www.zeit.de/video/2014-11/3887353557001/kohlekraftwerke-sigmar-gabriel-kontert-greenpeace-aktivisten.

178 Bild.de (2014): So kontert Sigmar Gabriel gegen Greenpeace. Online unter: http://www.bild.de/video/clip/sigmar-gabriel/sigmar-gabriel-kontert-gegen-greenpeace-38543820.bild.html.

179 FOCUS ONLINE (2014): Greenpeace-Aktivisten stürmen Bühne: Gabriel kontert schlagfertig. Online unter: http://www.focus.de/politik/videos/ich-hab-das-mikro-hier-rechnet-siegmar-gabriel-mit-greenpeace-ab_id_4292178.html.

180 Berliner Zeitung (2014): Greenpeace stört Rede von Sigmar Gabriel. Online unter: http://www.berliner-zeitung.de/politik/-klimaschutzziel-der-alte-gegen-den-neuen-sigmar-gabriel,10808018,29015696.html.

181 Alle folgenden Zitate stammen aus dem oben erwähnten Video-Channel der WELT und wurden von der Langfassung aus transkribiert. Sie weichen deshalb ein wenig von den Fassungen ab, die über die Nachrichtenagenturen und Online-Medien im Netz verbreitet werden, weil sie direkt und unredigiert vom Ur-Material abstammen.

182 YouTube Channel von Einheitskanzler (2008): Helmut Kohl wird mit Eiern beworfen! (ARD-Version). Online unter: https://www.youtube.com/watch?v=gbBUj_VRA-Y.
183 Hier endet auch der Mitschnitt. Vermutlich schließt sich Applaus an.
184 DIE ZEIT (2011): Merkel spricht Guttenberg Vertrauen aus. Online unter: http://www.zeit.de/politik/deutschland/2011-02/guttenberg-doktorarbeit-plagiat-merkel.
185 DIE ZEIT (2011): Merkel versteht Empörung über Guttenberg. Online unter: http://www.zeit.de/politik/deutschland/2011-02/guttenberg-plagiat-merkel-wissenschaftler-kritik.
186 Ebd.
187 Averdunk, Franz Ludwig (2011): Merkels Treueschwur für Guttenberg. Online unter: http://www.wn.de/Archiv/2011/02/Politik-Inland-Merkels-Treueschwur-fuer-Guttenberg.
188 Frankfurter Allgemeine (2011): Merkel: Als Minister ist Guttenberg hervorragend. Online unter: http://www.faz.net/aktuell/politik/inland/plagiat-affaere-merkel-als-minister-ist-guttenberg-hervorragend-1594541.html.
189 Hörfunkinterview Angela Merkel NDR info vom 16.02.2011. Da die ARD-Sender ihr Angebot nur zeitlich befristet abrufbar halten dürfen, muss hier aus einer redaktionellen Fassung der Westfälischen Nachrichten (2011) zitiert werden, der eine dpa-Meldung zugrunde liegt. Online unter: http://www.wn.de/Archiv/2011/02/Politik-Ausland-Merkel-Auch-meine-Promotionsarbeit-wurde-beleuchtet.
190 Ebd.
191 Ein deutscher Oberst hatte zwei von den Taliban entführte Tanklaster bombardieren lassen. Bei dem Bombardement starben nach NATO-Angaben bis zu 142 Menschen, darunter auch Kinder.
192 Der Tagesspiegel (2011): Guttenberg hat bei Doktorarbeit abgeschrieben. Online unter: http://www.tagesspiegel.de/politik/plagiatsvorwurf-guttenberg-hat-bei-doktorarbeit-abgeschrieben/3846798.html.
193 GuttenPlag Wiki (2011): Stellungnahmen Guttenbergs. Online unter: http://de.guttenplag.wikia.com/wiki/Stellungnahmen_Guttenbergs.
194 tagesschau.de (2011) Von „abstrusen Vorwürfen" zur Rücktrittserklärung. Online unter: https://www.tagesschau.de/inland/guttenberg770.html.
195 Aktenzeichen: BVerwG 7 C 1.14, / Urteil vom 25. Juni 2015.
196 tagesschau.de (2011) Von „abstrusen Vorwürfen" zur Rücktrittserklärung.
197 Ebd.
198 Das Erste (2009): Beitrag in der Sendung Panorama Nr. 707 vom 12.02.2009.
Karl-Theodor zu Guttenberg – Was versteht der neue Minister von Wirtschaft?. Manuskript online unter: https://daserste.ndr.de/panorama/archiv/2009/panoramaguttenberg102.pdf
199 Das Erste (2009): Was versteht der neue Minister von Wirtschaft?
200 Wehner, Markus; Lohse, Eckart (2011): FAZ: Die Studierstube ist seine Bühne nicht. Online unter: http://www.faz.net/aktuell/politik/die-guttenberg-affaere/karl-theodor-zu-guttenberg-die-studierstube-ist-seine-buehne-nicht-14431.html.
201 DIE WELT (2011): Journalisten verlassen wegen Guttenberg den Saal. Online unter: http://www.welt.de/politik/deutschland/article12583995/Journalisten-verlassen-wegen-Guttenberg-den-Saal.html.
202 Friederichs, Hauke (2011): Der Lügenbaron. Online unter: http://www.zeit.de/politik/deutschland/2011-02/guttenberg-wahrheit.

203 Grimberg, Steffen (2011): Karl-Theodor zu Googleberg. Online unter: http://www.taz.de/!5126497/.
204 Frankfurter Allgemeine (2011): „Er wird eine politische Zukunft haben." Online unter: http://www.faz.net/aktuell/politik/die-guttenberg-affaere/reaktionen-auf-guttenbergs-ruecktritt-er-wird-eine-politische-zukunft-haben-1609642.html.
205 Ebd.
206 Handelsblatt (2011): Thierse unterstellt Merkel „Schizophrenie". Online unter: http://www.handelsblatt.com/politik/deutschland/guttenberg-affaere-thierse-unterstellt-merkel-schizophrenie/3891860.html.
207 Cicero (2007): Kanzlerin Angela Merkel fordert von Wolfgang Thierse Entschuldigung. Online unter: http://www.cicero.de/kanzlerin-angela-merkel-fordert-von-wolfgang-thierse-entschuldigung/38318 .
208 SPIEGEL ONLINE (2002): Missgriff: Kohl vergleicht Thierse mit Hermann Göring. Online unter: http://www.spiegel.de/politik/deutschland/missgriff-kohl-vergleicht-thierse-mit-hermann-goering-a-211988.html.
209 Pfister, René: „Das Wort Verräter muss rein." In: DER SPIEGEL 41/2014, 18–27.
210 Ebd.
211 Medick, Veit; Wallraff, Lukas (2007): „Sie grenzen für mich an Niedertracht". Online unter: http://www.taz.de/Merkel-attackiert-Thierse/!5191585/./.
212 Ebd.
213 Frankfurter Allgemein (2007): „Thierses Äußerungen grenzen für mich an Niedertracht". Online unter: http://www.faz.net/aktuell/politik/inland/umstrittene-zitate-ueber-kohl-thierses-aeusserungen-grenzen-fuer-mich-an-niedertracht-1491063.html.
214 Bild (2007): Merkel wirf Thierse Niedertracht vor. Online unter: http://www.bild.de/news/2007/vorwurf-helmut-kohl-2967060.bild.html.
215 Paulsen, Nina (2011): Der doppelte Guttenberg: Ärger über Merkel. Online unter: http://www.abendblatt.de/politik/deutschland/article107962333/Der-doppelte-Guttenberg-Aerger-ueber-Merkel.html.
216 Schwarz, Ulrich (2006): Papst in Bayern: Benedikt contra Mohammed. Online unter: http://www.spiegel.de/jahreschronik/a-453204.html.
217 Hermann, Rainer (2006): Türkische Nachdenklichkeit. Online unter: http://www.faz.net/aktuell/politik/ausland/umstrittene-papst-rede-tuerkische-nachdenklichkeit-1357453.html.
218 RP Online (2006): Muslimischer Kritiker hat Papst-Rede nicht gelesen. Online unter: http://www.rp-online.de/politik/ausland/muslimischer-kritiker-hat-papst-rede-nicht-gelesen-aid-1.2315915.
219 Papst Benedikt XVI (2006): Glaube, Vernunft und Universität. Online unter: http://www.faz.net/aktuell/politik/die-gegenwart-1/religion-im-21-jahrhundert-glaube-vernunft-und-universitaet-1353619.html.
220 Benz, Wolfgang (2013): Unglücklicher Staatsakt – Philipp Jennigers Rede zum 50. Jahrestag der Novemberpogrome 1938. Online unter: http://www.bpb.de/geschichte/zeitgeschichte/deutschlandarchiv/171555/ungluecklicher-staatsakt-philipp-jenningers-rede-zum-50-jahrestag-der-novemberpogrome-1938.
221 Wikipedia: Rede am 10. November 1988 im Deutschen Bundestag Online unter: http://de.wikipedia.org/wiki/Rede_am_10._November_1988_im_Deutschen_Bundestag.
222 Ebd.

223 Zitiert aus meinem Original-Interview in der nicht gesendeten Fassung.
224 Ebd.
225 Allerdings wurde mir die Mappe nicht ausgehändigt. Ich konnte lediglich unter Aufsicht alles durchsehen und mir dabei Notizen machen, die von meinem Informanten eingesehen wurden.
226 Zitiert nach meinem unveröffentlichten Original-Mitschnitt des Interviews.
227 SPIEGEL ONLINE (2002): Nach dem Bush-Hitler-Vergleich: Ministerin Däubler-Gmelin tritt ab. Online unter: http://www.spiegel.de/politik/deutschland/nach-dem-bush-hitler-vergleich-ministerin-daeubler-gmelin-tritt-ab-a-215291.html.
228 Wikipedia: Hans Filbinger. Online unter: http://de.wikipedia.org/wiki/Hans_Filbinger
229 Handelsblatt (2007): „Hans Filbinger war kein Nationalsozialist". Online unter: http://www.handelsblatt.com/politik/deutschland/oettingers-rede-im-wortlaut-hans-filbinger-war-kein-nationalsozialist/2794464.html.
230 YouTube-Channel der Hells Angels (2012): Post-Django-29052015. Online unter: https://www.youtube.com/watch?v=QNYsJmEWYYw.
231 Wikipedia: Brutkastenlüge. Online unter: http://de.wikipedia.org/wiki/Brutkastenl%C3%BCge.
232 YouTube-Channel von Kanal von BommelsSohn (2011): Brutkasten-LÜGE. Online unter: https://www.youtube.com/watch?v=X-nGkQBk03o.

Über den Autor

Tom Buschardt hat auf allen Seiten des Medienbetriebs jahrelange Erfahrung: Sei es als Journalist, als Gründer und Geschäftsführer eines journalistischen Dienstleisters sowie einer PR-Agentur, sei es als Medientrainer.

Der gelernte Hörfunkjournalist und PR-Fachmann Buschardt arbeitete sowohl für die Kölnische Rundschau, als auch für WDR, RTL und die DEUTSCHE WELLE, wo er insgesamt über ein Jahrzehnt im Programm Politik/Wirtschaft und Zeitfunk/Aktuelles verbrachte. Als Reporter und Moderator arbeitete er außerdem für zahlreiche private Hörfunkstationen in NRW.

Seit Ende der 1990er Jahre arbeitet Buschardt erfolgreich als Medientrainer. Für die DEUTSCHE WELLE AKADEMIE entwickelte er 2004 das Medientraining für die „Akademie Auswärtiger Dienst", die Diplomatenschule des Auswärtigen Amtes, an der er immer noch als Dozent tätig ist. Er coacht Politiker für Wahlkämpfe und Parteitage ebenso wie Vorstände für den Auftritt vor der Belegschaft, der Jahreshauptversammlung sowie für den Journalistenkontakt und öffentliche Auftritte. Darüber hinaus war Buschardt Dozent an der RTL Journalistenschule, dem FAZ-Institut und war Mitglied der Ausbildungskommission für Volontäre bei der DEUTSCHEN WELLE.

Buschardt war zudem geschäftsführender Gesellschafter eines journalistischen Dienstleisters und einer daraus hervorgegangenen PR-Agentur für Marken- und Corporate-Kunden, die in den Branchen Pharmazeutik, Lebens- und Genussmittel, Einzelhandel, Chemie, Consumer-Artikel, Waschmittel, Straßenbau sowie für Verbände und Non-Profit-Organisationen aktiv war. Neben klassischen Brand-Communications verantwortete er in dieser Zeit große PR-Etats aber auch erfolgreiche Krisenkommunikation seiner Kunden. Er ist Mitglied im Bundesverband der Medientrainer in Deutschland e.V. (BMTD). Für die Online-Ausgabe des

Manager Magazins gehört er seit 2015 zu den MeinungsMachern und schreibt dort zum Thema Krisenkommunikation.

Bei VISTAS veröffentlichte er u.a. „Öffentlichkeitsarbeit: Hörfunk" sowie den „Ratgeber Freie Journalisten" in der 3. und 4. Ausgabe. Weitere Titel sind in Vorbereitung.

Internet:	www.buschardt.de
	www.200prozent.com
	www.facebook.com/200prozentKoeln
	www.xing.com/profile/tom_buschardt
Videoblog:	www.YouTube200prozent.com
Kontakt:	training@buschardt.de
	buschardt@200prozent.com
Twitter:	@buschardtblogde